日中文化DNA［ディーエヌエー］解読

心理文化の深層構造の視点から

北京大学教授
尚　会鵬　著

日本女子大学教授
谷中信一　訳

日本僑報社

もくじ

日本語版自序

『中国人と日本人』の初版は一九九八年に北京大学出版社から刊行され、今年二〇一六年には社会科学文献出版社から第三版が刊行される。本書はとうに日本女子大学教授谷中信一先生が日本語に翻訳していたのだが、諸般の事情から、これまで出版できずにいた。今年二月、筆者が日本での講演の機会を利用して、谷中先生と共に日本僑報社の段躍中・張景子夫妻のもとを訪問し、本書の出版について相談をしたところ、お二人はその場で出版を即決された。以来、出版に向けての作業は何事もなく順調に進み上梓されることと成った。本書の著者としては、自己の著作が日本の読者にお目見えできることが大変嬉しい。本書の訳者である谷中信一教授は中国古典の専門家で、中国文化に深い造詣と思い入れを持っている方で、その方面では中国においても日本においても彼の名前はとてもよく知られており、わたしは本書がこのようなすぐれた訳者に出会えたことをとても喜ばしく思っている。また本書が縁で、私と谷中先生はとても篤い友情で結ばれることとなった。彼が北京に来るたび、また私が東京に行くたび、われわれは必ず会い、会えば必ず胸襟を開いて語り合い、杯を酌み交わすのである。そしてそのたび苦労して翻訳したのに未だ出版できずにいることを嘆き合うのであった。現在この切なる思いにもようやくけりが付いたので、この機会にまた老朋友の谷中先生と共に美酒に酔いたいと思っている、そして言うのだ、「有り難う。ご苦労様」と。

本書の方法論は〝心理文化学〟に拠っている。心理文化学とは〝心理人類学〟から派生してきた研究方法で、米国籍華人で心理人類学者、Francis L.K.Hsu（許烺光。以下F・シューと略称する。）が提唱したもので、心理と文化を結合する視点と方法を取り入れて大規模文明社会の比較研究を進めていく学問である。この分野は二〇世紀初頭の米国における〝文化とパーソナリティ〟学派に遡る。第二次大戦前後の〝国民性〟研究においてこの学派は最盛期を迎えたのであったが、これ以後、方法論上に疑義《ぎぎ》が出されて、〝国民性〟研究は次第に低調になっていった。但し、F・シューはなおこの領域に止まって研究を続け、新たな理論的枠組みと研究のための方法を提案した。筆者は八〇年代中頃にこの理論に関心を持ち始め、以後一貫してこの領域での研究を進め、更にこの理論の補完を目指している。日本においては、故浜口恵俊《えしゅん》氏（一九三一～二〇〇八）がこの流れを汲む研究者であると言える。F・シューの主要著作〝Clan, Caste and Club〟は、濱口恵俊と作田啓一（一九二二～二〇一六）による共訳で『比較文明社会論─クラン・カスト・クラブ・家元』（培風館一九七一）がある。彼はF・シュー理論の影響を受けて、さらに「間人」「間人主義」などの概念を提出した。この他、フランスの比較学者ルイ・デュモンも貢献している。筆者はこうした一連の流れを汲む研究者の研究成果をひとつの理論的枠組みの中に融合して新たな学問分野としての〝心理文化学〟を作り上げた（〝心理文化学〟に関する内容については、関心ある読者は拙著『心理文化要義─大規模文明社会比較研究の理論と方法』及び游国龍と共著の『心理文化学─許烺光学説の研究と応用』を参照されたい）。〝心理文化学〟とは大規模文明社会をトータルに把握する上での新たな理論的枠組みと方法を提供するものである。それゆえこれを〝国民性〟研究の上級バージョンと言ってもよい。私は本書の中では〝心理文化学〟という名称はまだ用いていなかったけれども、まさしく本書原題の『中国人与日本人─社会集団、行為方式与文化心理的比較研究』が示しているように、人の行為と心理を、文化という文脈の中に置いて把握しようとする研究方法であり、それこそが心理文化学の方法なのである（なお、本書の第三版では、総序として「〝心理文化学〟と〝心理文化学シリーズ〟」の一篇を加えてある）。

日中文化の比較を扱った論著は甚だ多いが、心理文化学の視点からの日中文化比較は、日中文化のありふれた論とは異なり、日本人と中国人の心理と行為方式における通時的な特色を提示することに重点を置いている。科学技術の発達は早く、人々の物質生活が急激に変化している今日でも、われわれの文化にはなお変わることがないか、あるいは変ってもごく僅かであるものがある。こうした相対的に見て安定しているものはある種の〝文化ＤＮＡ〟にも似て、われわれの文化的アイデンティティを形成する基盤となっている。心理文化学が提起する大規模文明社会比較の視点があってこそ、こうした〝文化ＤＮＡ〟は初めて正確に解読され得るのである。目下のところ、日中関係は必ずしも楽観できないし、政治上の摩擦も不断に起きており、相互の印象も悪化の一途である。私は両国の人々がもっと冷静になり、メディアの派手な宣伝や世論操作の影響から離れて、〝相手は何者か〟〝自分は何者か〟という問題を自分の頭で一度考え直してみて欲しいと切に願っている。老子は「人を知る者は智なり、己を知るものは明なり」と言っている。多くの場合、われわれは人を知るほどの智もないばかりか、己を知るほどの明もない。われわれの行為の多くの特徴は他者との比較を通してこそ初めて認識できるのであるから、得てして人を知ることがないために己を知ることもなくなってしまうのである。本書が、日本の大学やそこで研究する研究者のために、中国人研究者が方法論上の探索を経て獲得した新たな成果を提供するだけでなく、学生や会社員などの専門家でない人々のためにも、日本と中国の文化や日本人と中国人の心理や行為の特長を知る窓を開くものであって欲しいと願っている。

日本僑報社は両国間の相互理解・文化交流を促進するために数多くの業績を上げてこられた。拙著の日本語訳が両国相互理解を促進するとの趣旨に適い、創業二〇周年を記念して出版されることとなったのはまことに光栄なことである。ここに、日本僑報社の段躍中先生並びに景子夫人に祝賀と感謝の意を表するものである。

尚会鵬

二〇一六年三月二七日　北京の寓所にて

序文

中国の学術界では、「日本人」についての社会学的・文化学的ないし人類学的な研究としては必ず米国人のルース・ベネディクト（以下、R・ベネディクトと略称する。）の『菊と刀』やエドウィン・O・ライシャワーの『日本人』などが引き合いに出される。日本では、中国の学術界におけるこの分野の研究として必ず戴季陶著『日本論』（一九二八年）や、蔣百里著『日本人―一外国人による研究』（一九四五年）などが好んで引き合いに出される。しかも僅かこれだけで、それ以外にはない。このことは、二〇世紀末にまともに日本文化と日中関係の研究に従事しているわたしなどからすれば、どうしようもない寂しさを感じないではいられない。

二〇世紀中国の人文学は、極めて困難で曲折した道を歩んできた。もともと二〇世紀の初めに、わが国の人文学領域で近代的学問が形成されると、すぐに地域研究の対象として「日本」が視野に入った。ところが、近代における日中両国の特殊な政治的・経済的・軍事的及び文化的関係、わけても日本軍国主義の対アジア（中国を含む）及び太平洋地域への侵略のために、中国の学者の「日本」研究は、主に政治的な関心から、持続的かつ不断にその帝国主義的本質を明らかにすることに注がれるばかりで、人文科学の方面から研究されることはなかった。例えば、哲学の領域では、清・光緒二八年（一九〇二年）に、ある人が加藤弘之のいくつかの言論を翻訳して『加藤弘之講演集』を刊行して以来、一九六二年に至ってようやく商務印書館から北京大学哲学系撰『日本哲学（古代之部）』が刊行された。[1] 丸々六〇年かかって、中国の学者はようやく日本哲学の領域における研究著作を公刊して、自己の見解を発表したことになる。ただ社会学と社会文化的な日本研究の領域は、いくらかましな状況だったかもしれない、というのは、この領域は当時の「時世」と相当に密接な関係があったからで、例えば一九二三年に謝晋青の『日本民族性の研究』、一九二八年に戴季陶の『日本論』、同年に陳徳征の『日本民族性』、一九三〇年に潘光旦の『日本とドイツの民族性の比較研究』、一九三三年に王文萱の『日本の国民性』、一九三四年に陳丹崖の『日本国民の信仰生活』、鄭独歩の『日本国民性の検討』、一九三五年に郁達夫の『日本の文化生活』、一九三八年に張居俊の『日本の病体心理』、一九四一年に葉樹芳の『日本人を論ず』、一九四五年に蒋百里の『日本人——一外国人による研究』などが刊行された。こうした研究によって、二〇世紀前半の中国学術界における「日本社会の文化学的観念」がようやくまとまりを見せてきた。

それからちょうど半世紀の間、中国学術界のこの領域の研究は、突然そのすべての動きを止めて、異常なほどの静けさを保ってきた。近二〇年来、短編の論文が書かれることはあっても、この領域に属する本格的な研究はこれまで公にされたことがなかった。

最近、私は北京大学のアジアアフリカ研究所の尚会鵬先生が書かれた『中国人と日本人——社会集団・行動様式と文化心理の比較研究』の原稿を見る機会があり、読んでいて彼の学問に対する科学的な考え方や独創的な方法論に引き込まれ、さらにはそこに見て取れる「緻密な努力」に感動した。尚会鵬先生のこの著作を読むことで、私は多年にわたる中国の日本学研究者としていつも心に引っかかっていた遺

1　これより先に、一九五八年三聯書店から朱謙之の『日本の朱子学』が刊行された。しかし学術上の意義から厳密に言えば、これは井上哲治郎著『日本朱子学派の哲学』（一九〇五年刊）の抄訳である。

憾な思いを、ようやくいくらか晴らすことができた。

本書は、社会人類学の基本理念を核として、比較文化の研究方法を取り入れ、日中両民族の深層における文化的特徴を明らかにすることに目的がある。尚会鵬先生のこの著作は、社会学の通り一遍の通説から抜け出して、社会人類学的理念を日中両文化観察の視点に据え、広範な文化現象の中から、「家」「親族」「家元組織」「宗教信仰」「性意識」等に着目し、その文化的特徴をよく示す本質的な部分を取り出して、例えば、両国の「親族集団」（家）の形態上の特徴から、「二次集団」の大きな違い（宗族と家元）までを論じ、さらに両国の「二次集団」の差異性から、両民族の根底に潜む「親族集団の凝集力」と「上下関係的集団主義」の相異なる内実までを論じている。著者は、こうして問題を体系的に明らかにしつつ論を深化させ、最後に民族性へと帰着し、両国のそれぞれにこれと関連する広範な社会文化心理があることを明らかにして、両国の文化や民族性が持つある傾向や特徴、例えば「集団意識」と「家庭意識」、「上下意識」と「平等意識」、「島国意識」と「中華意識」、「名誉（メンツ）の意識」と「恥の意識」等を指摘する。本書中の各問題についての結論は、今まで誰も言わなかったところがあり、深く考えさせられる。

この領域の研究は、中国文化と日本文化の両方に対する深い学識が求められるうえに、さらは第三の文化を参考にすることも求められる。それと同時に、この二つの大きな文化を包摂する理論構成のための経験と力量も求められる。二〇世紀前半の学術界の先達が、かつてこの問題に取り組んだとはいえ、しかし緒《しょ》に就いたばかりだったので、蓄積はまだ極めて少なく、観念と方法のいずれもまだ十分に検討されてはおらず、そのため大多数の研究は概ね事実の記録であり、事実を踏まえて十分に理論を展開させることがなかった。これは全くのところ歴史と時代がもたらした限界であり、先達にその責任を追及することはできない。近年ようやく「日中文化の比較研究」をテーマにした論文が増え始め、僅かながら著作もある。しかしそれも、文化そのものについての教養不足と理論面の薄弱さのために、学術上の成功作が多くないのは確かだ。

著者の研究方法は極めてはっきりしており、文化人類学と社会人類学の理論をよく把握している。著者は豊富な日中両国の文献を渉猟しており、彼自身の考え方を広げるための相当豊富な基礎的知識も備えている。また著者はすぐれた英文読解能力を持ち英語圏に留学した経験もある。特に指摘しておきたいのは、本書は特に研究方法と理論の傾向、及びその変遷に意を用いており、最後に一章を設けて、日本文化の性格を特徴づけた、R・ベネディクトの「恥」の理論、土居健郎《たけお》の「甘え」の理論、中根千枝の「タテ社会」の理論を考察し、併せてF・シューの理論を紹介していることである。前三者の理論は、二〇世紀における日本文化研究において世界的な影響力を持つ三大学説である。本書の作者はそれらから学術研究上の経験を積んできただけに、研究の厳格な方法論に多大な注意を払っていることがわかる。これこそまさしくわれわれに欠けている点である。

尚会鵬先生は数年の努力の甲斐あって、日本文化研究及び日中比較文化研究の分野においてこの学術的価値の高い著作を完成された。私は一般読者よりも先に多くを学ぶことができたばかりか、尚会鵬先生と北京大学出版社の好意ある勧めによって、序文として右の如き感想を記させてもらった。

厳 紹盪

一九九八年秋末　北京郊外燕北園跬歩齋にて

序章

一　目的

中国と日本は、隣国どうしなのにとても遠い関係にあり、互いに似たところがあるのに違ったところもあり、互いに理解できているようで実はまだ理解の足りないところがあり、しょっちゅう行き来しているのにまだ相互不信がある。冷静に考えてみると、現在の国際関係で、中国人や日本人のように、相手に対する不信感を持つ一方で、「世々代々」とか「子々孫々」とかの類の言葉を使って自分たちの関係を言い表したり、またこうした関係を追い求める民族も他に例がないと思う。一九九七年は中国と日本が国交を回復して二五周年、一九九八年は「日中友好条約」が締結されて二〇周年にそれぞれ当っている。両国政府と民間組織は両国関係を発展させるために真剣な努力をしている。しかし、日中間の摩擦と相互不信はさらに深まるばかりのようである。資料が示すように、両国の人々が互いに抱いている印象は必ずしもよいものではない。日本の総理府（現在の内閣府）の調査に拠れば、一九九二年時点で中国人に対して親近感を抱いている日本人は五五・五%、それが一九九五年には四八・八%に下降し、一九九六年にはさらに四五・一%まで下降している。一九九六年時点では、二〇歳代の日本人で中国人に親近感を感じない人が六二・八%を占め、三〇歳代では五三・五%を占めた。これに対し、『中国青年報』が行った一五〇〇〇人の中国の青年に対する調査によれば、日本に対するよい印象を持たない者が四一・五%、よい印象を持つ者は僅か一四・五%だった。[1]こうした相互不信感の原因はたくさんあるだろうが、その大きな理由は相互理解が不足していることだ。地理的・歴史的・文化的な理由から、この両民族が相互理解を進めるうえで確かにいくつかの特殊で有利な条件はある。両国共に相手のことを理解する優れた研究者もいる。しかし、今のところその人数はまだまだ足りない。しかし今ほど、日中両民族が相互交流、相互理解、及び相互信頼の増進を必要としているときはない。わたしは「世々代々」の友好を決意した二つの偉大な民族にとって大切なことは、相手方のGNPだけでなく、何を考えているのか、なぜそのように考えるのか、なぜ自分たちと発想や行動が違うのか、ということを知ることだと思う。なぜなら、真の友好関係は相手の「心」を理解してはじめて確立できるからである。この目的を実現するために、研究者は何をしなければならないか。わたしは、価値観や行動様式・文化心理等、比較的表面に出にくい心の深層に分け入って両民族を研究し、客観的かつ理性的に、両民族に関する基本的なことを比較してみることが役に立つと考えていた。「彼を知り、己を知る」という言葉は戦争にだけ適用されるのではなく、同様に民族間の往来にも適用されるべきである―これが本書の主な目的である。

相互認識と相互理解のためには双方の努力が必要だ。われわれの日本人や日本文化に対する客観的で理性的な認識を妨げている大きな障害は、戦争がもたらした感情の傷跡だろう。過去において、日本人は中国人の感情を傷つけた。これは残念ながら不幸な事実だ。そのため、中国人が日本人や日本社会を

1　中国青少年基金会が実施した「中国青少年の日本認識に関する大型読者調査」による（『中国青年報』一九九七年二月一五日付）

研究し理解しようとするときに、いつも理性と感情の葛藤の中でもがき苦しんできた。傷つけられた者にとって、かつて自分を傷つけた人々を理解しようとするとき、感情的な要素を排除することは確かに至難なことだ。しかし、われわれはある民族とその文化を全面的に知ろうとすれば、いわば「超越的な立場」が必要であることを認めねばならない。科学的な研究のためには、どれほどもっともらしい理由があろうと、感情的な要素を取り除かねばならない。そうでなければ、われわれの研究水準は永遠に成熟することはない。あるいはこうも言える。まさしく歴史的にこのような感情的しこりがあるときこそ、われわれは努めて冷静であろうとしなければならない、と。これはわれわれの民族の理性的な思惟に課せられた試練である。はっきり言っておくが、わたしは、中国人に、第二次大戦時の日本人の中国における罪行や、おおっぴらに戦争中の行為を否定しようとする日本人の言動に対して、「理解せよ」とか「寛容であれ」などと言うつもりはない。私が強調したいのは、感情的な反応と科学的な研究とは別物だということだ。たとえ第二次大戦中の日本軍人の中国人に対する暴行や慰安婦問題や戦争犯罪に対して罪を悔いないからといって、日本人に対してただそれを責めるだけではだめだ。こうした行為はもっと深いところに原因があるのかもしれない。もちろん、より深いところからこうした行為を解釈するからといって、母親のお腹の中にいるときからろくでなしだったなどと証明しようというのではないし、こうした行為が正当なものだったなどと弁護しようというのでもない。おしなべて民族の性格の深いところには、よいともいえず悪いともいえないような「原質要素」があり、これがある条件下ではプラスに発揮される場合もあるし、ある時にはマイナスに作用する場合もあるのだ。こうした「原質要素」を明らかにすることこそ、自他の違いをより理性的に認識するために必要なのである。

二　民族性・民族の行動様式と深層構造の研究

社会人類学のある学派は、「民族性」の研究に優れた業績を上げてきたが、その研究の方法は本書が解明しようと試みている問題に近い。いわゆる「民族性」とは、簡単にいえば国民の「平均的性格」であり、ある民族の大多数の人々が家庭などの集団内部で、一定の社会習俗によって無意識のうちに育《はぐく》まれてきた相対的に固定した行動様式のことである。「民族性」とよく似た意味の言葉に「国民性」がある。ただ、この二つは区別される。石田英一氏は次のように考えている。すなわち、「民族性」とは、「過去、一定の土地で、長期間、共同生活を営み、またこのことから、言葉や宗教など各種の文化を共有してきた全てか、または大多数の人々が同一の歴史と運命を共にし、『われわれ』というこのひとつの共同集団の帰属感が作り上げている人間集団の最大単位のものをいう」と。そして「国民性」とは「民族性を基礎として、これに政治や経済などの人為的要素が加わったものである」と。それゆえ「民族性」は永久に変わらないが、「国民性は、政治の変化につれて変わる」と。[2] わたしは、以前、いわゆる「民族性」は学術的用語としてはなおあいまいなところがあると指摘を受けたことがあるので、この概念を使う前に、まずその点を再検討しておかねばならない。

民族性の研究は第二次大戦後の一時期盛んになったが、一九六〇～七〇年代になってすたれた。この方面では、アメリカの心理学者で人類学者でもあるR・ベネディクト（一八八七～一九四八）を代表とする日本の民族性の研究が重要な役割を果たした。彼女の研究は、多くの批判を受けたものの、その先

2　源了圓著『日本文化と日本人の性格形成』（中国語版　北京出版社　一九九二年）二一八頁

駆的な業績は当時の学界に影響を与えた。この種の研究に対する主な批判は、文化の歴史的要素を無視して、文化を固定的に見ているということであった。しかし、わたしはそうした批判は行き過ぎだと思う。社会人類学者がある民族の行動を記述したり解釈したりしようとするとき、いくつかの条件を凍結しないわけにはいかないのであって、その中には歴史的変化という要素も含まれる。人々の価値観や行動様式は確かに絶えず変化している。確かに現代中国人の価値観を孔子の時代のそれといっしょくたにして論じることなどできないし、現代日本の「株式会社」に勤めるサラリーマンの行動様式は江戸時代の武士のそれとはもちろん大いに違っている。ただ国民の性格には、変わらないか、変わっても僅かであるような要素があるはずだ。わたしは、それは割合に安定していて、世代間を遺伝していくものであると考える。わたしは、石田英一の民族性は「永久不変」という説には同意できない。人の暮らす社会は変化しており、民族の文化も変化しているのだから、民族の基本的な性格とて変化しないはずはない。しかし、われわれが認めねばならないのは、「民族性」はその変化が極めて緩慢だということだ。政治や経済などの要素と比べ容易に変わり得るものではなく、少なくとも政治や経済と共に変化することはないということだ。それはわれわれが話す言葉のように、文化の修得を通じて代々受け継がれていくものである。「遺伝」の過程で何らかの変異は起こり得るにせよ、それでも深層では、今の中国人と昔の中国人・今の日本人と昔の日本人の間にもある種の一貫性を見出すことはできるはずである。

民族性の研究に対するもう一つの批判は、それが社会階層間の差を無視しているというものであった。ある研究者たちは現代社会は多元的であり、多くの小さな社会単位を含め階級や職業・地位の違いがあるから、国民の行動の中からひとつの特色を取り出すのは極めて難しいと主張した。彼らによれば、いわゆる「民族性」や「民族の行動様式」の概念はひとつの部落や村落など小集団に適用する分には構わない。なぜなら規模の小さい社会は均質で、個人が受ける教育や人格形成のしかたも大体同じだから、同じような価値観や処世観を持つことも可能だ。ところがこれに対し複雑に分化した近代国家の民族性を概括するのは極めて困難なことだ、と。このために、民族性や民族の行動様式の研究に従事している人類学者が真っ暗な部屋の中で一匹の黒猫を捜している盲人に喩えられる。けれども、「たとえひとつの社会の異質性の程度が非常に際立っていることから『多元』社会と称することができようとも、ある局面においては一致点を見出すことはできる。このために、強力な革命によってそれをバラバラにしてしまうのでさえなければ、どの社会も多かれ少なかれすべて組織的まとまりをもっており、どの社会の生活方式も他の社会と比べれば、多少なりとも連続性・一貫性・特殊性がある」と、F・シューが言うのももっともなのである。[3] 確かに、東京の大都会に暮らす一流電器メーカーの重役と上野公園で段ボール箱にくらすホームレスとの価値観や行動様式が同じであるはずがないし、北京のサラリーマンの考え方と西村（筆者が社会調査に従事したフィールド、後に詳しい）の「五保戸」の農民のそれも大いに異なっている。しかし、あるひとつの文化的背景の中で成長してきた人を、他の文化的背景下で成長してきた人と対比してみた場合、やはり同一文化の背景下で成長してきた人とはその価値観や行動様式の点でより大きな一致が見られ、他の文化的背景の下で成長してきた人と対照的なのである。つまり、ある民族の行動様式には、時代を超える要素があるばかりでなく、個人差や社会階級差を越えた共通点がある。

3　周大鵬・喬暁勤編著『現代人類学』（重慶出版社　一九九〇年）二四一頁

だから個人差があることを理由に、ある民族の全体的な性格を概括することを否定するのは、ちょうど張三と李四の性格が同じでないからという理由で、人の性格を分類することを否定するようなものである。

このように考えていくと、「民族性」という概念によって、不十分ながらも、それが明かそうとしている内容、すなわちある民族全体の行動様式の中には相対的に安定した共通性があることは否定できないと思う。このような理由に基づいて、わたしは「民族性」を「ある民族の大多数の人々の行動様式における選択の傾向」として理解する方がより妥当だろうと思う。

従来、国民の行動様式の研究対象として、日本民族は恐らく最も多く取り上げられてきたかも知れない。それは第一に日本の民族的文化的特徴が単一であるために、研究が比較的容易だったことによろう。民族の行動様式の特徴を研究するために必要なひとつの前提条件は、研究の対象が安定的で、相対的に単一である民族によって形成される共同体であることである。この意味では、中国と日本を研究対象とするのは比較的理想的である。日本人は地理的環境、人種、言語、宗教信仰、生活方式から見てわりと強い「単一性」の特徴を備えている。中国の状況は日本と比べるとやや複雑ではあるが、十数億の人口を持つ国家としては、長期にわたって九五％の人がひとつの民族に属し、ひとつの言語を話し、同じ価値観や行動様式を持っている例は、世界中でも極めてまれなことである。この意味で、中国も「単一」の特徴を備えていると言える。試みに、われわれが「インド人」の民族の行動様式を研究しようとするならば、きっと多くの困難が伴うはずである。なぜならインド人は多数を占める民族がないばかりか、相対多数を占めるヒンズー教徒をみても、彼らは異なる宗派や民族に分かれ、異なる言語を使用し、異なる信仰と生活様式を持っているからである。言うまでもなく、中国や日本のような比較的「単一」な民族でも、その民族の行動様式は複雑な内実を持っていて、どのように概括したところで決して全てをカバーすることはできない。林語堂は『わが国とわが民』のなかで、「中国はひとつの巨大な国家である。その民族生命は非常に複雑な内実を育みそだててきた。それを明らかにして述べれば、反対論との衝突は免れない。反対意見を持っているお方なら誰であろうと、僕は随時可能な材料を提供してお役に立ちましょう」と言っている。[4] こうした状況は同様に本書の研究にもかなっている。

いわゆる「民族性」とか「民族の行動様式」の研究は、一種の社会文化の「深層構造」の研究と言うこともできる。「深層構造」とは文化人類学上の概念で、それは「表層構造」の対概念であり、ある社会や文化においてダイナミックでないばかりかまた突如変わることもあり得ない安定した心理の深層のことである。社会や文化の表層部分はダイナミックに動いているが、その深層構造は安定した状態を維持している。それは、表層から沈殿して堆積した民族の心のありかたそのものである。「深層構造」とは、人々の文化的行為を支配し、知らず知らずのうちに感化されてしまう潜在意識下の心理のことで、次のような認識に基づいている。すなわち、たとえ人々の行為が表面上は千差万別でとらえどころがないように見えても、なおある種の法則の支配下にあるということだ。つまり文法が言語を支配しているように、目に見えず、普段は意識に上らないのだが、かえって一人ひとりの思想と行動様式に影響して、同一の文化的背景下にある人々の行為の中にある種の統一性をもたらしている。事実、こうした「深層構

4　林語堂著『吾が国と吾が民』（宝文堂　一九八八年）六頁。

造」によって社会や文化の特色は決定づけられ、民族の基本的性格が規定されており、これを研究することは、われわれがある社会の現象をより深く認識するのに役立っている。それによって、あれこれが混在して表面的には互いに何の関係もないように見える社会現象のなかから、そこに内在する統一的解釈を取り出すことができる。例えば、日本人の行動を考察する場合、第二次大戦中の日本人の熱狂、オウム真理教事件、学校内のいじめ、日本式集団の活力と効率、及びこうした基礎の上に創造された経済復興の奇跡や、戦後日本人の戦争に対する曖昧な態度など、どれも表面的には何の関係もないように見えるが、実は日本社会と文化の「深層構造」の上から統一的に解釈できる。

「深層構造」はまた二つの層に分けることができる。ひとつは社会集団の層、もう一つは文化の層である。社会集団の層における「深層構造」とは、「可視構造」(formal structure) とは別の「不可視構造」(informal structure) のことである。前者は、目に見え、感じることができ、輪郭のはっきりした社会組織、例えば家庭・学校・行政機関・企業組織などであり、後者は、目に見えず、一般にはその存在を感じることも難しい潜在的な構造で、実際は、人々が社会集団を作ったときにはたらく規則や集団の人間関係モデルなどのことである。社会の「可視構造」は政治経済の変化に伴って変わるが、「不可視構造」は必ずしもそうではなく、少なくとも政治経済が変化しても変わることはない。現代日本社会の各種の「株式会社」は、過去の「家元組織」に対して「可視構造」において大いに異なっているが、両者は「不可視構造」の層における集団内部の人間関係のモデルという点で、ある共通性が見られる。この共通性こそは、日本式集団と他の社会集団との違い、日本人と他の民族との違いを決定づけている。

同様に、文化の層における「深層構造」とは、具体的な文化現象をいうのではなく、民族が歴史的に形成してきたある種の定まった心性のことをいう。文化的側面から深層構造を研究することは、具体的な宗教信仰、例えば日本人の仏教・キリスト教信仰などを探ることではなく、こうした信仰のあり方の背後に隠れているものを考察することを意味する。人々の信仰は不断に変化するが、同一文化の背景のもとでの信仰の様式には一貫性があるからである。こうした信仰や意識の層における「深層構造」を、「文化心理状態」と名づけても差し支えなかろう。

民族の行動様式の研究が可能であるばかりか、相当の成果を上げていることが、すでにこの数十年間の研究によって証明されている。最近の中国では、この方面の研究が盛んになりつつある。中国の対外開放とそれに伴って文化背景の異なる人と接触する機会が増えたために、異なる文化背景を持つ人々の考え方と行動様式を理解しようとする必要が増したことに、その主な原因がある。民族の行動様式を研究することは、他者を理解するのと同時に、自己をよりよく理解するのに役立つに違いない。

三　比較の方法

本書は、中国人と日本人の対比研究である。そのために取った方法は、比較である。ここ数年、比較文学・比較哲学・比較宗教学・比較民俗学・比較政治学・比較経済学等がおおいに流行している。現在、比較文化学の研究方法にはなお異論もあるが、比較という方法そのものは、社会や人文の研究において大いに取り入れられるべきだと考えている。その理由は三点ある。

第一は、社会科学それ自体の発展にともない、比較研究の必要が増していることだ。現在、社会科学の分野はますます細分化され、研究対象はますます小さくなっている。細分化されることはもとより必要なことに違いないが、今では煩瑣《はんさ》なほどに細分化され、無用なまでに矮小化されてしまった。もしも今後もこのような趨勢が続くなら、社会科学の発展はついに袋小路から出られなくなってしまうだろう。特に近年、研究者たちは狭い専門領域に閉じこもって、自己満足する傾向にある。そして専門領域の垣根を越えようと試みたり、また総合性を模索しようと努力しようものなら、すかさず非難される。「彼は二つの方面の両方に精通しているのか」――これが比較研究者に向けられる非難だ。畢竟、ひとりの人間のやれることには限界がある。どの方面にも精通するなど不可能だ。ただ比較研究には、それ自身の方法と原理がある。日中文学の比較研究に従事する者が、『紅楼夢』に対する専門知識では「紅学家」に及ばずとも、また『源氏物語』の知識では「源学家」に及ばずとも、それは容認されるべきだ。そしてもし彼が対比の角度から意義深い学説を新たに唱えることができたとしたら、それこそ学問的貢献と言える。もしそれぞれの方面に深い知識を得てからでなければ総合比較研究はすべきでないと言い張るなら、われわれはどんなものにも全面的な理解は永遠に望めないことになる。わたしは細部にわたる専門的な研究を否定するものではない。それどころか、わが国の研究者はこの方面でもっと努力して欲しいと考えているほどだ。わたしが言いたいのは、細分化した研究を大切にするからと言って、総合的な比較研究まで否定すべきでないということだ。この二者は研究の道筋が違うのだ。科学の発展は今日新たな総合を必要としている。この種の総合は、すべてを網羅する百科全書式に、あらゆる民族、あらゆる社会、ないしは宇宙の万象に適用する「大理論」(これは哲学者や予言者の仕事である)でもなく、またあまりに煩瑣であってもならず(このような仕事は考証学者がしていたはずである)、いわば中型の理論である。その有効性は小さ過ぎも大き過ぎもせず、特定の範囲(例えばある民族、ある文化、ある領域)

の普遍的な概括にあり、それは厳密に限定された範囲内においてのみ、有効なのである。比較研究こそは、こうした理論を打ち立てるうえで有効な方法であろう。[5]

第二は、社会科学は、自然科学と大いに異なり、夥しい社会現象を定量的方法によっては描ききれないということだ。筆者は「社会科学は最終的には定量的方法の道を歩まなければならない」とする考え方には懐疑的である。多くの社会現象は定量的方法ではなく、定性的方法によってのみ認識できる。いわゆる民族の行動様式の傾向は、比較によって、また相対化によって明らかにできる。われわれが普段口にする、ある民族やある文化の特徴だとか、「民族性」とか「民族の求心力」とか「個人主義」とか「民主」とか「専制」とか「同化」とか「寛容」とかは、すべて比較相対の結果として言えるに過ぎない。つまり「比較的、この民族は某々方面での可能性がより大きい」ということだ。われわれの日常生活すらこうした比較の方法から逃れることはできない。北京の地下鉄に乗った人なら誰でも記憶にあると思うが、車内放送は以前「敬老と愛幼はわれわれ中華民族の伝統的な美徳ですから、どうか老人・弱者・病人・身障者・妊婦には席をお譲り下さい」と言っていた。あるまじめなドイツ人がこの放送を聞いたとき、首をかしげて、「敬老と愛幼が、どうして中華民族だけの伝統的美徳だなどとわかるのか」と言った。彼の言い分は全くその通りだ。もしあの放送の内容を決めた者が、いささかでも比較文化の知識があるか、もしくは異文化に対する理解があったら、あのように決めつけた言い方はしなかったであろう。われわれの社会は「敬老」の伝統はあるかも知れないが、「愛幼」は決して強調するほどではないからである。

5　賀来著「当面の社会科学発展の四大趨勢」（『光明日報』一九九八年四月二四日付）参照

児童の権利を守り、児童の人格を尊重することは、むしろわれわれの文化的伝統の中で欠けている部分だと言うべきである。ある民族の性格、ある文化のモデルを研究するには、もう一つの別な民族、別な文化を参照することが不可欠だ。比較を通じてのみ、われわれは何がその民族の特徴であり、その文化特有のものであり、何が他の民族や文化、ひいては全人類と共有しているかを明らかにすることができるのだ。比較しなければ、特徴はわからない。日中の比較を通じて、われわれは日本人と日本文化をよりよく理解する助けとなるばかりでなく、われわれ自身を客観的に知るのに役立つはずだ。

第三は、文化の比較は、現在の地球上の人々が日増しに近づき行き来するようになって必要になってきたことだ。交通が発達せず、相異なる文化を持った人々が往来することが少なかった古代においては、本当の文化比較を行うことは不可能だった。人々の生活が、他を知らずに単一な文化の中で営まれていたときは、文化比較についての関心もなければ、文化比較をする条件もそろわなかった。比較文化研究は、異なる文化背景、異なる地域・国家・民族の接近と往来の産物であり、それは異なる文化を背景に持つ人々が相互理解を求めていることの反映でもある。民族間の接触と交流が日毎に増え、グローバリゼーションの勢いが日毎に強まる今日においてこそ、人々に異文化や異民族に対する理解が一層求められていると同時に、われわれ自身の文化に対する深い理解も求められているのだ。われわれの民族はもはや閉鎖的な時代から抜け出して、今まさに世界中の各民族が創造した優秀な文化を広い度量で受容し吸収しようとしている。比較文化学は、われわれの視野を広めてくれるばかりでなく、われわれと全く異なる文化をよりよく理解し、尊重し、またわれわれ自身の文化の理解を深めるのに役立つ。それは、われわれが「彼を知り己を知る」ことを可能にし、またわれわれが自文化をより愛することにも繋がる。現在、世界が直面している多くの問題も、比較研究を通じてのみ、理解し解決することができる。著名な社会学者費孝通が、「異なる文化を比較研究することは極めて重要だ。現在、国際的に表面化しているさまざまな問題、例えば人権や原理主義の問題、さらにはボスニア内戦、チェチェン戦争などに至るまで、われわれは、その中から文化衝突の要素を見出すことはそれほど困難ではない。それゆえ、異文化間の共通性、差異性を理解することは、当面する問題を基本的に解決するばかりか、未来の衝突を回避して世界平和と発展をもたらす前提ともなる」と言っていることに大いに賛成する。[6]

現在の比較文化研究において、人々は、「東洋文化」「西洋文化」といったおおざっぱな表現を好んで使いたがるあまり、共に東洋に属している異文化同士の差異を見落としがちである。事実、同じく東洋文化に属する中国とインドは全く異質であり、日本文化と中国文化の間の差異も決して無視できるほど小さなものではない。日本と中国は共に東洋に属し、文化的には、日本は中国から大きな影響を受けており、文化的伝統や社会、及び国民性などには、確かに共通するか、もしくは類似するところが比較的多く見受けられるが、先に述べたように、相似点が誇張され過ぎるきらいがある。西洋人には、中国人と日本人の顔つきが区別できないように、両民族の行動様式の特徴を区別できないかも知れない。多くの西洋の研究者たちは日本文化は中国文化から派生したもので、両者の区別は必ずしも重要ではないと考えている。東洋人の特徴に話が及ぶと、彼らはいつも「アジア的集団主義」の類の言葉で一括りにする。しかし実際は、後に述べるように、「集団主義」といっても中国と日本とでは現れ方が異なる。現在の

6　「前線・独想・堅実─費孝通教授大学院生と学問を語る」（『北京大学校刊』一九九五年四月一〇日付）

中国の研究者が日本研究の際に取り上げる比較の方法はなお少なくない。ただ現在の比較研究は、「中国から日本に伝来したものと中国オリジナルのものとを比較するか、あるいは一見して高度の類似性を持つことがわかるもの同士の比較に限定されている。前者の場合は、儒教・仏教・書法・絵画などであり、後者の場合は、近代啓蒙思想などである。そうして、儒教と神道などのように、それぞれの土着的に成長した異質の文化を直接比較することはしない」[7]。現在日中の社会や文化を比較した場合に、それらの共通点を重視したり誇張する反面で、その根本的差異を見過ごしがちなのは、致命的な欠陥である。現在、多年にわたる研究の蓄積を元に、これまでの比較パターンを越えて、直接に日中文化の深層にまで比較研究を行う時が来たという崔氏の考えに同感である。

四　守るべき二つの原理

比較によって国民性を研究する場合、守るべき特別な原理がある。本書は、以下に述べる相互に関連しあう二つの原理を守ることに努力している。

第一は、文化相対性の原理。人の行動様式や価値観を研究することは広義の意味での文化研究である。われわれは長期にわたって歴史進化論の影響を受けてきた。つまり物事は必ず先進と後進とに分けられねばならないというように。こうした発想法は、経済や技術などを研究するときには有効かも知れないが、文化研究には必ずしもふさわしくない。比較文化研究は、普遍的一元的原理から出発するのではなく、文化の相対性仮説を前提としなければならない。ある文化の系統とは、人々が異なった環境に適応した結果の所産であり、直面した問題を解決する無数の可能性の中から人々が選び取った結果であった。

それゆえそれは相対的な真理性を備えている。われわれは、このように単純でありながら却ってすべての人々に受け入れられるとは限らないひとつの事実、すなわちこの世界はわれわれの他にも多種多様な人々がおり、多種多様な「生き方」があるのだということを受け入れなければならない。自分の生活方式が世界で唯一正しいやり方だと考えている人は、無知か、さもなければ傲慢なのだ。文化的伝統の評価は、生産技術のように単純に先進と後進といった決めつけはできない。たとえば、飛行機は牛車より進んでいるとは確かに言えるだろうが、コーヒーを飲む方がお茶を飲むより進んでいるとか、エホバの神を拝む方がビシュヌ神を拝むより進んでいるなどとは言えない。なぜならコーヒーを飲もうがお茶を飲もうが、エホバの神を拝もうが他の何者を拝もうが、それは人類が異なった文化目標を拠り所として選択した結果なのである。また、文化に対して道徳的な評価を下すことも、比較文化研究者としてなすべきことではない。ひとつの文化にとって極めて重要と考えられる原理であっても、別な文化的背景の下では、それが当該文化の目標とそぐわないために、全く取るに足りないということだってありうる。どの伝統文化もそれ自身の目標によって、必ず何かを重視したり切り捨てたりする。ある文化が切り捨てたものを、別な文化が重視することだって大いにあり得る。「美食美器」にうるさい中国人が、もし自分たちの発明した「宮爆鶏丁（鶏肉とナッツの炒め物）」や「香酥鴨（あひるの香り蒸し丸揚げ）」でもってインド人の「食文化」の単純さを馬鹿にするなら、インド人も自分たちの高度な宗教哲学を誇りに思ってもよく、おまけにわれわれの蛙や鼠や蛇や鳥を食うといった身の毛もよだつような振る舞いをあ

7　崔世広著『日本文化研究方法論』（『日本学刊』一九九八年三期）六八～八二頁

ざ笑っても差し支えない。文化の相対性を理解しないと、自分の価値観で他の文化背景に由来する行為を判断し評価してしまう。これが常に民族間の誤解や猜疑心、侮蔑や衝突を生み出す根源なのである。

いかなる民族もすべて独自の文化を有しており、しかもそれらはすべて相対的な意味で真理なのだ。それなのに、われわれが周囲の文化を理解しようとするとき、いつも自民族中心主義の誤りを犯してしまう。このことを日本文化を研究する中国の研究者に言っておくのには特別な意味がある。なぜなら、われわれは歴史的に一貫してひとつの文明圏の中心におり、ずっと文化輸出大国だったからである。中国文化というこの大木は、あまりにも大きすぎて常に周囲の文化を疎略に扱うほどにまでなってしまった。ずっと「先生」であった中国人は内心では日本人を馬鹿にするところがあり、日本文化を軽視する傾向があった。「日本文化から中国文化に由来する成分を取り除けば、一体何が残るというのだ。日本の特色だとか事物だとかを必死に探し求める連中は、強引にこじつけてようやくこの問に答え得るに過ぎない」と。[8] 日本に独自の文化などない、とまでいう人がいた。われわれが意識しているいないにかかわらず、これは無知と傲慢でしかない。当然、中国にせよ、日本にせよ、自民族中心主義の克服という問題を抱えている。近代日本が西洋の科学技術を学んで成功してから、多くの日本人は「日本人は最も優秀である」という思いを抱くようになり、現在でも多くの日本人（とりわけ青年達）には欧米を崇拝し中国を含む日本周辺の国家を蔑視する傾向がある。これも一種の「自民族中心主義」の現れである。しかし、「自民族中心主義」という障害を克服することにかけては、中国の学者の方がもっと反省すべきであると思っている。「大中華」の思想は、われわれが隣人を理解するうえでの障害だ。こうした傾向は、今に至るも、普通の中国人に影響しているだけでなく、多くの日本研究者たちにも影響し続けている。今なお、少なくない中国の研究者たちは、日本を「儒教国家」と見なして、その文化的特殊性を軽視している。そう、確かに日本は古代、中国から儒教思想を含む多くの文化を吸収した。ただ、こうした受容は日本の文化的風土の濾過を経ているのだ。ちょうど現代の中国が、西洋のマルクス主義を受け入れながらも、決して西洋の国家のようにはならなかったのと同じように。日本人は中国の儒家思想を借用したけれども、日本が「儒教国家」に変わってしまうことはなかった。文化学の視点から見れば、日本は儒教文化に属さないばかりでなく、仏教文化にも属していない。それらと大いに関連はあるとしても、日本は独自の文化体系を持っている。それは、中国文化から多くの要素を吸収したけれども、こうした要素を混ぜ合わせていくときのやり方は、われわれの場合とは全く異なっている。このことは、日本語が中国語から大量の語彙を取り入れたにもかかわらず、日本語と中国語は依然二つの異なる言語であるということと、まさしく同じ道理なのだ。日本は中国から文化の「ハード」を輸入したが、日本という機械は自らが作り上げたプログラムに従ってそれを機能させてきたのだ。わたしは、それぞれの民族の行動様式の背後には、その文化の性質を決定づけるいわば法則が隠れているという理論を信じている。それは、まるで見えざる手がわれわれの言行をコントロールしているかのようであり、ある民族の基本的な性格を形成しているかのようでもある。それは、また、あたかも言語における文法のように、乱雑で決まりがないかに見える単語を組み合わせて一定の意味を表すことのできる言葉を作り上げているようなものである。生活様式を作り上げている文化は、それ自体に先進と落伍の区別がないばかりか、

8　陳舜臣著『日本人と中国人』（祥伝社　一九七二年）一六頁

一流と二流の区別もない。茶道は中国に「とうの昔にあった」、相撲も中国に「とうの昔にあった」といって、日本が二流文化であることを認識しようとする研究方法は、民族の虚栄心を満足させる以外に、われわれの隣人を理解するうえで何の得にもならない。われわれにとって、もっと重要なことは、日本人が中国からどんなことを吸収したかということより、彼らはいかなる原則に基づいてこうした中国伝来のものを調整したのか、なぜああした中国に「とうの昔にある」ものが現在では中国にはなくなって、日本では却って盛んなのかといったことなどである。日本文化が独立した性質を持っていることを知らずに、この東の隣人を軽視したのは、われわれの祖先が犯した過ちだ。昔の「学生」が突然強大になったとき、中国人の心を襲ったのは驚きであり困惑であり、思いも及ばないといった複雑な感情であった。けれども、日本が近代において勃興したのが決して偶然でないのは、まさに中国が近代以来落伍したのが偶然でないのと、同様である。

第二は、「境界原理（marginal principle）」である。比較文化研究は自民族中心主義を克服しなければならない。自民族中心主義は「自分を基準に他者を推しはかる」ことに現れる。人は誰でも、特定の文化的背景の中で生活している。そして、われわれが最もよく理解しているのは自民族の文化である。われわれが自己の価値観を物差しに異文化のもとで暮らす人々の行動様式を観察するとき、いくつかの違いを見出すはずだ。するとそこで、われわれは、無意識のうちに、自民族の文化を物差しに彼らを評価してしまう。自民族中心主義は、これと正反対に、こうした観点から別な文化を拠り所に自民族の文化を研究評論する場合にも現れる。こうした二つの傾向は、すべて比較文化研究の大きな障害なのだ。「境界原理」は、研究者が自分が研究する対象から超越して、研究対象から一定の距離を置いて「局外観」を持つことを求めるものである。魯迅は、そうした自己の属する階級からの影響を受けまいとする人をあざ笑って、彼らのことを「自分の髪の毛を掴んで地球から離れようとしている」と言った。われわれは確かに地球を離れることはできないし、完全に「偏りもせず、もたれかかりもせず」ということは難しい。ただ、比較研究を行うとき、われわれはできる限り自分をより高所に置いて、より超越的であろうとする必要がある。本書は、「高きに居れば声自ずから遠く、是れ秋風を藉《か》るに非ず（高いところにいれば声は自然と遠くまで届き、秋風をあてにすることはない）」というところまでは行き着いていないにしても、一応の目標だ。この意味で、比較研究は人体解剖になぞらえることができる。解剖台に載せるのは、外国人かも知れないし、われわれの祖父や父親かも知れない。比較文化学者は、できる限り先入観を捨てて、できるだけ超越的な立場から、自民族にとっては常識だと見なされるような行動様式に対して全く新たな観察を行うべきである。ある意味では、比較文化研究とは、動物を観察するように、自分の同類を観察するべきなのだ。これはいくらか残酷なようではあるが、科学研究には必要なことだ。比較文化研究は、さらに寛容な精神と平静な心的態度を必要とする。まさしくR・ベネディクトが言うように、「国民的差異の組織だった研究を行うためには、精神の強靱さと共に、ある程度の寛容さが必要である。宗教の比較研究が盛んに行われたのは、人びとが自分自身、確固不動の信念をもっていたために、他人に対していちじるしく寛容であり得た時に限られている。彼らはあるいはエイスタ派、あるいはアラビア人学者、あるいは不信仰者であったかもしれないが、決して熱狂的信者ではなかった。文化の比較研究もまた、人びとが自分自身の生活様式を防衛することに汲々として、生活様式といえば、これが世界で唯一の解決方法である、と信じている時には、とうてい栄えることはできない」[9]。われわれの古い言い方で言う、「他人には他人なりの聖人がいる」とか「他人には他人なりの生き方がある」ということを容認することだ。あの「世界をすべて紅くせよ」の年代には比較文化研究などあるはずもない。また、あの自民族文化をどのみち馬鹿にして、いつも外国の尻馬に乗っている連中も、比較文化研究に従事する心的態度を欠いている。

それゆえ、比較文化は、店に入ってものを買うときに、「三件の店で値段を比べ」て一番いいのを選んで買うのとはわけが違う。それは、解剖作業のようなものであり、目標は、対象が持つ特異な構造特徴を明らかにし、こうした構造がいかなる作用を引き起こすかを解釈することなのだ。それには、ひとつの前提がある。すなわち、どの文化も皆合理的存在であり、動物の身体構造と同様、環境に適応した結果だということだ。文化研究の一派に、文化相対主義を鼓吹し、世界中のあらゆる文化は同等の価値を持つと考える者がいる。こうした極端な文化相対主義の見方にも同意できない。後に分析するように、わたしは中国人と日本人の性格の中で、肯定的で価値ある部分を高く評価する一方、否定的な部分も指摘するつもりである。しかしこの時、慎重にも慎重を期して、狭隘な「自民族中心主義」の泥沼に落ち込まないように注意しようと考えている。ある文化あるいはある民族の性格は、良いも悪いもなく、ただその性格にはそれなりの特徴があると言えるに過ぎない。現代の文化学と文化人類学の発展は、ひとつの重要な啓示をもたらしてくれた。すなわち、世界は多くの文化が咲き誇る花園であり、それぞれの文化は長所もあれば短所もあり、このためまた相対的合理性も備えているということだ。交通が発達するにつれ、民族間、文化間の交流が日増しに盛んになり、民族間の生活様式の違いが日増しに小さくなっていく趨勢のなかで、民族文化の個性を重視し、同一化に抵抗する傾向も同時に現れてきた。人類は文化の違いを克服して最終的にひとつの生活様式を共有するようになるのだろうか。わたしは懐疑的だ。このような「大同世界」は、もしあれば、きっと単調で味わいに乏しいものだろう。他人を傷つけることさえなければ、彩りある世界の方がもっと味わいがあるのではなかろうか。民族の性格もこれに似ている。異なった性格の人と交わることは、同じ性格の人と交わるのに比べてずっと面白みがあるのだ。

五　材料と本書の分析論理

わたしは、本書で社会人類学の研究方法と原理を採用した。材料の使い方の点では、名著と言われる権威ある著作や著名な雑誌論文ばかりでなく、格言やことわざ、またそれほど有名ではない雑誌の記事なども重視した。ある民族の行動様式を研究するうえで、後者の方が現実の研究対象にもっと肉迫できる場合があると考えたからである。文献だけでなく、フィールドワークも重視した。なぜなら、社会人類学の基本的研究方法は、研究者自身が研究対象に入り込み、実地に観察する経験を必要とするからだ。わたしは幸いにも日本で一年間社会学と社会人類学の研究を行うことができた。この間、多くの日本人と接触し、日本各地を旅行し、日本で開かれた各種の活動にも参加し、日本人の仲間たちと一緒に東京・京都・大分県などの家庭を実地に訪問して調査する機会を得、多くの収穫があった。中国との対比を通じて、日本人と日本社会を理解することができた。もちろん、日本に関する文献を読むときも、また日本人と話しをするときも、わたしは必ず次のように考えることにしていた。「このことがもし中国だっ

9　R・ベネディクト著・孫志民・馬小鶴等訳『菊と刀』（浙江人民出版社　一九八七年）一三〜一四頁

たらどうだろうか」「中国人だったらどう考えるだろうか、どんな行動をとるだろうか」と。こうして、比較の観点から問題を考える態度ができあがったのだが、この比較研究という方法こそ、まさに社会人類学がいつも使う方法だったのである。「ある人類学者にとって最も興味あることは、総合的に見て多くの共通する特徴を持つ民族の間にある違いを発見してそれを研究することだ」[10]と言われるように、中国人と日本人は「総合的に見て多くの共通する特徴を持っている」両民族である。その両民族に関して、たとえ些細な違いにせよそれを見つけたときは、きまって喜びを感じる。社会人類学の方法を用いてひとつの民族を研究しようする人に言わせれば、一年の実地の生活経験などとても短いものかも知れない。確かに、もっと長期間日本社会で暮らすことができたなら、もっと多くの問題について、さらに豊富にかつ奥深く知り得たかも知れない。しかしある社会に対する理解は、必ずしもその社会で過ごした時間の長短で決まるわけではない。日本に行く前に、社会人類学の方法のトレーニングを受けていたことが、日本人と日本社会を観察するうえで大いに役立った。この方面で得た収穫は、こうしたトレーニングを受けなかった人が一〇年以上にわたってようやく手に入れたのと比べても、さらに多いはずだ。

中国の場合は、わたしの材料と知見は、日常の生活経験と文献を除けば、やはりフィールド調査によっている。わたしの「フィールド」は、西村—中国中部河南省の人口二〇〇〇人の村落である。わたし自身、そこで生まれ育ち、二〇歳まで過ごした。そこでの生活経験は相当重要だ。村でのにぎやかな春節や婚礼の行事、楽しく和気藹々《あいあい》とした人間関係、逃れられない世間の義理や人情などは、どれも忘れ難い思い出だ。わたしがまだその村にいた頃、わたしを含む村人のやり方はすべて絶対的な「天経地義」[11]であると思い込んでいた。村を出て勉強するようになってから、とりわけ社会人類学の知識を得、そして異質な文化との接触体験を得て、再びそこに戻り人々の行為を観察したとき、その考え方は以前と大いに違っていたのだ。「天経地義」と考えてきたものは今では疑問だらけだ。この村落を中国社会を研究し理解するための基地として、わたしは毎年そこへ行って調査してきた。新鮮なまなざしで同世代の人々や父母の世代の人々の行為をつぶさに観察し、彼らのふるまい方やまたその原因を、異文化を背景に持つ人々のそれらと対比して見た。そしてこうした一連の記録を整理し、いくつかを研究成果として発表してきた。[12] その成果は、本書の重要な内容を構成している。

その名の示すとおり、いわゆる「民族性」とか「民族の行動様式」の研究にとって、その対象となるのは、まずなんと言っても人だ。しかもそれは孤立した人ではなく、一定の集団のなかで暮らす人だ。だから、人を集団の中に投げ込んで、つまり他者との人間関係の枠にいれて考察せねばならない。社会集団とはあたかも張り巡らされた網のようなものだ。われわれは皆その網の目にからめとられている。それゆえ、

10　R・ベネディクト前掲書　八頁
11　【訳注】自明の道理の意。出典は『孝経』三才章にある。
12　西村についての既発表研究成果は次の通り。①「無交際婚から半交際婚へ―豫東のある村落の婚前交際の考察」（『青年研究』一九九六年二期）②「現在の中原地区の結婚式の消費を論ず―西村における三件の結婚式の考察」（『青年研究』一九九六年一〇期）③「豫東地区の婚礼における随礼現象の分析」（『社会学研究』一九九六年六期）④「中原地区の『分家』現象と世代間交際」（『青年研究』一九九七年一期）⑤「中原地区の結婚出産習俗及びその社会的文化的役割」（『民俗研究』一九九七年二期）⑥「中原地区の新婚習俗の社会的役割とその変化」（『民俗研究』一九九七年三期）⑦「中原地区の姻戚現象の研究」（『社会学研究』一九九七年六期）⑧「中原農村青年の配偶者観とその変化」（『青年研究』一九九七年六期）⑨「入り婿の社会的地位の問題」（『青年研究』一九九七年九期）⑩「中原地区の同世代青年グループ（群体）の「結びつき」（把子）の研究」（『青年研究』一九九八年二期）

中国人と日本人とをそれぞれの集団の網の中に投げ入れて考察しようと思う。本書は、第一章において家庭制度の分析から始める。なぜなら、アメリカの心理人類学者F・シューの、家庭とは人類の最初の学校であって、社会関係のかなりの部分は家庭内の関係にその雛形を求めることができるという見解に同意するからである。次いで第二章で、日中両民族の宗族制度の特徴と、それが個人の行動様式に与える影響とを分析した。日中両民族の親属集団について分析を行った後、第三章で中国人と日本人のいくつかの非親属集団についての考察に移った。日中両社会のいくつかの社会集団について入念な考察を行ったのは、社会集団の構造上の違いが、個人の行動様式、ひいては民族全体の行動様式にとって決定的な意味を持つと考えるからである。個人を各種集団との関係の中に組み込んで考察すれば、その民族の特徴を具体的に把握することができる。第四章において、主に人と社会集団の観点から、日中両社会の近代化の問題について論じた。[13]

このような説明をしたとしても、わたしはやはり批判を受けるだけの十分な覚悟をしている。民族性の研究に従事することは、批判を受けずにはいられない仕事なのだ。特に中国と日本のように恩讐甚だしい民族に関してはなおさらだ。研究上の必要から、自分と研究対象との間に一定の距離を保って、自分をある程度「局外者」にした。これがとても難しいことはわたしも心得ている。両方から非難を浴びる覚悟をしておかねばならない。中国人はわたしのことを、愛国心がない、日本人のために弁護している、といって非難するかも知れない。その実、わたしは、あの「愛国」を口先で言い立てるだけの連中より、ずっと国を愛しているのだが。また日本人は、わたしのことを、中国人の立場から日本人の「短所」をあげつらっていると非難するかも知れない。実際、わたしが、日本人に対する中国人のありのままの見方を日本人に話して聞かせると、彼らは「聞いていると耳が痛い」と言う。個人的感情から言えば、わたしはこの二つの偉大な民族を心から愛している。ただ科学的研究が、わたしにできる限りこうした心情的な部分を取り去るよう命じているのだ。わたしは中国人を分析考察するとき少しも容赦しなかった。それは日本人を分析考察するときに些かも容赦しなかったのと同じだ。日中両民族の相互理解を進めるうえで、わたしができることに限りがあることくらいはわきまえているつもりだ。わたしの仕事は、日中両民族のためにいかに相互理解すべきかの処方箋を書くことではなく、日中両民族がそれぞれの相手を見るときまた自己を見るときに、もう少し理性的であって欲しいと願っているだけなのである。

13 【訳注】このあとに「第五章では、一般社会集団の分析を踏まえて、わたしはさらに両民族の超自然的存在に対する態度の異同、さらには特殊な形式を取る社会集団―教団―の構造上の特色を考察した。これは、前章までに述べた内容を継承しつつ拡大したものと見てよい。第六章では、日中両民族の男女に対する考え方について検討した。この章は、社会集団との直接的関係はないが、日中両民族の行動様式と精神を理解するうえで極めて重要だ。第七章は、前章までに述べたことを概括し、日中両民族の行動様式のうえに現れたいくつかの傾向を明らかにした。この章は、本書の理論的帰結点と言える。第八章では、日本人及び日中両社会を対比する際の若干の理論をもっぱら考察した。専門家でなければ読み飛ばしてかまわない」が続くが、本書ではこの部分は割愛した。

第一章　「家」における中国人と日本人

家庭は人生の出発点だ。われわれは誰でも一生の大部分を家庭で過ごす。多くの重要な社会関係は、どれも家庭にその雛形を求めることができ、いかなる種類の文化も、必ず相当部分は親族関係と関わりを持っている。米国の人類学者Ｆ・シューは、親族のシステムと関係のある文化概念を以下の数種類に分けている。

第一は処世態度。自我・成熟・権威・性行為・疾病・死を前にしたときの神との関係・義務・名誉・競争・衝突、及び（認知や評価を含む）態度。

第二は、基本的関係。親族・贈与・友人・社会団体・宗教団体・地方行政組織・ヒエラルキー・財産の保有と売買・継承（すべての関係は内容と構造の両面から考証されなければならない）。

第三は、物質生活。服飾・住まいの構造（住居の作りと各部屋相互の関係）・都市と農村の関係・塀・技術水準などの特色。

第四は、仕事。基本的な生計維持方法・仕事上の組織・労使関係・生産者相互の関係・仲買人と消費者の関係を含む。

第五はそれによって投影される文化。例えば芸術・文学・民族・神話・価値・理想など（大多数の人々が共有している精神状況を反映しているとすることができること、そしてそれが長期にわたるものでしかも普遍的に見られることを説明する必要がある）。

第六は、娯楽活動面。ゲーム・競技・祝祭日・パーティー・余暇活動。[1]

それゆえ家庭は、民族の価値観や行動様式を育てるゆりかごなのだ。中国人と日本人の民族の性格の重要な類似点と相違点の多くは、家庭に起因する。それゆえわれわれの対比分析も、この家庭から始めることにしよう。

一　居住様式――「四合院」と「タタミ」

中国人と日本人は共に、「家」という漢字で人生最初の所属集団を言い表している。二つの文化の「家」と「家族」[2]は、もちろん関係のある言葉だが、ひとまず区別されている概念である。「家」は「家族」に比べて意味が広くまた古い概念である。

「家」字の上半分の「宀」は住居のことで、「家」とは固定的な建築物一般を表している。ある建築物とそれを取り囲む空間は、人々の活動にとって重要な環境を形成しており、しかも家族が活動する重要な舞台ともなっている。人々の生活様式は、文化の影響を受けると同時に、反面、文化の生成力としての働きをもつ。家族制度・家族間関係・習慣・個人の行動様式などを、家族というコンピューターの「ソフト」とすれば、居住環境はそれを収める「ハード」だと言える。社会人類学は、住居を極めて重視する。それが暗黙のうちに家族制度を特徴づけたり、そこに暮らす人々の世界観や行動様式などに極めて重要な影響を与えたりしていると考えるからである。

1　周大鳴・喬曉勤著『現代人類学』二五四～二四六頁

2　【訳注】原文は「家庭」だが、この場合の意味は日本語の「家族」に相当する。

中国人であれ、日本人であれ、その居住様式は多種多様だ。中国の各地域・各民族の住宅の様式は、大いに異なっている。モンゴルの移動式住居（ゲル）・タイ族の竹の家・福建広東地方などの客家の「土楼」などは、中原地域の住宅とは大いに異なる。漢民族の住宅だけでも、北方の四合院と西北地方の窰洞《ヤオトン》3は違う。しかし、漢民族の住宅の代表的なモデルを挙げることはできる。中国北方の「四合院」がその典型であるといってよい。中国の大多数を占める漢民族の居住様式は、多かれ少なかれこうした「四合院」形式か、その変種なのだ。

「四合院」の「四」は、東西南北の四方を指しており、「合」はそれらを合わせるという意味だ。「四方にそれぞれある棟を一つに合わせせつなぐ」という建物群こそが四合院なのだ。北京の典型的な四合院の構造は、次のようである。

すなわち一つは北側に位置して南面して建つ平屋の棟（正房）があり、東西南北四方にある棟の入り口と窓はすべて中庭に面している。南棟（倒座房）と北棟（正房）はおのおの五部屋ずつあり、東棟（廂房）と西棟（廂房）はおのおの三部屋ずつに分かれ、部屋の間口は等しく、皆約三・三メートルである。北棟の中間の三つの部屋がやや大きいのに対し、左右両側の部屋はやや小さいことから、「耳房」と呼ばれる。南棟の東にある部屋を「大門」という。「大門」に正対して門内にあるのは「影壁」（目隠しのための壁）である。「大門」を入って左に曲がると丸い形をした「月門」があり、その「月門」を入ったところが南棟の西側の三部屋の窓の前となる。西の端の部屋の窓の前にも「月門」があり、東側の「月門」と向かい合っている。南棟の真ん中の部屋の入り口は北側の「垂花門」と向かい合っており、「垂花門」の左右の背の低い壁と東西の二つの月門の背の低い壁とは繋がっている。「垂花門」の外側の庭を「外院」

といい、約一〇平方メートルほどの広さの長方形をしている。中を「内院」（中庭）といい、約三〇平方メートルほどの広さの正方形をしている。「垂花門」から北棟の入り口までは煉瓦を敷いた通路になっており、東西の棟の間にも通路がある。この二つの垂直に交わる通路が里院をちょうど「田」の字型に区切っている。東・西棟の北側と北棟の東・西の二つの「耳房」の間にも、それぞれ「月門」がある。こうして「里外院」も四つの「月門」に囲まれて、四つの「小院」を形成している。このように一軒の標準的な四合院は、四面の棟に合計一六の部屋があり、「垂花門」を加えると一七部屋となり、内外合わせると二つの大院と四つの小院と言うことになる。[4]

ここに紹介した四合院は最も典型的なものである。旧中国ではもっと資産があり、家族数も多い大家族の場合は、複式四合院、つまり一つの標準的な四合院の後側に一つまたは複数の四合院がある。当然このような複式四合院に住める人はごく少数だ。たいていの人は財力が及ばないから、あまり標準的ではない四合院に住むことになる。棟数を減らしたものを「小四院」と呼ぶ。それは大門の位置を変えたり南棟のない三合院であったりする。

今なお中国中・北部の広大な農村では、大部分の農民の家はより簡略化された「四合院」形式を取っている。この種の住宅の特色は、周囲を高い塀で取り囲んだ長方形や正方形の敷地で、外からは屋根しか見えない。内と外をつなぐ「大門」と外壁とが、内と外二つの世界を仕切っている。敷地の北側の三つの部屋（時には四つの場合や五つの場合がある）が「堂屋」と呼ばれる母屋だ。こうした建物としては一棟し

3　【訳注】黄土高原で横穴を掘って住居としている。夏涼しく冬暖かい。
4　楊存田著『中国風俗概観』（北京大学出版社　一九九四年）一二五～一二九頁

かなく三方を塀で囲まれている住宅は、基本的な作りは四合院と同じであるから、「一合院」と言ってよい。ある院は堂屋の東西どちら側かに棟があるか、数は少ないが、東西両方に棟があれば、これは「三合院」と言える。いずれにせよ各棟の入り口や窓はすべて中庭に向いている。さらに敷地の入り口に「影壁」を立てて、大門を開けたときに大通りを行く人から中を覗き込まれないようにすることもある。実際、豫東地区の人々は敷地を取り囲む塀をとても重視しており、その高さは通常二・二〜二・三メートル以上ある。昔は土を突き固めて造っていたが、今では煉瓦を積み上げている。院の「大門」は大変凝っている。以前、「大門」は木製であったが、現在では、鉄製のも多く見かけるようになった。金持ちは、凝った「門楼」（土地の人は「門底」と呼んでいる）まで立てる。「門楼」のうえには「物宝天華」「人傑地霊」「天道酬勤」「百福駢臻」などのめでたい言葉が書かれた額が懸かっている。そこで人々はいつも、「院壁」や「門楼」があるかどうか、「院壁」や「門楼」が凝っているかどうかでもって、その家の貧富や世渡り能力を判断する。

このように、「一合院」「三合院」から「四合院」ないしは「複合式四合院」に至るまで、古来北方漢民族の主要な住宅モデルとなってきた。財産や社会的地位に応じて、部屋の数や質に違いがあり、「院壁」は土製か煉瓦製かの違いがあり、「大門」は豪華か簡素かの違いがあるけれども、「四合院」の基本的特徴は共通している。「四合院」式の住宅を抽象化して図示すると以下のようになる。（図1参照）

四合院に代表される伝統的中国人の住宅には、以下の特色がある。

第一、四合院式住宅の持ち味は中庭があることだ。中庭は全家族が集う公共の場であり、面積はさして広くはないがその機能は小さくない。数世代に及ぶ家族全員が敷地内の四方の棟に暮らし、中庭は彼らを一体不可分の全体として結びつける。中庭の「大門」を閉じてしまえば、そこにはもはや世間との

5【訳注】豫は河南省の別称であるが、豫東といった場合は山東省、安徽省の一部も含まれる。

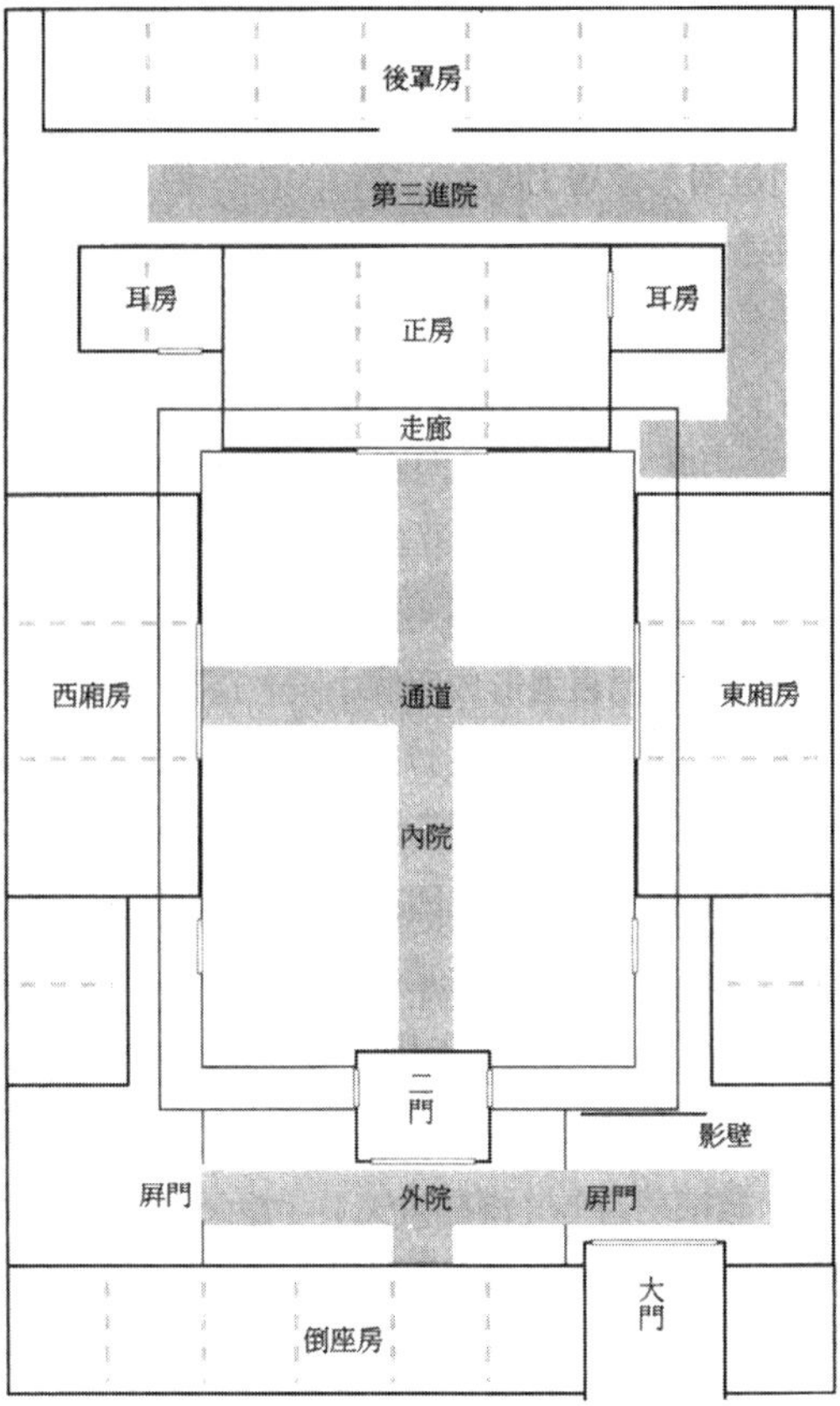

図１　典型的な四合院平面図

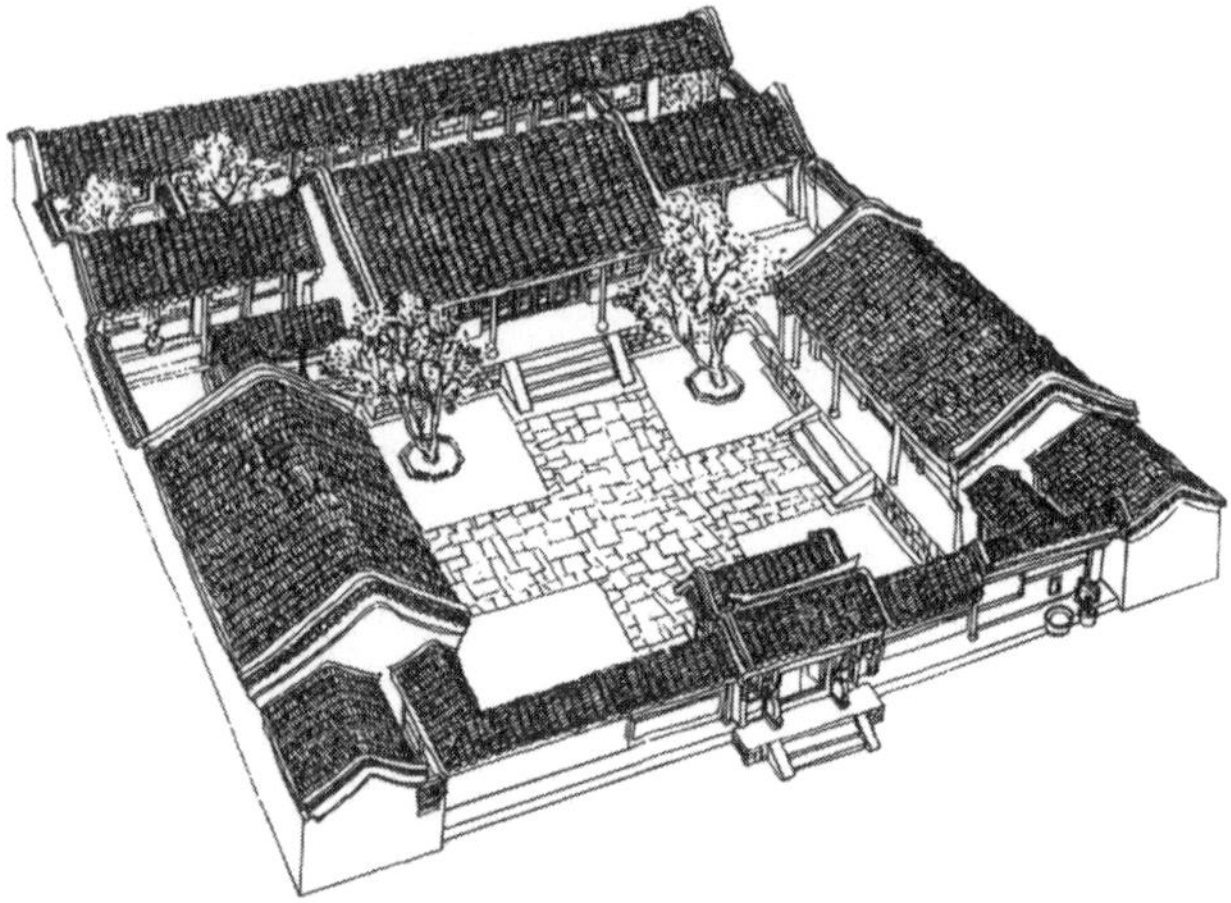

図2　簡略化した四合院－三合院の模型図（王其均より引用）

争いはなく、外界からの干渉もない。最も単純な一合院さえ、楽しみに満ち溢れている。すなわち四合院のこの小さな中庭で、子供たちは追いかけっこをして遊び、老人はひなたぼっこをし、女たちはおしゃべりをしたり、繕い物をしたりして、皆が自分なりの居所を得て、それぞれの楽しみに興じる。夏には涼み、冬にはひなたぼっこをする。北の地方ではさらに「食堂」や「客間」の機能も加わる。厳寒の冬以外は、一日三食をこの中庭で済ませる。客が来たときは、たいていここに招き入れる。その他、結婚式・葬式などの儀式を執り行う重要な場所でもある。こうした様式は、中国の数世代が一緒に暮らす大家族の必要に適うものであり、親密で和気藹々とした文化的環境を生み出しやすいと同時に、家長が家族の成員を監督しまたコントロールするにも容易なのである。

第二、棟・部屋の配置から見て、中国人は家族の共同の活動や交流を重視し、個人のプライバシーはほとんど重視してこなかったことがわかる。一般的に言えば、家族ははっきりとした形で個室を持たない。棟と棟の間の仕切りも厳格ではないため、家の中と外の世界を厳格に分ける塀と好対照をなしている。豫東地方の農家の住居は一般に三部屋で一棟になっていて、内部に仕切り壁はなく、少数の家には仕切り壁やすだれで仕切られ、出入り口はたった一カ所、それもすだれが下がっているだけで、ごくまれに木製のドアになっている。大半の子供たちは、十歳を過ぎても、父母や祖父母と寝室を共にし、同じベッドの上で眠ることさえある。三部屋ある母屋のうちの一間に仕切りのある部屋を作り、これを「小堂屋」（小母屋）と称する場合もある。「小堂屋」には一般に結婚した息子夫婦が暮らす。息子が結婚する前は倉庫として使っている。このように仕切りのない部屋だから、明確な個室などというものはないし、むしろそれは新しい家族が暮らす空間というべきである。便所は周囲を壁で囲っただけで、たいていは天井がないばかりか、ドアもない。家の中では、父母や子供の持ち物に決まった置き場所はなく、お互いに勝手にいじくりまわしてもかまわない。人々はどの部屋に入って何をしてもよい。このような住環境はプライバシーを重視しないし、個人はすべてに対して開放的で、何を考えようと、何をしようとすべて容赦なく家族全員の前にさらけ出される。結婚した息子が仕切りのある「小堂屋」や東西の棟の部屋に住むことはあっても、一人が一部屋に暮らすということは滅多にない。部屋に鍵を掛けてひとりで暮らすことは不正常なこととされる。寒い冬を除いて、家族たちはその大部分を中庭で一緒に何かをして過ごす。こうした部屋の配置から分かるのは、集団行動が有って個人行動は無く、個人は家族に対して開放的に振る舞うから内緒事は無い、ということである。

第三、中国人の住宅は、家族一人ひとりのプライバシーを重視しないというよりも、家族を外部の世界から遮断することを極めて重視しているというべきである。高い塀は家族と外部を異なる二つの世界に截然と分けるものだ。四合院は一つの乗り越えてはならぬ障壁であり、外の者は決して中の者の生活を覗き込んではならず、中の者は自ずから外の世界を伺い知る術を持たなくなる。こうした閉鎖性は、「家の恥は外に漏らさぬ」という家訓を守り続けるには都合がよく、中国人が家族の一員として認めるかどうかという場合の閉鎖性やその他のいくつかの特色と一致している（詳しくは第二章で述べる）。こうした環境によって育まれやすいのは、家族精神であって公共精神ではなく、私徳意識であって公徳意識ではなく、相対的な価値観であって普遍的な価値観ではない。

日本人の住居には中国人のとよく似たところがあると同時に、根本的な違いもある。典型的な日本古来の住居は、やはり個室を持たない。部屋は、家族一人ひとりのためにではなく、家族全体にとって機能しやすいように部屋がそれぞれ割り当てられている。例えば、「居間」「座敷」「納戸」など。日本の伝統家屋は、中国の伝統的な家屋に比べ、建築様式としては外に向かって開放的であり、自然と渾然一体になったところに特色がある。中国家屋のように家族を外の世界から隔離してしまうような高い塀は見当たらないばかりか、欧米人の住宅に普通に見られるような垣根や柵さえもないことがある。庭がない、あるいは庭と周囲の自然環境の間に明瞭な区別がないとも言える。玄関に通じる小道は山路の続きであり、便所は小さな流れの上に建てられており、玄関の前の松の木も山野の松に比べれば丁寧に剪定されているというだけのことである。住宅と周囲の自然環境とが融合しているところにこそ、日本人の伝統的住居の大きな特色がある。やや凝った日本の住宅は、たいてい建物に沿ってしつらえられた「廊下」がある。渡り廊下のようでもあるが、そうではなく、室内の一部分でありながら、室外に属しており、室内であるのに天井がなく、室外であるのに部屋と繋がっているのだ。それゆえ日本人は廊下を「第三空間」に属せしめ、部屋の内外を繋ぐ中間的な役割を持たせようとしている。この特色は大変重要であり、後述するように日本人の親族集団が持っている比較的開放的な特徴と一致しているだろう。

日本人の部屋の配置において、第一に考慮されるのは、集団で行動することであって、個人のプライバシーではない。伝統的な中国人と日本人の住まいの様式はともに、「集団行動優先型」である。しかし、日本の部屋の配置は、この点に関しては、中国以上であろう。中国の四合院を日本の部屋の配置と比べると、やはりいくらか個人の私生活に配慮していることがわかる。「廂房」に暮らす息子夫婦はやはりある程度のプライバシーが保たれている。かつて、舅は息子夫婦の部屋に入ることはできなかった（現在でも農村にはこの習慣がある）。こうした習慣は旧来の礼教に由来しているとはいえ、個人のプライバシーを守ることにも役立っている。しかし、全家族が紙と糊でできた障子や襖で仕切られた大広間という日本式の住宅では、こうしたことを求めるのは無理だろう。日本の部屋を仕切っている障子や襖は、普通、紙と糊でできており、開けたり閉めたりできるし、取り外してしまうこともできる。遮音性は全くない。寒い季節を除くと、紙と糊でできた仕切り戸、つまり「障子」は普段は開け放している。すべての障子を取り外して部屋全体を一つの大広間にして使う場合もある。日本人は伝統的にベッドの上で寝起きしないから、決まった寝室すらない。誰でも自由に部屋の中を行ったり来たりできる。

おそらく、「タタミ」は日本人の住まいの特徴を最も集約的に表しているだろう。「タタミ」は漢字では「畳」と書き、訳せば「草マット」あるいは「むしろ」だろうが、どれも適切ではない。それは、「草マット」よりずっと光沢があり平らで、「むしろ」よりずっと堅く厚くしっかりしている。伝統的な日本の部屋はベッドがなく、いすやテーブルの類もない。夜は「タタミ」の上で眠り、昼間は布団を片づけて、そこで食事をしたりいろいろなことをする。客を招いてそこで茶を飲んだり談笑したりすることもある。それゆえ日本の家に入ったら必ず靴を脱がなければならない。なぜなら靴を脱がないのは、ちょうどわれわれ中国人が靴を履いたままベッドに上がるようなものだからである。現代都市のマンションなどでは、部屋の配置は以前とは大いに変わっているが、「タタミ」だけはなお愛好されている。大多数の家庭は皆「和洋折衷」だ。つまりソファー・テーブル・サイドボード・ベッド・机などがあって、その他に「タタミ」を敷いた和室もある。大部分の日本人にとって、ソファーは余り座り心地の良いものではないらしい。そのうえ、「タタミ」は一つの工芸品になっている。日本には「タタミ」博物館[6]があって、「タタミ」を材料にしたイス・ちゃぶ台・屏風・掛け軸などが陳列されていて、種類の豊富なことと技術の精巧なことはこの上もない。

「タタミ」は居住空間が狭い日本の国情にかなったものである。それは、ベッドでもあり、絨毯でもあり、イスでもあり、ソファーでもあるという、いくつもの機能を兼ね備えていて、空間を有効に利用できる。狭い部屋の中に、ベッドやテーブル・イスの類を持ち込まなければ、大いに空間の節約になる。日本人が畳について研究したところ、長期にわたる「タタミ」生活は健康にいいこともわかった。

けれども、わたしが最も関心をもつのは、「タタミ」の部屋の配置が個人の性格や心理に与える影響である。わたしは「座った姿と談話の効果」あるいは「タタミと日本人の性格」の類の研究報告をまだ見ていないが、わたし自身の体験からも、これらの間には大きな関係があると言える。ふたりの人がたたみに寝転がって話をすれば、交流の効果は最もよく現れるし、座ってすればそれに次ぐ。ソファで向かい合っての対話が、最も効果が少ない。中国の言葉にも、「地べたに座って語り合う」「膝を交えて心を開く」[7]などの言葉は親密で自然な関係を表している。「地べたに座りこんで」「膝を交える」姿勢は確かに親密な関係を生み出すのに有利である。[8]日本人の「タタミ」の部屋は中国人の部屋に比べて、より一層親密な気分を醸し出しやすい。「タタミ」に座っての語らいは、より一層親近感を生みやすい。「タタミ」を敷いた部屋はそれ全体が一つの拡大されたベッドであり、一個の凝縮された小さな「院《にわ》」でも

6　【訳注】埼玉県さいたま市にある産業博物館。江戸時代から現代までの畳に関する資料を収蔵・展示する。埼玉県畳高等職業訓練校内にある。

7　【訳注】中国では、地面や床の上に足以外の体の部分をつけることを嫌う。そのため子供の時から地面に寝そべったりしないように厳しくしつけるという。つまりこうした交わりはとても特別なものであることを意味するのだ。

8　幼い頃から中国で成長したある日本人西条正もこの問題に気付いていた。彼は、『日本人と中国人』という本を書いたことがあり、そこで中国人と日本人の身体接触についての観念を語っていた。彼は、中国人は普段自分の体が他人と直接接触することを何とも思っていないし、それどころか相手と接触するというやり方で親愛の気持ちを表そうとする、と考えている。「膝付き合わせ心を開いて語る」とか「手に手を取って教える」とかの言葉はそのことを説明している。「膝付き合わせ心を開いて語る」とは双方に「座る」ことを求める。言外の意は、中国人は立ったまま「とりとめもなく気儘に話をする」ことを嫌うのだ。「座って」話をすればこそ、本当の気持ちで話ができる。中国人にとっては、「座る」ことは誠意を示す第一歩であり、これは相手に危害を与えないことを意味する。彼はさらに日本人の基本的生活様式が「座る」ことであると言う。「座ること」は日本人の生活において、中国人に比べもっと大きな比重を占める。日本式の家屋には皆「畳」があり、「畳」こそは日本人が座って生活をするのに適した必需品なのだ。彼のこうした観察は間接的にわたしの見方を支持している。つまり、「畳」に座って話をすればより一層親近感を生みやすい。西条正著「日中で異なる素っ裸」（中国語版『日本展望』一九九六年八期）一八～一九頁参照。

ある。それは中国人の住宅の中庭が持つある種の機能を発揮している。つまり、大人たちはそこで語らい、あるいは座りあるいは横になり、子供たちは転がったりよじ登ったり、嬉々として騒ぐ。筆者が体験したのは、日本の家屋に行くと、先ず靴を脱いで「タタミ」の上に座り、真ん中には背の低い座卓が置いてあり（冬になると、コタツといって、座卓の周りに綿の入った布を下げ、座卓の下には暖房器を置き、人は足を伸ばしてそこに座る）、座卓に差し向かいに座り香しい茶を飲んでいると、和やかで楽しく親密この上ない雰囲気がたちどころに生まれてくる。こうした雰囲気はソファや肘掛け椅子に座っているときの感覚と違うばかりか、中国人の中庭感覚とも違う。「タタミ」に座るときの服装は体を締め付けるようであってはならず、ベルトもきつく締めていてはいけない。それゆえ、外から帰ると、靴を脱ぐだけでなく、服も着替える。日本人が家に帰るとゆったりした大きめの「yukata」（浴衣）に着替えるのは、つまりそのためなのである。こうすれば体も心もさらにリラックスするのに都合がよい。日本人が外出から帰ってくると、靴を脱ぎ、普段着に着替え、話し方も丁寧な言葉遣いから普通の言葉遣いに変えるのは、こうすることで徹底的に環境を転換するのだ。

それゆえ日本式住宅における「タタミ」は、中国人にとって家の内と外を隔離する塀によく似た作用を果たしていて、「タタミ」の上の世界は外部の世界との間に強烈なコントラストを形成する。中国人と日本人は共に「内」と「外」の区別をとても強調している。家族の間には極めて親密な関係があり、またそれがあまりに親密であるために、家庭と外部世界との間に絶対的な境界線が引かれることになってしまう。境界線の内側にいるのは自他を区別しない「ウチの者」であり、彼らは外部の者に知られてはならない秘密を共有することになる。彼らは「内（ウチ）の者」と「外（ヨソ）の者」に対して異なる行動基準を持って振る舞う傾向にある。院の内部世界の規則は決して外部には当てはめない。例えば、中国人の「内外別有り」の意識、「内（ウチ）の者」と「外（ヨソ）の者」の意識などはみなその反映である。

ちょうど機械がその構造や形状に相応しい外形をもって設計されるように、民族の居住様式はその家族の特徴に相応しく形成される。中国と日本の居住様式の違いは、そのまま両民族の家族構造の違いを反映している。機械の場合と違うのは、居住様式が民族の性格や心理に対しても知らず知らずのうちに影響を与えているということだ。既に述べたように、日本式住宅の特徴は、個室と共同活動空間との区別が厳格でなく、プライバシーのある生活は困難であり、「タタミ」の上の親密で隔てのない「内」の環境と変化の予測がつかない「外」の環境の間の緩衝地帯がないことだ。こうした場合、外からやってきた人（例えば、客やヨソ者）は家族に対して大きな衝撃を与えやすい。日本のテレビで時代劇ドラマを見ていると、いつも次のような場面に出くわす。―家族皆が「タタミ」の上で楽しそうに和やかに談笑しているところに突然戸口をたたく者がいる。すると、家族の者たちはにわかにあわてふためいて、急いで戸口を開け、当座の客間（座敷）をしつらえ、女たちは姿を消して、男主人は厳粛に居住まいを正したうえで、客の応接をする。―このように外部の者の来訪は家族全体に影響する。今日、日本人が客を自宅に迎えたがらず、外の店で接待することが多いのは、日本の部屋の配置方法と関係があるのかもしれない。つまり、そうすることで外来者が家族に与える衝撃を減らしているのだ。筆者が日本にいたとき、日本で研修中のある中国人の教師がわたしに「わたしの指導教授はとてもよい人で、情熱をもって接してくれるのだが、なぜか一年経った今もわたしを家に招待してくれない」と語っていた。教授の家は彼の住まいからほんの一〇〇メートルも離れていないというのに。それが、日本人の住まいの特殊な配置と、こうした環境下において形成された心理に由来するのだとわかったら、この問題を説明することはそれほど難しくないであろう。

家族が共同して活動する場所と個室の厳格な分離は、外部からの衝撃を緩衝する作用を持ち得るだけでなく、個人の社交能力を養ううえでも極めて重要である。子供は小さいときから共同の場で自己主張することを学び、他人の意見を聞くことを学ぶ。自分の家族以外の者と接し、交わって、やりきれない思いをさせられたときは自分だけの空間にこもって自分を守ることもできる。外部から強烈な衝撃を受けたときは自分の「領地」に立てこもって拒絶反応を示すこともできる。つまり、こうした環境は「自己」と「他者」、「内」と「外」の関係をいかに処理するかという訓練の機会を提供してくれているのである。欧米の児童と比べ、中国や日本の児童は自己表現が下手である。彼らは見知らぬ人と出会ったときいつも引っ込み思案になり人見知りするくせがある。わたしの観察によれば、日本の児童は、こうした点において中国の児童よりさらに甚だしい。これも日本人の部屋の配置の特徴と、幼児におけるこの方面での訓練が欠けていることと関係がある。近代以来、中国と日本はともに西洋の建築様式を取り入れて、居住様式は過去のそれと大いに変ってしまった。特に大都市においては、「単元式」[9]で、機能ごとに部屋が分けられている居住様式が主流となった。日本の「団地」の部屋の配置は、日本人が「タタミ」の上で食べて寝るという伝統的な様式を一変させてしまった。洋間が住宅の主要な位置を占めるようになって、「伝統的な和室（一般的には一〇平方メートルほどの広さ）は隅に追いやられて、歴史の舞台から退きつつある」[10]。外見は日本式の木造の建物だが、内部の部屋の配置は西洋式で、普通は主人の書斎・

夫婦の寝室・客間・子供の勉強部屋兼寝室などに分かれている。中国の都市住宅もこのような特色を備えつつある。居住様式の変化は、人々の心理に知らず知らずのうちに深刻な影響を生み出すものだ。しかし、長期の間に形成された心理状態が一気に変わってしまうということもあり得ない。このため、中国人であれ、日本人であれ、たとえ独立した個室があっても一人で部屋の中にいるという習慣がまだあまりなく、皆と一緒にいる時間の方がひとりで何かをする時間よりも多い。またより重視されるのは、個人が他の家族に対して開放的であることであって、個人のプライバシーではない。

二、家族制度

これまで家族の「ハード」環境についての対比的分析をしてきたので、次に家族の「ソフト」環境家族制度の考察に移ろう。家族の関係には二種類がある。一つは血縁関係、例えば父母とその子供、もう一つは姻戚関係、例えば夫婦、である。血縁で繋がる者と姻戚で繋がる者とがひとつの空間で共同生活をし、ひとつの家族共同体を組織する。家族の一員としてのアイデンティティの持ち方や家族間のヨコとタテの関係のあり方が、家族制度の重要な側面である。以下こうした角度から、両民族の家族制度についての考察を進めていこう。

9　各戸の入り口がそれぞれ別になっていて、住人が同じ廊下を共有することはなく、せいぜい上がり下りする階段を、限られた世帯が共同使用するに止まるような構造を持つ。

10　魯学海著「日本家屋の変遷」（日本展望』一九九六年四期）二八頁

（一）「資格」と「場」

中国と日本の家族は伝統的に多くの共通点がある。類型的には、両者はともに父系制家族である。この家族の特徴は、（一）家族の継承と分化は父子関係を軸になされるので、家族関係（夫婦・兄弟など）のうちで父子関係が最も重視される。（二）父母（特に父親）と子供の間は平等ではなく、父権制に基づく関係である。家長となっている父親は通常比較的大きな権威を持っている。こうした権威は家産の管理や家業の経営に発揮されるばかりでなく、子供の結婚や祖先の祭祀、そして一家の財産の継承などの重大な問題にも決定的な役割を果たす。

けれども、中国と日本の社会における家族の成員としてのアイデンティティの持ち方には伝統的な違いがある。中国の家族は「血縁関係」をより重視するが、日本の家族はそれほど極端ではなく、その他の要素も考慮する。例えば共同生活の「場」（中根千枝によって定義された用語）ということだ。

こうした差異は、まず言葉のうえに表現される。漢語では「血縁関係」の概念を表す語彙が極めて豊富で、例えば「血縁」「血系」「血脈」「血胤」「血親」などがあり、同じ祖先を持つ人を称して「血脈相貫」などという。こうした言葉と連繋して、血縁集団を表す語彙も多く、「宗」「族」「門」「房」「家」などがある。これらは日本語の類似した語彙と比べても多いようである。筆者の調査によれば、日本語の中で「血縁関係」を示す決まった語彙は「ちすじ（chisuji）」（血筋）一語のようであり、血縁集団の分類には「家」と「同族」（親戚）の区別があるのみである。中国人は「血縁関係」を重視するために、近親者からなる集団が極めて重要であり、そこから親族集団の成員を細かく区別する必要が生まれる。漢語で親族を表す用語は日本語より発達しており、例えば、父母と同世代の男性には「伯」「叔」「舅」の区別があるのに、日本語は「おじ（oji）」しかない。父母と同世代の女性には「伯母」「嬸」「姑」「姨」の区別があるのに、日本語には「おば（oba）」しかない。同世代の男女には、血縁関係がある者には、兄・弟・姉・妹、姻戚関係がある者にはそれに「表」「堂」「姨」の語を頭に付けて区別する。これに比べると、日本語は発達しておらず、僅かに「あに（ani）」「おとうと（ototo）」「あね（ane）」、「いもうと（imoto）」の四つの語彙があるのみである。言葉は生活上の必要から生まれる。日本語がこうした面で貧しいのは実際生活のうえでこれ以上区別する必要がなかったからだろう。

両国の家族がそれぞれ非血縁者に対してどのような態度を取っているか、すなわち、自分たちと同じ家族の一員であると認める基準がそれぞれどのように違っているのか。中国人にとって、「家」は完全に血縁関係と姻戚関係にある者からなる集団を意味するのに対して、日本人にとってこの概念はもう少し広く、それは、ふつう血縁関係はなくとも長期間にわたって共同生活をしている者、例えば、召使いや執事、果ては小作人や雇い人も含まれる。かつて日本には次のような状況があった。すなわち、長い間家族のために仕えた召使いやその他の非血縁者が、主人の姓を名乗り、死後も主家の墓地に埋葬され、彼らの名を記した位牌が主家の祖先の位牌とともに祀られることもあった。彼らの子孫が主家の分家になることもしばしばあった。このことは、日本人の血縁に対するこだわりが中国人のようには極端でなかったことを表している。こうした非血縁者も一定の共同生活を経れば家族の一員としての資格を得ることができた。このような状況は中国では想像できない。中国人は、異姓の者を自家の墓地に埋葬することなどあり得ないし、その位牌を自分の祖先の位牌と一緒に祀ることもあり得ない。どんなに貧しくまた卑しかろうと、誰もが宗族に対する強烈な帰属意識を持っている。特殊な状況を除いて、異姓の者が自分の宗族集団に入ってくることを容認することはあり得ないし、同様に、長い間ある家族と一緒に暮らしたからといってその一員になるということもあり得ない。

嫁は結婚によって家族集団に加わった非血縁者であり、嫁に対する態度からも、日中それぞれの家族がその成員に対して資格を認定するしかたの違いが説明できる。日本の場合、中国の場合よりも容易に嫁が家族の一員としての資格が認められることに注目したい。嫁は、家族の中で血縁関係のある「小姑《こじゅうと》」に比べると、より重視される。それは小姑はいずれ家を出て暮らすことになっているし、長男以外の男たちもたいてい家を出て行くことになっているからだ（本書第三章参照）。中国人にもある技芸を伝授する際には、「嫁に伝えて娘に伝えず」との言い方がある。しかし、これはむしろ競争上の必要から出たのであって、家族としての資格を認定するしかたに由来するものではない。一般的に言って、中国人は嫁を兄弟より大切だと考えることはあり得ない。別な言い方をすれば、中国の女性は嫁に出た後は、実家の一員ではないにせよ、その血縁の資格まで喪失したわけではないから、実家の家族からも大いに大切にされる。嫁が嫁ぎ先で窮屈な思いをしたり虐待されたときは、実家は彼女の後ろ盾となって口を出すのだ。中根千枝はかつて日本とインドの家族の中で嫁が受ける虐待のありさまを対比して、「日本では嫁姑の問題は『家』の中のみで解決されなければならず、いびられた嫁は自分の親兄弟、親類、近隣の人々から援助を受けることなく、孤軍奮闘しなければならない。インドの農村では、長期間の里帰りが可能であるばかりでなく、つねに兄弟が訪問してくれ、何かと援助を受ける」と言っている。[11] 筆者の見解では、中国の家族における嫁の状況はインドと似ており、日本と対照的だ。中国では、とりわけ実家の家族集団の中で男性がやや多いときには、実家はいっそう嫁入りした女子の強力な後ろ盾となり避難所となる。このため中国の家庭内での嫁姑間のトラブルはきまって家庭の範囲を超えてふたつの家族集団間のトラブルにまで発展する。筆者が調査した西村では、いつもこうしたことが起きていた。嫁が婚家でトラブルを起こすと、実家に帰って助けを求める、すると家族総出で婚家の門口までやってきて保護と援助を申し出る。いつもこの時、婚家の中で威信のある者か村の幹部が調停に乗り出し、嫁に有利になるような保証を取り付けて、ようやく事態は収まる、さもなければ二つの家族の間で暴力沙汰にまで発展しかねない。[12] そこでは今も次のような習俗がある。すなわち、嫁が死んだら、実家の者が見ている前で埋葬しなければならず、また葬式を執り行うに当たっては、実家側はなにがしかの要求をする権利を持つというものだ。もし嫁が虐待を受けて死ぬようなことがあれば、この要求は極めて苛酷なものとなりうる。一般的に、実家側が出した各種の要求を婚家側は満足させねばならない。さもないと実家側は葬式を阻止する権利がある。こうしたことから、女子は嫁入りした後も、血縁関係に変化はなく、実家の家族集団は彼女を引き続きその一員と認めている、と断言できる。

父系制家族は男の跡継ぎがないときには、ふつう家族以外から男子を連れてきて家系を維持しようとする。但し、中国と日本の家族成員に対する資格の認定方法が違うので、具体的なやり方にも大きな違いがある。日本のふつうのやり方は、血縁関係のない男子を連れてきて婿養子にする。ところが中国は、血縁関係のある男子を連れてきて養育しようとする。これが中国の「養子制度」だ。婿取りをして

11　中根千枝著『タテ社会の人間関係』（講談社　一九七六年）　三八～三九頁
12　尚会鵬著「中原地区の分家現象と世代間関係」（『青年研究』一九九七年一期）　一〇～一六頁

家業を継がせることは、日本では広く行われてきた。実際、日本の歴史上相当長期にわたり婿取り婚は主要な婚姻形態であった。およそ一二〜一三世紀頃に、こうした形態がようやく嫁取り婚に変わり始めた。今日では嫁取り婚が絶対多数を占めるけれども、婿取り婚が否定されてしまったわけではない。筆者が出会った日本人で婿取り婚がよくないなどと言った者はひとりとしていない。彼らの婿取り婚に対する寛容な態度は、「婿入り」が日本では何ら社会的圧力を受けるものではないことを説明している。[13]実際、多くの著名な政治家や学者は婿養子である。[14]中国の家族では、婿取りはごく特殊な場合にのみありうる。つまり家族集団の中で跡継ぎがいないか、または、よそ者や孤児あるいはごく貧しい者が婿入りを願い出たときだ。婿入りしても血縁関係がないので、その地位は跡継ぎとしての名分がない。彼は比較的大きな社会的圧力を受けることになるし、生活においていつも慎み深くまじめにふるまって、家族の者たちから受け入れられるように努めなければならない。多くの入り婿はその父母が亡くなると自分の家族のところに戻っていく。中国の古い言い方に婿に入ることを「贅婿《ぜいせい》」といい、もともと蔑み馬鹿にする意味がある。古人の解釈によれば、「贅婿というのは、妻の家から出られないことであり、ちょうど人の体に瘤があるようなもので、本来あるはずのものではないからである」という（またこれとは別に、「家が貧しく嫁取りする資力がないので、自分の体を質草にする」[15]という言い方もある）。かつて、「入り婿」は社会的地位が低いばかりでなく、法律のうえでもおおっぴらに差別を受けてきた。秦漢時代、「入り婿」は、罪を犯した官吏、逃亡した犯罪者及び不法な商人などとともに七種の懲罰対象に数えられていた。後に、婿取りの性質は秦漢の頃とは同じではなくなったが、なお社会的地位は認められなかった。日本の多くの著名人が婿養子であったのと違い、中国の歴史上このような人物は極めてまれだ。『史記』

滑稽列伝に出てくる淳于髡《じゅんうこん》は、このような人物であった。彼は斉国の入り婿であったが、官は「主客」（外務大臣あるいは一国の接客係の地位に相当する）の地位まで昇った。彼は、記録されている入り婿の中では最も成功したひとりである。司馬遷は彼がなぜ入り婿になったのかを書いていないけれども、「身長は七尺に満たなかった」と書いている。これは身長が一・六mに達していなかったことをいうものであろう。彼は背が低かったので配偶者がなかなか見つからなかったので婿入りしたのではないかと推測することもできる。これは、今日の中国の農村で一部の者が入り婿になる理由と大体似ている。[16]婿取りは、中国の北の地方では「倒挿門」と言われるが、これは世間の常識に反するという意味である。もしある成年男子のことを「婿さん」と言ったら、侮辱したも同然である。筆者が知っている豫東地方の西村の項姓の家譜に、「項姓の男子は八二〇名（一九八五年）、跡継ぎとなった者一八人、入り婿は僅か一人」[17]と記載されている。当然、中国各地によって状況は違い、人々の入り婿に対する考え方も違い、入

13　【訳注】しかし日本には、「コヌカ三升持ったら、婿に行くな」の諺があり、必ずしも筆者のいう通りではない場合もある。

14　F・シューの調査によると、婿養子に入った者に、首相を務めたことのある佐藤栄作、ノーベル賞を受賞した湯川秀樹、日本民俗学の創始者柳田国男、著名な言語学者新村出などの人がいる。筆者も次のような例を知っている。有名な松下電器（現パナソニック）の場合、社長の地位は娘婿に引き継がれてきた。中国はむしろこうした状況は少ない。だがこれとは別に、日本では、有名な人物が養子になるといった例が少なくない。

15　『辞源（合訂本）』（一九八八年）一六一六頁

16　尚会鵬著「中原地区の『婿入り』及びその社会的地位の問題―西村等の五村落を調査して」『民族研究』一九九八－四期

17　西村の項姓の宗族は解放前まで家譜があったが、その後の戦乱や洪水、そして政治運動などのために散逸してしまった。一九八四年新しい家譜の作成に着手し、一九八五年二月に完成した。新家譜は総一六四頁、油印で、名を『項氏宗族家譜簿』という。

り婿の発生頻度も一様ではなかろう。われわれは中国と日本の社会のそれぞれの具体的統計数値は知らないが、次のように断言することはできよう。家族以外の男子を連れてきて「家」を存続させねばならなくなったとき、中国では親族から養子を取る方が婿養子を取るよりもはるかに多いのに対し、日本ではその反対である、と。

（二）家族間の関係—その上下関係

日中の伝統的な家族制度に関する二つ目の大きな違いは、日本人の家族は明確な上下の序列があるのに対して、中国人の家族間の上下はそれほどはっきりしておらず、あるいは中国人にも上下意識があるにしても、家庭内では決して制度化されたものではないことだ。

いわゆる「上下の階層制度」とは、ある者には特権があり、ある者にはそれがないことを、法的もしくは慣習的に承認するものである。日本の家族における上下の階層制度はまず男性成員間に現れる。家長と長男は相対的に優越した地位にいて、彼らは日常生活上様々な点で特権を享受する。例えば食事の際、日本人は伝統的に個別に膳を設け、家族は皆座る席が決まっており、使う食器も決まっている。家長と長男は上座に席を占め、食器も高級で、食べるものも上等である。こうした状況は今日の日本家庭にもなおその痕跡を見ることができる。例えば、筆者が日本の家庭を訪問したときに目にしたのだが、ある家庭では使っている箸がみな違っていて、家長のは最も長く、塗りも立派で、家長の権威の象徴そのものであった。他の成員たちのはそれよりやや短く、塗りも違う。洗うときは、一般に家長のを先にし、長男のがそれに次ぎ、女性たちのが最後になる。この他、着るものや教育の受け方、祖先の祭祀や家業の継承など、長男はすべてに特権を持っている。中国にも「長幼序有り」の教えはあったが、中国の家族内での上下の序列は決して発達しなかった。長男とそれ以外の子との間にも一種の平等な関係があったし、決して上下関係というものではなかった。

長男の家族の中での特別な地位は、長男とそれ以外の者の呼び方にも反映している。例えば、日本のある地方では長男を「ani」（兄）と呼び、長男以外の男子を「oji」（叔）と呼ぶ。明らかにこれは長男の子供の立場からの呼び名であり、傍系であることを意味している。多くの地方では長男を「oyakata」（親方、父母に代わって家族の面倒をみる者の意）と呼び、長男以外の者を「hiyamesikui」（冷えた飯を食う者の意）と呼んでいる。なぜなら、食事のとき、できたての熱い食事は長男から先に食べるので、長男以外の者は冷めた食事をするからである。彼らはみな同じ血縁資格を持っているにもかかわらず、長男は家を守る者であり、また家長夫婦の老後の面倒をみることになっているので、いろいろな点で優遇を受ける。

長男とそれ以外の者との上下の違いを最もよく説明できるのが、家産の相続制度だ。中国で行われているのは「諸子均分制」だが、日本の普通のやり方は「長子相続制」だ。われわれは、中国でいつから子に家産を均等に分けるようになったのか知らないが、西周の封建制では大宗・小宗の別があったにせよ、小宗とて必ず相当程度の土地を相続し所有していたはずだ。中国にもすべての土地を長男が相続したという記録はあるけれども、しかしそれは普遍的なことではなかった。歴史的に最も長期にわたり行われたのは、長子相続制ではなく、家を分け家産を分ける諸子均分制であった。こうした状況はわれわれが分析してきた中国家族の成員資格の認定のしかたの特徴と一致している。すべての男子が同じ血縁資格を持っている以上、家産を継承するうえでも平等でなければならない。家産均分制は、解放以後の法律と政策の実施により、さらに保護され発展した。今日の豫東地方は、家産を分配するときに徹底した平均主義をとる。家族が家を新築したり大型の家財を新調しようとするとき、また家産を分配するときには公平の問題を考慮する必要がある。例えば三人の子供のいる親が家を新築するとき、三カ所に建てるか、一カ所も建てないかの選択を迫られる。家財を不公平に分配すれば必ず子供たちや周囲から厳しい批判にさらされる。[18]それゆえ、歴史上、どんなに豊かな家族も、二、三代続けば没落してしまう。中国には「富は三代続かない」ということわざがある。例えば一〇〇〇ムー[19]の土地を持つ大地主がいて、五人の子がいたとしよう。彼の死後は土地を五等分しなければならない、一人当たり二〇〇ムーだ。仮にその子らにそれぞれ五人の子がいたとすると、三代目のときには一人当たりたった四〇ムーになってしまう。これこそが中国で何代も続く大家族がなかった理由だ。[20]中国人の思想に根深い平均主義の意識があるのは、この家族内の平等主義の傾向と関係があるだろう。古代の井田法・均田法から太平天国の天朝田畝制・孫文の平均地権思想・解放後の土地改革並びに人民公社時代の「大釜の飯を食う」などは、みな中国人が家族の中で培ってきたこうした平等主義の意識と不可分なのだ。

これと対照的に、日本社会では長期にわたり長子相続制が続いていて、長男以外の男性の子孫は基本的に家業の継承から除外されていた。長男以外の者の大多数は、家を出て商家に入って手代となるか、商売をするか、それとも他家に婿養子に入るかなど、生活の手だてを講じなければならなかった。もし家族が大きく、土地も多いときには、長男でなくとも家に止まることができた。しかし、家を継いだ長男との関係は平等ではなく、雇われ人（日本語では「奉公人」という）の身分で「本家」に仕えた。あるいは、別の所に住み、長男の家から土地を借り受けて、本家の小作人となった。日本人が平等に家産を相続するようになったのは、せいぜい近代になってからのことだ。現在の民法は子供たちが家産を相続するうえで平等な権利を持つと規定している。都市では実際そうなりつつある。しかし、農業経営上の理由や古い慣習の影響で、長男が家督を相続し、それ以外の者は家を出て仕事をするという状況が今なおふつうに見られる。それゆえ、家産の継承において重視されるのは、中国では家族の平等な権利であるのに対し、日本は家を守ることなのである。中国と日本の家族をそれぞれ一本の樹木に譬えれば、前者は枝が生い茂り、幹と枝の見分けがつかないのに対して、後者は一本の幹があって、それを守るためにしょっちゅう枝払いをしているようなものである。

かつての日本の東北の農村では、長男とそれ以外の者との間の極端な不平等を許容する社会習俗があった。例えばある村落では、長男だけが結婚を許され、それ以外の者はすべて独身の作男《さくおとこ》として長男のために仕事をせねばならなかった。岐阜県飛騨の「shirakawa」（白川）という山村では、前世紀の末まで、長男だけが妻と共に暮らすことが認められ、それ以外の者は別居しなければならない習慣が伝統的にあった。長男とその妻・子・父母そして弟や妹（結婚した男子は除く）と結婚した妹家族は、皆同じ家に住んだ。その結果、一戸当たり四〇～七〇人の家族構成で、彼らは皆長男の全能なる権力に絶対

18　尚会鵬著「中原地区の分家現象と世代間関係」（『青年研究』一九九七年一期）一〇～一六頁
19　【訳注】一ムーは六・六七アール（六六七〇〇平方メートル）である。
20　孔子の家族は唯一の例外であろう。何齢修・劉重日等著『封建貴族大地主の典型―孔府研究』（中国社会科学出版社一九八一年）

服従しなければならなかった。[21]

日本では弟の年齢が兄である長男と大きく隔たっているとき、長男はその弟を養子にすることもできた。J・エンブリー[22]は、須江村で三五歳の家長が一五歳の弟を自分の子として養子にしたという例を報告している。[23]これは中国人からみれば、家族のけじめを乱すことに他ならず、いかにも想像を絶することだ。

中根千枝によれば、日本式の家族構造の特徴は、第一に「家族は子（実子であれ養子であれ、どちらにせよ法律上の子としての身分が必要）がいなければ家督を相続させられない」、第二に、相続人となる男子は特定されていなければならず、二人以上の子が相続人となったり共同して相続権を行使したり、あるいは交互に一家の長になることは許されない。弟が相続人になりそうなときには、この場合に限って弟を兄の養子にして法律的に認められるようにする」と。[24]彼女は、こうした制度の背景にあるのは、「家」の観念で代表される明確な社会単位の存続であると考えている。成員の交替如何にかかわらず、「家」の恒久的な存続を前提として、「家」それ自体は分割できない社会単位として社会組織の核心を構成する（家を構成する住居・財産の単位、すなわち家督である）。かくして、一つの家族から新たな家族が生まれるということは、元の家族が分割してできる中国とは違って、全く新たな家族が創り出されることを意味する。形式的にみるならば、日本にも中国のような大家族がある。しかし、それぞれ家族経営の原理が違う。その最大の違いは、日本の大家族は「家長を頂点とする家族（本家）以外の成員はみな『補助的』存在であって、正式な成員ではない。実際、家長の直系家族の成員とその他の成員とでは日常生活上の待遇に非常に大きな違いがある」。[25]われわれは中根千枝が飛騨白川村の僻地の山村の過去一五〇年間の状況の分析から、日本の家族の継承の方法と中国のそれとの違いを見て取ることができる。
　すなわち、この家の初代は夫婦二人、二代目はその夫婦の生んだ七人の子。そのうち三人が息子であった。この三人の息子たちはみな妻を娶り、共同生活をしていた。一般的には、次男と三男はみな「分家」としなければならないのだが、恐らく経済上の理由からか、彼らはそうしなかった。ここまでなら、中国の家族とそれほどの違いはない。ところが三代目から違ってくる。二代目の三人の息子のうち、長男には一人娘しかなかった。家督を継承できる血縁の男子は何人かいたのだが、結局長男の娘が婿を取って、その娘婿を家長にした。この娘婿が一八七〇年に死亡したとき、彼の僅か一〇歳の長男が家督を継いで、五〇年間家長（四代目）となった。一九二〇年に四代目家長が隠居すると、その長男が五代目家長（一九二一～一九三二）となった。五代目家長の長男が一九三一年に一五歳で死亡したときには、もう家長（六代目）になっていたけれども、未婚のまま死んで跡継ぎがいなかったので、彼の弟が長男の身分を得て七代目家長になったのである。[26]
　日本の「家」の継承原理は国家における王位継承原理と似ていること、そしてこうしたことは中国の

21　Francis L.K.Hsu〝Kinship and culture〟（Aldig Publishing Company　一九七一年）二八六頁
22　【訳注】Jhon F Embree（一九〇八～一九五〇）『日本の村―須恵村』（植村元覚訳　日本経済評論社　二〇〇五年）がある。
23　Francis L.K.Hsu 前掲書　二八一頁
24　中根千枝『家族の構造』（東京大学出版会）一〇一～一〇二頁
25　中根千枝前掲書　一〇一～一〇二頁
26　中根千枝前掲書　一〇五～一〇七頁

家族では稀にしか見られないことに気付く。

家庭内にとどまっている長男以外の者の地位は雇い人や召使いと大差ないので、総じて彼らは内心とても不安である。一九八〇年代半ばに中国でブームとなった日本のテレビドラマ「おしん」に次のような場面があった。

長男でない隆三が町で商売に失敗して、おしんと一緒に故郷の佐賀に戻る。すると兄（長男）と家人から白眼視され邪魔者扱いされてしまう。中国の視聴者は隆三の兄が自分の弟なのにどうしてあんな仕打ちをするのか理解に苦しんだし、隆三が自分の家に居るのになぜあんなに不安がっているのかも理解できなかった。彼は干拓事業に参加して自分の土地を手に入れようとしたり、兵器造りの事業を手がけるが、どれも失敗し、ついには自殺してしまう。しかも、こうした描写は日本社会の実情に符合している。

上下の階層制度は男女間にも現れている。日中いずれも女子は生まれつき男子に劣ると考えられてきたので、男と女は家庭内で対等に扱われない。そのため序列があることによって、女性は日本の家庭の中で男性や家長により大きな敬意を示したり、また性の違いや社会的地位によって生じる差別をやすやすと受け入れるようになってしまった。

日本の家族に見られる上下の階層制度は、日本の家長が極めて大きな権威を持っていることによく現れている。権威と上下の階層制度は、相互に関係している。日本の家長は、子供の結婚を決める際に絶対権力を持つばかりか、果ては自分の娘を芸妓や娼婦として売り飛ばす特権すらも持った。中国の家長も、常に子供の結婚を万事取り仕切っているとはいえ、結婚そのものを決める際は、いつも家族全員の意見を求める。なぜなら、中国人にすれば、子供といえども家族の一員であり、家族の年長者は彼（あるいは彼女）の前途に対して誰もが責任を負っているからだ。家長の権力は、事実上、有能な主婦や息子の手中に握られていて、家長とはただ名ばかりとなっている場合が多い。このために、日本では父親《おやじ》を地震・雷・火事と一緒に持ち出す俗諺があるが、中国にはこれに似た言い方は全くない。

けれども、日本の家長の絶対的権威とて無限なわけではない。家長は年老いればその権限を長男（あるいは婿養子）に譲らねばならない。家長権を譲り渡した父親は、二度と家長の権威を持つことがないばかりか、別な所で暮らさねばならない。これが日本の「隠居制度」である。隠居制度は、絶対的家長権に対する一種の制約である。中国には「隠居」という制度はない。中国の家長の権威は「一家の長」であることに由来するというより、むしろ「父親」という生物学的事実に由来しているというべきだ。それ故、生きている間ずっとその権威を持ち続ける。多くの場合、家財を管理したり生産を指図したり祖先を祀る際の権限が、事実上、息子の手に移っても、家長としての地位は死ぬまで持ち続ける。日本の家のように隠居老人が晩年寂しく孤独に暮らしている様子と対照的であるのは、中国の家長は老後も他の場所に隠居しないばかりか、日常生活の中でいつも家族全員から最高の礼遇を受けていることである。日本の家長制度は絶対権威主義だが「任期制」であり、中国のそれは必ずしも絶対権威主義ではないが「終身制」であるというように、対照的であるところがとても興味深い。

(三)　孝行

日中ふたつの家族の世代間の関係は、いずれも典型的な相互依存の関係である。中国の伝統文化が提唱する理想的世代関係は、父母が子供に対して全面的な保護を与え、教育・職業選択・結婚及び人生の設計について全力でその務めを果たし、その見返りとして孝順と服従そして晩年の養育を子供に求めることだ。父母は子供に対して全面的に責任を負い、また子供は父母に対して「恩を知り恩に報いる」。このことはいずれの社会でも麗しいこととして大いに提唱されている。

家族が子供に対して父母への忠実従順を強調するとき、いずれも「孝」の概念を用いる。中国には専ら孝道を説く経典として『孝経』があり、さらに孝道の思想を体現している通俗的読み物としては『二十四孝』などがある。「孝」の意義は、その父母を愛することだが、その愛は常に父母が自分を育ててくれた恩を思い、父母の意志を尊重し、またそれに従い、父母の指図を快く聞き入れ、父母がすっかり年老いてからは一生懸命彼らの世話をし、彼らの死後は盛大な葬式を挙げて絶えずお墓参りすることなど多様だ。中国の儒教はこの徳をとても重視し、孝をあらゆる美徳の根本であるとした。そしていっさいの教化はここに始まるとした（孔子が「そもそも孝は、道徳の根本であり、教育の根源である」と言ったように）[27]。儒教の解釈によれば、「孝」はさらに高尚な意味を含んでいる。つまり「立身出世し、名声を挙げて、父母の名を世に知らしめる」ことである。人はなぜ「孝行」せねばならないか。これは実際のところ、父母が自分を生んでくれたという非常に素朴な理由からである。戦国時代（紀元前五世紀末〜前三世紀末）に早くも「孝道」思想を体系的に明らかにした儒教の経典『孝経』が生まれ、後世それは中国で最も重要な経典『十三経』の一つとされた。[28] 実際こうした『孝経』や「孝を勧める格言」の類の書物は数多い。『文昌帝君孝経』では、父母が子供を大変苦労して育てるさまを、極めて周到に描き出している。この他、民間には、「孝行」の顕彰を内容とする大量の孝子伝説が伝わっている。孝子たちは、各種の「孝子伝」「孝子図」などに描かれて社会に広く流布していった。中でも道徳教育と通俗文学の読み物としては『二十四孝』の影響が最も深く浸透しており、それはほとんどの家庭に行き渡り、誰でも知っている程である。当然、一般民衆は孝の理解の程度が低いので、ある孝子の物語は「孝行」という美徳を荒唐無稽なレベルにまで貶めてしまった。『二十四孝』中の「母のために子を埋める」[29]とか「派手な芝居をして親を楽しませる」[30]などというのはそのよい例だ。こうした類の物語は、芝居の演目に脚色されたり語り物となったりして民間に広く伝わっていった。昔の中国社会で

27　【訳注】『論語』学而篇に「孝悌なる者は其れ仁の本たるか」とある。また『孝経』開宗明義章に、「子曰く、夫れ孝は徳の本なり。教えの由りて生ずる所なり」とある。

28　【訳注】『孝経』は、伝説では孔子の弟子の曽參が著作したとされているが、事実は漢代になってから、儒者の手で、漢帝国の支配イデオロギーとして、それまでの孝の思想を集大成して述作されたとされる。

29　漢代に郭巨という者がおり、家が貧しかった。家族は夫婦二人に老母と三歳の子供の四人であった。郭巨は妻と相談して言う、「家が貧しくて食べ物にも事欠くようでは、老母をしっかり養うことができないのに、子供は老母の分も寄こせと言って食べ物に事欠くありさまであった。老母はいつも自分の分を減らして孫に与えていた。貧しいために、いる。子供を埋めてしまうに越したことはない。子供はまた産めるが、母親は代わりがない」と。妻は敢えて夫の思いに抗おうとせず、ただ頷くのみであった。郭巨はそこで自ら鍬を振るって穴を掘り、母のために子供を埋める仕度をした。郭巨の孝行ぶりが上天を感動させ、子供を埋めるための穴を三尺まで掘り進んだとき、突然きらきら光る金の延べ棒が出てきた。その上には、「天は黄金を賜う。郭巨は孝子なり。官は奪うことを得ず、民は取ることを得ず」の一六字が彫られていた。この上天からの贈り物があったおかげで、郭巨の可愛い子供は命拾いをした。（唐碧編『前後孝行録』（上海文芸出版社　一九九一年影印本）二〇頁

30　老莱子という名の老人が、七〇歳になって父母を喜ばせようと、五色で彩られた子供服を着、手にはでんでん太鼓を持ち、子供が遊ぶようなまねをして、父母の目の前で踊りまわって見せた。伝説によれば、この老莱子はかつて孔子の先生で、人品徳性のとても高尚な人物であった。（唐碧編前掲書　一六頁）

は、「百善のうち孝が一番」[31]「不孝に三つある、子供がいないことは不孝の最たるもの」[32]の類の格言は人々の心に深く影響している。中国人にとって、伝統的に、最も耐え難い非難は、人々から「不孝」呼ばわりされることであり、最高の誉め言葉は「偉大なる孝子」と人々から言われることである。今日の中国の憲法と婚姻法は、ともに、子供が父母を孝養する義務を負うことを明確に規定している。中国の刑法には、些かの理由もなく父母を孝養する義務を履行しない者には「刑事罰」を与える、との規定がある。[33]また相続法は、老人を孝養する程度に基づいて、遺産の分割に差別を設けてもよいと定めている。これらはみな、中国人が家庭の中で身につけてきた孝道意識を基礎としている。「孝」は、いくらか形を変えつつも、今日なお中国人の「社会主義道徳」の重要な内容として提唱されており、父母のために自分の幸福を犠牲にする行為はなお広く奨励されている。[34]すべての中国人が「偉大なる孝子」だと言おうとするわけではない。昔も今も、不孝者や父母を虐待する子供さえ少なくなかった。現実には、「孝順状元」がいる一方で、その反対の例も多い。特に社会が急激に変化している現在、人々の意識には大きな変化が起こっている。けれどもわれわれの家族構造から見た場合、人は小さな頃から父母と極めて密接な関係を持っているので「孝」の意識が生まれやすい。父母は、子供に自主独立して世界と向き合うようにと励ますのではなく、子供に全面的な保護を加えようとする。と同時に、父母も子供に「孝」の名目で父母の「恩」に報いることを求める。親子の間は互いに独立した関係ではなく、一種の「相互依存」関係、あるいは「反哺（かつて自分を育ててくれた親の恩に報いる）」の関係である。われわれは今日の子供の教育について、多くの家庭でなお「聞き分けがいい」とか「おとなしい」といったことを良い子かどうかを判断する重要な基準としていることを認めないわけにはいかないし、子供たちは今なお父親に対してては無条件に服従するべきだといった家族の雰囲気の中に押し込められている。興味関心・職業選択から結婚・子育てに至るまで、父母の言うことを聞かねばならない。さもないと、大人を怒らせることになるし、さらには叱られることになる。

日本は、中国から「孝」の概念を借用したが、今ではすっかり日本の文化に深く根付き日本文化の一部になっている。多く年輩の日本人はみな『孝経』という書物を知っている。一九八七年、わたしが京都のある日本の友人の両親を訪問したとき、友人の父親は大切に保存していた一冊の『孝経』を取り出して、見事に朗読してくれたので（当然日本語だったが）、わたしは「孝」の思想がどれほど日本人に影

31　【訳注】後漢班固著『白虎通』考黜篇に「孝は、道の美、百行の本なり」とある。
32　【訳注】『孟子』離婁篇に、「不幸に三有り、後無きを大と為す」とある。
33　【訳注】わが国の民法では、直系血族及び兄弟姉妹間の扶養義務が定められているに止まり、刑法上の定めはない。
34　この類の例はとても多い。例えば、一九九〇年九月二五日付の『民主と法制』が掲載する漫画「孝順状元」は新しい『二十四孝』物語と言うことができる。物語は山東棗荘のある炭坑で起きた。周慶蘭のひとりっ子は病死し、年老いた夫も早くに死亡し、今では独りぼっちで、誰一人頼る者もいなかった。二六歳の臨時工殷延篤は、老人の世話をする仕事を受け持っていた。一九八三年秋、杭州で働いている彼の兄が手紙を寄こして、彼のために正式な仕事を見つけたから早く杭州に来いと言ってきた。しかし、彼は「姑」の面倒を見る者がいなくなってしまうと考えて、きっぱりとそこを離れて仕事をする考えを捨て去ってしまった。ある人が彼に結婚相手を紹介したとき、仲人は彼が独立して所帯を持つのであれば、女の方は庭付き一戸建てを建てる資金を出してもよいと言ってきた。彼は、これを聞くと大いに怒り立ち、「俺と『姑』を引き離しておいて、庭付き一戸建てを建てるだなんて言わずもがなだよ。三階建てを建ててくれると言ったって、お断りだね」と言った。やがて、彭英という娘と、彼は結婚した。結婚後、夫婦は老人に万事孝順に尽くし、老人の生活は楽しいものであった。こうして「孝順状元」の名声はいよいよ知れ渡った。

響しているかを理解した。中国の歴代王朝はみな、「孝」を最高の美徳として喧伝提唱し、君主は「孝を以て天下を治めた」し、孝行に優れているだけで役人になることができたし、たくさんの褒美と名誉を得ることもできた。日本の歴史上の統治者も、中国のやり方に倣って、孝道を国家精神の支柱とした。早くも七五七年、孝謙天皇は詔を下して、家ごとに『孝経』を備えるよう命じ、孝子を奨励した。明治になってからも、政府が孝子を奨励した例はたくさんある。[35] 政府の政策はみな家族の中で孝を重視することを基礎としていた。

孝道を重視したことと関連して、中国人と日本人はともに家族の中で敬老精神を培ってきた。中国に「六十の生き埋め」[36]の類の説話が民間に伝承されているが、日本にも似たような内容の説話がある。こうした説話の目的は人々に老人の価値を知らしめることにある。日本と中国の家族では、年齢が権威や尊敬を受けることと密接に関連している。老人に対する尊敬は、死んだ祖先にも及ぶ。両国の家族はともに祖先崇拝を行なう。解放前、多くの中国人の家には祖先を祀る位牌があり、そこには最近亡くなった父祖の名が刻まれていた。毎年四月初めの清明節、八月の中元節や命日になると、人々は、いつも食べ物や紙銭《しせん》[37]などのお供え物を用意して、家族の墓地に行って祖先のお祀りをした。現在も、農村部では祖先崇拝がそのまま行われている。豫東地方の人々は、一周忌・三年忌・十年忌に、祖先を家に「請回」(墓地で祖先の名を木牌に書き、死者の長男が木牌を抱いて帰る)して、盛大な供養を行う。今日、日本にもこうした祖先崇拝の名残りが見られる。毎年七月のお盆は、全国的に行われる祖先をお祭りする行事だ。その日が来ると、人々はさまざまなやり方で亡き祖先に対して敬意を表す。筆者が訪問した多くの家庭では、今なお祖先の位牌を仏壇に置いて、それに向かって定期的に手を合わせていた。このように両国にはよく似たところがあるのだが、孝行の内容には違いもある。

まず、日本人の「孝」の概念は、自らの文化的土壌から生み出されたものではなく、中国文化から取り入れた「舶来品」である。儒家思想が日本に伝わる前、日本人には「孝」の概念はなかった。日本の古代神話や物語には、ほとんど孝の内容を示すものは見られないばかりか、反対にわれわれ中国人から

35　『明治天皇紀』に、明治元年（一八六八年）天皇が京都から東京に遷って、まだ一カ月も経たないうちに、孝子節婦等三五〇人余りを表彰したとの記載がある。この他、一八九四年一一月二三日付『東京新聞』に、愛知県の農民山本安太郎が、幼時に母を亡くし、父と妹と生活していた。彼は父親には孝行し、妹をいたわっており、孝と悌をふたつとも立派に行なったといえる。後に、父親が病いの床に臥したときは、彼は日夜看病した。一八九一年の大地震では、彼は家が倒壊し自分が押しつぶされることも顧みず、父を背負って逃げた。翌年父は死に、安太郎は盛大に葬式を執り行った。その後も常に父母の墓参りをしていた。彼の孝行は、県知事から表彰を受けた。この種の事例は中国古代に孝子を表彰した例にきわめてそっくりだ。

36　「六十の生き埋め」の古詩は中国各地に伝わっていて一様ではない。西村の言い伝えはこうだ。「古人は人は年を取ったら役に立たないと考え、法令は六〇歳になったら生き埋めにされると決めていた。自分の父親を生き埋めにしてしまうに忍びないと思ったある男は、自分の家の中に隠しておいた。ある年、都は鼠の害で持ちきりになった。朝廷は立て札を立てて鼠を退治する方策を募った。その父親が言った、猫が鼠を捕ってくれる、と。朝廷はこの方法で鼠の害をくい止めた。朝廷はこの方法は一人の生き埋めにされるはずの老人が献策したものであることを知り、老人には豊富な経験があることを知って、そこで六〇歳にて生き埋めにせよとの法令を廃止した。日本の有名な民間説話『姥捨て山』の内容は中国の上述の物語と大体同じで、細部に違いがあるだけだ。例えば、人は老いたら生き埋めにはされないが『姥捨て山』に捨てられるということ。殿様も、中国の朝廷と似たような出来事を経た後、やっと老人の知恵と価値に気付き、『棄老』を改めて『敬老』としたこと。（坪田穣治著『日本の民間説話』（中国語版　人民文学出版社一九七九年）一〇七～一一二頁）

37　【訳注】死者が冥界に行っても金銭に困らぬようにと葬式の際に銭を模した紙を燃やす習俗があった。

見れば不孝と思える記事が少なくない。例えば、素戔嗚尊《すさのおのみこと》が父の命令に従わず、でたらめをやったのに、かえってその父親の伊弉諾尊《いざなぎのみこと》の優秀な三貴公子のひとりと言われ、疫病をなくし、国土を守った勇猛な神様として信奉されている。さらに神武天皇の子の多芸志美美命《たぎしみみのみこと》は、母に当たる神武皇后を妻にしたばかりか、三人の異母兄弟を殺そうとしたのに、大逆不道なこととは見られていない。『源氏物語』にもほとんど「孝」についての描写は見られない。日本人も「孝道」を重視したけれども、中国人のように極端なところまでは行かなかった。日本の孝道思想を喧伝する通俗的な作品には、郭巨のような馬鹿者は登場しない。日本人に言わせれば、「孝」はすばらしいものらしいから借用するのはかまわないが、それほど極端にやることはないということなのだ。つまり日本人の「孝」は改造を受けて柔軟になった道徳規範なのだ。

外来観念の受容は、つまるところ、それ自身の社会的文化的環境によって決まる。日本人の「孝」観念の変化は、その家族構成の特徴から生じたものだ。先に指摘したように、中国人の家族は血縁でつながっていることを重視し、生物学的な出生ということも、恩返ししなければならない恩恵のひとつとなっている。「孝」はこうした血縁上のアイデンティティに基づいている。一方、日本人の家族は、その資格を承認するやり方が緩やかだ。このことがそれぞれの民族なりの「孝行」を生んだ第二の重要な違いなのだ。中国人の孝行の対象は、さらに多くの人に及ぶ。父母のみならず、幾世紀にもわたる歴代の祖先とその祖先から続いてきた広範囲に及ぶ巨大な家族（＝一族）も含む。但し、家族としての資格は、血縁の有る者に限られる。ふつう日本人はせいぜい直近の祖先を供養するばかりで、生きている者たちの記憶にある者の他は、孝行の対象として重視しないし、その対象が血縁者に限られるというわけでもない。これと関連するが、中国人の「孝」には、相当に祖先崇拝の意味が込められているために、かなり宗教性[38]が強い。人々は祖先を崇拝することによって、宗教によく似た超越的な心持ちを感じて満足する。日本人はただ、「この時この場所に専念する」ばかりで、抽象的な思索をしたり、現実に存在しない事物についての想像をめぐらすことには関心がない。「かれら（＝日本人）の見解の最大の現実的重要性は、孝の義務を現に生きている人びとの間に限っている点にある」ということだ[39]。日本人が孝道を尽くす（oyakoko）と言うとき、その意味は、父母に良いことをしようと言っているだけで、少しも祖先崇拝の意味はない。たとえば、父母がある所に出かけようと思い立つが、年老いて体が思うように動かないので、子供が代わりに行くことこと、これも「oyakoko」という。

第三の違いは、中国人の「孝」が提唱するのはいわば世代間の相互愛なのだ。中国では「父は慈愛を、子は孝行を」と対にして言うのは、それが不可分の一対の概念だからである。それ故「孝」を強調する結果として、家族全員の絆が強まり、家族の求心力が増大する。日本人の場合は、上下関係が存在するために、「孝」は家族間の「相互愛」としては重視されず、家長に対する服従心や忠誠心として重視されがちとなる。それゆえ「孝」は家族全員の絆を強めることにはならず、むしろ彼らの間で目に見える恨みすら引き起こすことになる。「地震・雷・火事・おやじ」の俗諺は親子の間に恨みが存在することを言い当てており、長男とそれ以外の者との間にもこうした恨みが存在している。こうした恨みの感情は小さくて本人に自覚されないときもあるが、そのこと自体極めて重要なことなのだ。それは、日本の

38　【訳注】池澤優『孝の宗教学的考察』（東大出版会二〇〇二）に詳しい。
39　R・ベネディクト著『菊と刀』（浙江人民出版社　一九八七年）一〇四頁

家族に緊張関係と遠心的傾向が存在することを理解するうえでの証拠となっている。後の分析で明らかになるが、この点は両国の家族制度や家族以外の人間関係を知るうえで、非常に重要である。

三　育児方式の比較研究

（一）夏令営キャンプから説き起こそう

一九九二年と一九九三年に、両国の少年たちが内モンゴル草原の夏令営キャンプに参加した。参加した両国の児童たちは、それぞれ異なった行動様式を見せた。一九九三年の夏令営では、六七名の日本の子供たちと二〇名の中国の子供たちが参加した。一〇kg以上の生活用品を背負い、毎日二〇km以上歩き、三日間キャンプして、八食の自炊生活をすることになっていた。始めの頃は、これといった違いは見られなかったが、暫くして違いがはっきり見えてきた。つまり、中国の子供たちはワアワア、キャアキャア言いながら歩いて隊列を乱すことなどお構いなしで、あれをなくしたとかこれを落としたと言っては、そのたびにリーダーが手を焼いていたのだが、日本の子供たちはずっと隊列を崩さずにきちんと歩き、おしゃべりすらせず、ましてなくしたとか落としたなどと言い出す者は全くいなかった。野外での食事は粗末なものだったが、日本の子供たちは盛りつけの時にも譲り合い、食べるときにもおいしそうに食べていた。ところが、中国の子供たちはといえば、リーダーが盛りつけてくれるまで待つだけ、まずいものは食べようとしなかった。夏令営では食事の量が限られていたので、結果として、中国の子供たちはおなかが空いたと騒いでいた。終わりの「体験交流会」では、日本の子供たちは話すことはありのままで飾り気のないものだったが、中国の子供たちは、大体において何々を通じて何々を養ったとか何々を成長させたとか……、というものだった。宋慶齢基金会連絡処のある責任者は、「夏令営における両国の子供たちの観察を通して、それぞれに長所があるが、中国の子供たちには環境についての意識と情操が欠けていることが明らかになった」と言っていた。

一九九三年の夏令営では、全員にゴミ袋を持たせて、子供たちに環境保全の意識を持たせようとした。最終日、ある日本の子供はゴミを捨てるのが間に合わなくて、それを持ったまま車に乗りフフホトまで持ち帰った。が、中国の子供たちは先生が注意を促している間はまだよいが、目を離すと平気でゴミを投げ捨ててしまう。彼らの頭の中には、野外はもともと自由にゴミを捨ててもよい場所なのであって、よもや保全しなければならない場所などとは思っていないのだ。こうした両国の少年たちの夏令営キャンプで見せた違いは、人々の関心を広く呼び起こし、熱心な討論が行われた。[40]

討論に参加した人は次のように発言した。「一度や二度のこの程度の活動から、少年児童たちの実際の様子をすっかり解き明かすことはもちろんできないが、意外にもこれほど広く社会の関心を引いたのは、まさしくそれぞれの社会の深層心理に触れているからだろう」と。[41] 日中の児童が見せた違いは、両

40 このときの討論の大体の経過は、孫暁雲が『黄金時代』誌上に「夏令営での比較」を発表し、夏令営での日中の児童の異なる行動のさまを報道した。一九九三年一〇月一八日の『中国教育報』はこの文章を転載した。この後二カ月余りのうちに、『羊城晩報』など十数社の新聞雑誌が転載した。『人民日報』は一九九四年一月二八日から一連の文章を発表し、『黄金時代は何が足りないか』『子供たちに何が残せるか』などの問題を論じた。

41 櫨小飛・祝華新・董偉「二一世紀の国民の性格をデザインする—子供たちに何を残すか」(『人民日報』一九九四年四月一八日付)

民族の児童教育の違いを説明している。この違いは、家庭の違いでもあり、学校や社会の違いでもある。そのあるものは、伝統的な育児方式の違いが生み出したものであり、またあるものは、現在の育児方式や学校教育の方式の違いが生み出したものだ。「環境意識」のようなものは現在の学校や社会での教育の影響下に形成されるもので、民族性とは無関係だ。児童らのこうした違いは、社会の発展レベルや教育レベルと関係している。なぜなら中国では、おとなたちの「環境意識」が近年ようやく話題になり始めたばかりなのだから。しかし、例えば「協調能力」「情操の修養」や体験交流会の進め方などは、家庭の育児方式や民族性と関係がある。報道に見られる、日本の子供たちは「きちんと隊列を組んでいた」「一言もおしゃべりしなかった」「食事の盛りつけの時は譲り合っていた」などという表現は、彼らの規律性や協調性それに同一行動を取る能力が高いことを説明しているし、より強い「集団主義」傾向を示しているのは、彼らの育児方式や児童教育が協調性と礼義を身につけさせるための訓練を重視する傾向をもち、集団主義的傾向のある日本社会に適応させようとしているからであろう。そうして中国児童の「ワアワア、キャアキャア」「隊列を気にしない」「腹が減ったと騒ぐ」などは、より強い「個人主義」的傾向を示している。育児方式や児童教育が日本とは異なった傾向をもち、それが日本と違った社会に適応する性質を作っているのであろう。このことを良いとか悪いとかは言えず、両者がそれぞれが選び取った結果であると見るべきである。

社会人類学の心理学派は、育児方式が民族性に与える影響を極めて重視しており、彼らは、育児方式の中から個人の性格が形成される原因を探し求め、併せてそこから民族性の特徴を読み取っている。この学派は、個人の早期の経験の中にその性格形成の原因があるとしており、併せて文化とは「人格の典章性の拡大」[42]であると見ている。けれどもこれに対して異論がないわけではない。しかし、育児方式が個人の性格形成に重要な意味を持っているという事実は、ゆるがせにできないことであり、民族性は、個人の性格とも密接な関係があるのだ。次に両民族の伝統的な育児方式の異同とそれが個人の性格に与える影響について検討していくことにする。

(二) 相似点

両国の育児方式の異同にいち早く注目した研究者がいた。日本の源了圓（一九二〇～）である。彼はその著作の中で、「児童観において、中国・韓国は日本とどのような違いがあるだろうか。簡単に結論を下すことは確かに難しい。この問題は、各国の社会構造や文化構造の違いと結びつけて研究考察がなされるべきであろう。しかもそこで見出せる違いは児童観の違いばかりでなく、概ね児童教育の過程におけるさまざまな規則や制度の違いもあるだろう」と述べ、さらに「児童を社会化させる過程で、恐らく東アジア各国の児童教育に違いがあるだろう。例えば、『礼』の重視という点は、東アジア文化圏に共通する生活態度であり、それらの礼を自分がその文化に属し、その社会の一員として見なされるための象徴として学ぶのである」と述べている。彼は、教育学の角度から東アジア国家の児童教育の違いに注意している。またこの方面からの整った見解が未だないとしたうえで、「この問題は、将来、東アジ

42　R・ベネディクト著『文化モデル』（浙江人民出版社　一九八七年）二一頁　【訳注】「典章性の拡大」とはR・ベネディクトによる文化の定義。日本語では「大きく書かれたパーソナリティ」などと訳されるが分かりにくい。説明的に言えば、「文化」とは、その享受者が自らの人格を形成する家庭で、既存の枠組みの中に位置づけられていること。

ア各国の文化研究に従事する人々が国際規模の研究を進めることによって解決されるのを待つしかない」と語っている。[43]

社会人類学の角度からは、「児童観」及び児童教育の過程における「さまざまな約束事」を、民族にとっての広義の育児方式の一部分と見なすことができる。両国の育児方式には、確かに多くの相似する点がある一方、根本的な違いもある。相似する特徴は、中国人と日本人との民族的性格におけるある相似的傾向と関係があり、またいくつかの違いは両民族の異なった個性の形成に影響していると思われる。

先ず相似点から考察していこう。両国とも親族集団の個人に対する強制力はともに強く、成人してからも続く。人の一生を横軸に取ると、社会の個人に対する制約は釣鐘型を呈している。すなわち幼年時は比較的緩やかで、成人以後厳しくなり、老年になると再び緩やかな方向に向かう。双方の育児方式は、いずれも親族集団の重要性を認識しているために、個人が集団を頼り権威に服従すべきことを促すものとなっている。子女に対しては義務と責任の教育をするのが主であって、現代の欧米の家庭のように権利と自由を重視するものではなく、またいずれも、子供が大人に服従することをより重視するのであって、欧米の家庭のように個人の独立を重視するものではない。幼児期には、いずれも親が子供の行動をむりやりに押さえ込んでしまうことがある。例えば、中国の一部の農村地区では、今なお冬になると子供の手と脚をきつく縛って（例えば豫東地区の「子供を囲いに入れる」など）身動きが取れないようにするようなやり方が見られる。子供がよちよち歩きを始める頃、縄でつないでその先を大人が持って引いてやる。似たようなやり方が日本の伝統的な育児方式の中にもあり、こうすることで子供はより素直に成長するものと考えられている。こうしたやり方は幼児の行動の自由を制限するものである。双方の育児の習慣において、幼児は父母あるいは祖父母との身体接触がいずれも比較的多く、父母あるいは祖父母は彼らがかなり大きくなるまで同じ布団で寝ることがあり、西洋の家庭のように子供が小さな頃から自分の部屋で一人で寝ることはない。程度の差こそあれ子供に対して「過保護」であり、それ故に、中国人と日本人はともに幼年時代において父母に依存しつつ人間形成がなされる。またともに児童の教育を比較的重視する。今日、両国で見られる「教育ママ」現象と、素質より学歴を重視するという現象とは、いずれもこのことと関係がある。

日中の子供の教育やしつけにおいて、いつでも誰にでも同じように振る舞うべきであるといった、ある種の普遍的な原則に拠らずに、他者との関わりの中での自分の立場に応じたふるまい方があることを教える傾向がある。彼らはいずれも、社会の人々はそれぞれ違った生活の領域を持っていて、異なった領域の人々に対してはそれ相応の異なった行動様式があることを、子供に分からせようとしている。自分が属する集団の内部の人と外部の人とは異なった存在なので、異なった規準と原則を適用する。このため、彼らはともに「内」と「外」の区別を比較的重視し、個人の行動は、ある抽象的な規準に基づくのではなく、その集団の中での自分の立場に基づくべきであるとしている。例えば、筆者が知る豫東地区では、子供同士で喧嘩が始まると、大人たちは子供たちにどちらが正しくまた間違っているかを考えさせる手助けをするのではなく、「お前はお兄ちゃんなのだから、弟に譲りなさい」とか、「お前は女の子なのだから、こんなことをしちゃいけない」とか言って教育する傾向にある。このために、中国人と

43　源了圓著『日本文化と日本人の性格形成』（北京出版社　一九九二年）一四四頁

日本人の文化心理様式はいずれも「心情中心」型に属する。[44]この種の様式の主な特徴は、個人は、集団内部の位置を拠り所にして異なった立場や行動様式を取りがちになるので、自分のやっていることを突然変えさせられた場合でも、心理的に受ける苦痛は比較的小さい、等々である。

双方の育児方式に、集団の重要性と身内という集団から見捨てられるのは恐ろしいことだと思い知らせるための方法として、子供をいつもおどかしたりひとりぼっちにさせたりすることがある。豫東地区では、今でも人々は子供たちにしょっちゅう次のような冗談を言う、「ねえ、○○ちゃん、言っておくが、お前はお前のお母さんが産んだ子供じゃないんだよ。本当のことを知りたいだろう。ある年のこと、村にやってきた乞食が、お前の本当のお母さんなんだよ。その人が、お前を今のお母さんにくれたんだよ。だからごらんよ。お前の今のお母さんはお前にちっとも優しくないじゃないか。お前の着ている服はこんなにぼろぼろだし。どうだい、この俺とお前の本当のお母さんを探しに行かないか」と。子供たちはたいていこれを真に受けて、とても悲しい気持ちになる。このような身内に捨てられるぞと言って人を騙す冗談は、子供の幼い心の中に深刻な影響を残し、その結果として、絶えず子供に親族集団を大切にするようにさせておく。母親は時にひとりぼっちにさせるというやり方で子供を脅かすこともする。例えば、子供を路上に置き去りにし、あるいは他人に抱かせておいて、歩きながら、「お母さんは行っちゃうわ。あなたなんかもう知らない」と言って、立ち去る素振りを見せる。子供はたいていびっくりして大声で泣き叫ぶ。すると母親は改めて子供を抱き寄せて、「ママはどこへも行きませんよ、ママはあなたにお利口さんになって欲しいだけなの」と言う。子供が泣きわめいたり大人の言うことを聞かないときに、こうした脅かし方をすることもある。すると子供は母親の保護を失うのを恐れて、泣き止んだり、いい子になろうとする。子供を独りぼっちにさせるというやり方の他、「猫がお前を食ってしまうぞ」とか、「お前を人にくれてしまうぞ」などと言って子供を脅かすやり方もある。こうしたやり方は、早くも子供たちに幼い頃から身内の保護を失うことを恐れさせるのである。似たような状況が概ね日本の伝統的育児の方式の中にもある。[45]双方の育児方式の中には、この他にもう一つ似たところがあるが、紙数に限りがあるので、両者の違いについての考察に移らなければならない。

(三)　親子関係の違い

私は、両国の伝統的育児方式にはひとつのはっきりした違いがあると考えている。それは、中国の家庭は父子関係が中心で、人の幼年時代は同族の中で男性成員と触れあう時間が比較的多く、一方日本の家庭は母子関係が比較的重要な基軸をなしていて、男の子は幼年時代には母親やその他の女性成員との接触時間がやや多いことである。むろんこの点についての詳しいデータはないのだが、以下に述べる二つの事実から、そう判断している。

第一、日本人は「きれい」と「きたない」ということに対して、中国人よりもずっと神経質だ。日本の創世神話の中で、人類の「父親」イザナギは「きたない」ことに非常に敏感であった。彼の妻であり妹でもあるイザナミが死に、ウジが湧いたまま捨て置かれたその死体を見たとき、死にそうなほどびっ

44　Francis L.K.Hsu『宗族・種性・倶楽部』（〝Clan, Caste and Club〟中国語版　華夏出版社　一九九〇年）一一二頁
45　R・ベネディクト『菊と刀』二一二〇頁

くりした。その後、タチバナ川という場所で体を洗い、体についたけがれをごしごしと洗い清めた。創世神話中のこうした些細なことも、意味がないわけでは決してない。それは事実日本人が現実生活においてそのようにけがれに対して敏感なあまり、ほとんど潔癖症的な行為に及ぶ潜在意識の反映なのだ。こうした心理が、子供に対する見方にも影響してくる。両国の育児の習俗ではともに産婦を穢れていると見るが、赤ん坊に対する見方は違う。中国人は伝統的に赤ん坊を穢れたものとは見ず、一種の積極的で光溢れる気分で子供の誕生を見守る。日本人はというと、赤ん坊も産婦とつながっていることからやはり穢れていると考えて、産まれて一カ月後に神社に詣でることで、理論的には、この種の穢れがやっと清められたとみる。

第二、日本人の家庭に存在するやや厳格な上下の階層制度だ。家長となった父親は、尊厳を保つために子供と一定の距離を保つ必要がある。このことが常に彼らをして中国の家庭の父親よりもずっと威厳を持たせ、またずっと冷淡にさせている。上下関係の存在は、また、日本の家庭において、婦女にはその女としての役割を強調し、男子には己の世界に専ら関心を集中するようにし向ける。「父母の間には体力面でも感情面でも徹底した分業が行われており、そのために子供たちの目の前でライバル同士として振る舞うことはほとんどない。母親と祖母は家事と子供のしつけを担う。彼女らはともに、極めて丁寧に子供の父親に応対し、尊崇する。家庭内の上下関係において長幼尊卑の序列は明確で、子供も、年長者の特権や男の女に対する特権、兄の弟に対する特権をわきまえている」[46]。こうした中で、子供は母親に対してより多くの関心と注意を払うが、父親に対しては恭順の意を表すのみである。日本の父親は中国の父親より子女の教育やしつけに関わることがずっと少ない。日本の父親はより多く威厳に満ちており、子供は父親を怖れることから母親に依存するようになり、結果として子供が女性と一緒にいる時間がとても多くなる。

日本の母親の子供に対する溺愛ぶりや子供の気儘さは、夙《つと》に日本に来た西洋人に極めて深刻な印象を残してきた。われわれは多くの西洋人の旅行記や著作の中で次のような記述を見出す。「彼らは、子供に対してとても深い関心を注ぎ、かつ暖かく彼らを養育している。たとい夜中に子供が泣き喚こうとも、決して叩いたりはしない。彼らは、忍耐と柔和な心で子供をあやすのであって、叩いたり罵ったりしない」「日本は子供の天国だと考えられた。特に少年たちは、おずおずすることなく、全くもって気儘そのものである」と。[47]

一九一三年六月、一人のアメリカ女性は当時の典型的な日本の子供の生活状況について次のように描写している。「彼はとても自由そのもの、食べたければ食べ、あそこで食べたいと言えばあそこで食べ、あれを食べたいと言えばあれを食べ、おなかがいっぱいになればそこで寝てしまう……彼をビービー泣かせるもとになるようなことは何一つない……彼に必要なものは何でも揃っている。それはちょうど太陽の光が燦々と注ぎかける垣根を這う野バラのように生き生きとしている」と。[48] フロイスは次のように綴っている。「われわれはたいてい鞭で叩いて子供を懲らしめる……、われわれの子供はそのふるまいに穏やかさを欠き、優雅さを欠いている。けれども日本の子供はこの点ではむしろ至って申し分なく、

46　イ・ブルーマ『日本文化における性の役割』（光明日報出版社　一九八九年）
47　暉峻康隆等『日本人十章』（潮文社　一九八一年）　九九頁
48　暉峻康隆等前掲書　五八頁

全く称賛に値するのである」「人々は皆日本は〝子供の天国〞だという。実際子供たちはとても善良で、大人たちが日本を天国にするのを手伝っている……、とりわけ少年児童らは、誰も彼も性格が朗らかで、溌剌としている」と。[49]また「日本人は子供を神霊のごとき存在と見て、一層大事にし可愛がっている、幾人かの民俗学者は七歳以前の子供は神のものだと指摘している。日本の文化において、子供に対する崇高なまでの賛美があるのは、まさしく幾人かの仏教僧侶が天真らんまんで無邪気な幼児は〝道心の本〞を備えていると考えているように、もっとも神仏に近い存在と見なしているからである」と。[50]

中国文化にも「赤子の心」とか「童心」を尊ぶ思想はあるけれども、これほどではない。中国人は児童を大人と違いはなく、成人した大人のミニュチュアに過ぎないと考え、児童期を成人する前の準備期間と考える。児童は大人と全く異なった存在とは考えないから、大人と区別したやり方で子供を教育することはせず、大人に対するのとほとんど同様な教育を施す。昔の中国の子供は大人と同じような服装をしていたし、大人と同じような書物を読んで、大人と同じようなことをしゃべって、小さい頃から彼らのふるまいはまるで小さな大人のようであった。中国の児童のこうした「大人化」は近代になって中国を訪れた西洋人に深刻な印象を残したし、そうした印象は彼らの目に映った日本の児童のそれとは対照的であった。インドの思想家が見た中国の子供とはこのようであった。「中国の子供はまるで哲学者のようだ。インドの子供がほとんど四つん這いで這い回っているときに、彼らは既に賢く仕事をし、必然性の哲理を理解している」と。[51]同じような理由から、中国人は幼年時には日本人のように放任状態に置かれるということが全くない。「養いて教えざるは、父の過ち」「玉琢《たまみが》かざれば、器を成さず」の類の大量の格言があることも、少なくとも社会の上層では、中国の子供が幼年時にやや厳格なしつけを受けていたことを明らかにしている。同様に児童の独立した人格を認めないために、児童に対する態度も両極端になりがちである。ひとつは児童を「小さな奴隷」、ひとつは「小さなご先祖さま」と見なしていることである。中国の児童の「童」は、「僮」の本字で、原義からすれば児童とは奴婢家僕と等しく、思いのままに体罰や辱しめあるいは精神的虐待を加えてよいものであった。しかし、このことは中国人が日本人より子供をずっと愛さなかったということにはならない。ただ彼らは小さい頃から大人と同じように子供に要求し、しつけ、教育することが、子供に対する愛であると見なしていただけのことなのだ。もうひとつは、中国人は血縁の継承を比較的重視するので、先祖代々の血を受け継ぐ重い責任を担った児童のことを「小さなご先祖さま」と見なして溺愛する。一人っ子の男の子に対しては特にそうである。これら二つの相反する態度も、実際はいずれもこのような同一の認識から出ている。すなわち家長は子供を独立した人格を備えた存在とは見なさず、大人は子供に対して思いのままに扱うことのできる「主権」を享有していると考えるのだ。時に、人々がこの両種の態度を同時に取ると、子供は「小さな奴隷」であるとともに「小さなご先祖さま」でもあるという二重の役割を受け持つことになる。『紅楼夢』の賈宝玉の賈府における地位は、一身にして二つの役割を兼ねていた。こうした育て方は、社会において何千年もの間、根本的な変化がなかった。子供に対するこうした二重の態度は、現代中国の一人っ子家庭の教育にも発揮される。つまり子供を「小皇帝」として甘やかし溺愛する一方で、「子が龍にな

49 源了圓前掲書 一四六頁
50 源了圓前掲書 一四五頁
51 黄心川『弁喜研究』（北京・中国社会科学出版社 一九七九年） 一二五頁

ることを願う」気持ちが切なるあまり、子供の適性も顧みず、思い切りストレスを与えて、子供にがっかりさせられると叩いたり罵ったり、屈辱的なやり方で懲罰を加えるのだ（虐待されて死亡した例も少なくない）。

母親が子供、特に男の子と、より多く触れあうことが日本的育児方式の特徴だ。こうしたモデルにおいては、育児は全く母親の仕事とされ、そのため婦女は育児に関してより多くの責任を負うものとされる。甚だしいことに、日本人は今なお子供の教育としつけは完全に母親の仕事と考えている。それゆえ重大な青少年犯罪が起こったときなどは、人々はいつも最近の母親は少しも務めを果たしていないと言って責め立てる。日本の母親は自らもこのように考えがちであるから、こうした事件が起こるたび、われわれはいつも母親が大いに自責に駆られているさまを目撃することができる。ある寺の住職が、『オウム真理教事件』という本の中で、彼の知るある母親とその子供のことについて書いていたが、彼女は女手一つで息子と娘を育て上げた。ところが息子は内弁慶で、家庭内暴力を振るい、妹を殺してしまったと言う。彼女は殺された娘に抱きついて泣き、妹を殺した息子に抱きついて泣いた。彼女は息子を責めるどころか、いつまでも自分を責め続けた。彼女はその住職に次のような手紙を書いた、「毎日の生活は本当に辛いけれど、だからといって息子を残して死んでしまうわけにもいきません。それに息子はますます幼子のようになってしまいました。あの子にとってはその方が幸せなのかも知れません。もしも正常に戻ってしまったら、心の地獄に直面しなければならないでしょうから。そうなったらわたしがあの子を救ってやれるかどうか全く自信がありません。その時、あの子はかえって辛い思いをするでしょう。あの子の心の拠り所は神様だし、母親なのです。息子の将来を思うと、不憫でたまりません。私は、これから先は、ただあの子の側で見守ってやり、信じてやるだけです。あの子を愛してます」「私は息子と娘に本当に申し訳ないと思っています。私は母親の資格なんかないのにあの子たちを産んでしまったのですから。本当にあの子たちに申し訳ないと思っています」と。[52] 住職は死刑制度廃止を提唱し、殺人者にもっと寛容であれと主張している。このため彼はこの母親をとても賞賛するのだ。われわれが興味を持つのはこの日本の母親の息子に対する態度である。文中で、この母親が「女手一つで息子と娘を育て上げた」とあるのは、子供らが父親のない環境で成長したことを物語っている。こうした環境は母親の子供に対する溺愛を生みやすい。この母親があらゆる希望と愛情を全て息子に注いだであろうことは想像に難くない。これでは息子を大人に成長させられるはずもなく、「ますます幼子のように」してしまうばかりであろう。

もちろん、これはひとつの極端な例だ。日本のあらゆる母親が、皆このように子供を溺愛するわけでは決してないし、また中国に子供を溺愛する現象がないと言うのでもない。ただここで強調したいのは、極端に性別による分業を強調する日本の家庭では、母親はより多くの精神的エネルギーを子供に注ごうとするであろうし、子供もまた母親への依存心を持ちやすいということだ。この母親が、息子が妹を殺した後で示したのは、強烈な自責の念であって息子を責めることではなかった。これは日本の母親が常に持つ心理なのだ。

日本の母子間の接触は中国のそれに比べて多く、このことが幼児に与える一般的影響は、彼らが中国

52　「オウム真理教事件」（『季刊 仏教』別冊　法蔵館　一九九六年八期）一七七～一七八頁

の子供以上に一層母親に依存する心理的傾向を持つようになることに現れる。日本語に「amae」(甘え)という言葉がある。この言葉は適切な英語や中国語に翻訳するのが難しい。そのおおよその意味は、子供が母親の懐の中に身を委ねて甘えているときに似た感情を指している。日本人のこの心理的特徴は土居健郎という精神医学者が初めて言いだした言葉である。これは、日本人の育児方式の特徴として母性原理が優勢を占めていることと関係がある。

中国人と日本人は、いずれも家庭教育において権威に頼るという性格を育てている。この意味では、中国人もある種の「amae」の特徴を持っている。しかし、先に述べたような差異があることにより、中国人の家庭内で育まれた依存心は、芽生えてもすぐに分散してしまう。彼はひとつの大きな家族の中で全ての年長者に孝順でなければならないし、彼は小さい頃から日本人よりずっと多くの男の大人の世界の中で暮らしているから、全ての男の年長者に対して尊敬の念を持つようになるし、母親だけに依存することもない。その上、彼の家族の全ての年長者に対する依存の気持ちは、将来の恩返しを意味する。こうして子供の依存心をすっかり拡散させてしまう。

(四) 連続性と非連続性

幼年時代に過ごした環境は、人の社会性や性格の形成に重要な影響を及ぼす。両民族の親族体系が違っていることから、中国人と日本人は幼いときから異なった環境の中で育つ。伝統的に、日本の村落では、子供の出生は内輪のことではなく、村全体の出来事なのだ。一軒の家で子供が産まれると、村を挙げてお祝いの儀式を行う。満一歳になるまでに行われるいくつかの儀式も全て村人が参加する。村全体が儀式を執り行うことは新たな成員に対する承認行為なのだ。以後の成長の節目節目で、子供は村落集団とより緊密な関係ができあがっていく。このことは、人は出生を起点としてより開かれた集団と比較的緊密な関係を作り上げていくことを意味している。男児であると女児であるとを問わず、お祝いの席では同じ待遇を受ける。この場合、決して男児を重視して女児を軽視することはない。このことは明らかに次のような考えに基づく。すなわち、男児であると女児であるとを問わず、ともにこれからひとつの場で生活することになり、彼らはともにその集団の一員となるのだ、と。こうして彼らに幼い頃から集団の重要性を強調し、集団内での協調性を大切にさせる。これと対照的に、中国の家族は血縁関係を重視する。血縁は自然に形成されるものであるから、子供の出生は完全に私事である。お祝いの儀式も家庭内で行われる。参加者も一般に家族や親族に限られる。以後の成長の過程においても、親族集団から受ける影響のほうがずっと大きい。

　更に重要なことは、両社会では子供の成長過程におけるその環境変化に大きな違いがあることだ。先に述べたように、日本人にとって子供とは大人と本質的に異なる存在であり、大人とは区別して扱うべき存在と考える傾向がある。彼らは幼年の頃はずっと多くの自由を持つ。だが物心が付き始めるや、いきなり厳しいしつけが待っている。彼らの社会と文化が子供に求めるのは、成人する前までに必ず相当の厳しい訓練を経て、協調性と礼儀正しさを身につけ、社会の適応力を修得することなのだ。日本人は、幼い頃から、中国の宗族集団などに比べて遙かに開かれた集団の中に身を置き、しかも多くの人々は、成人した後に家庭を出て、勝手も知らぬ集団に入っていき、そこを拠り所とすることが求められる。ところがその前に、自己を訓練して様々の煩瑣《はんさ》な礼儀作法を修得し、自分の居場所をわきまえるとともに、前もってそれにふさわしい言葉遣いや態度を訓練しておかねばならない。「序列」とそれに関する細々とした心得は、日本人が社会化していく過程に見られる一つの大きな特色である。彼らは異なった資格を持つものによって構成される集団において、「nemawasi」（根回し）ということを学ばねばならない。こうした強大な外部からの締め付けが突如襲ってくる。それはちょうど温水浴から冷水浴に変わったようなもので、人々をある環境からそれと全く異なった環境へ投げ込むのだ。日本人は、幼年時代は中国人に比べてずっと自由なのに、後には中国人よりもずっと厳しい拘束を受ける。このことは、日本人が社会化していく過程で中国人よりもずっと大きなストレスを受けていることを意味する。何の屈託もなく自由気儘に過ごしてきた幼年時代と、礼儀作法の重圧を受けねばならぬ青少年から成人の時代との間に、また幼年時代の概して母系的な環境と、成年してから女っ気のほとんどない男性ばかりの仕事環境との間に、くっきりしたコントラストが作り上げられる。日本人の成長過程におけるこうした教育面での非連続性こそが、その重要な特色であり、これが日本人の性格形成に多大な影響を与えている。日本の伝統的育児方式のこうした特色は、幾人かの人類学者も注目しており、私もこのことは日本人の民族心理意識を知るうえで重要な意味を持つと考えている。これと対照的に、中国人の成長過程における非連続性は日本人ほど明瞭ではない。このことは、第一に中国人は日本人のように子供は大人と全く異なった存在であるといった認識がないからであり、第二に中国人はほとんど一生の間宗族集団から離れることがなく、しかも宗族集団は家族の直接的な延長と拡大であり、二者は同様な原則に導かれているからである。

育児方式のこうした非連続性がもたらす心理的な影響は、日本人の行動における矛盾を生む深層心理の要因となっている。

先ずこのために、日本人が母親を離れて社会に入っていくとき、心理的に極めて大きな不適応が生じる。成人した後も、彼らは幼年時の楽しかった想い出を持ち続ける。彼らは人との交際に礼節を持ってふるまう一方で、この社会とのギャップを感じたとき、幼年時代の夢を繰り返し温めようとする。日本人は酒に酔ったときや、見知らぬ人に向き合ったときなど、すべての仮面を脱ぎ捨ててしまうことがある。あたかも思うままに振る舞うことができ、いかなる拘束も受けることがなかったあの幼年時代に戻ったかのように。この時、彼らは自分が幼年時代に培ってきた依存心を満たすため、懸命にその代替物を探そうとする。その代替物は、年上の親戚かも知れないし、会社の上司かも知れないし、あるいは同じ学校を卒業した先輩かも知れない。彼らはこうした権威に頼り、この権威が、母親に替わって自分をちゃんと守ってくれることを願う。しかも母親に対する依存心は神に対する依存心にも似ている。（F・シューはこれを「一方的な依存」と呼んでいる。つまり人が母親に依存してもそのために何の報恩も必要としないこと。）こうした依存心は報恩を必要としないものであり、家庭の中ではただいい子にして、やんちゃをせず面倒を起こしさえしなければそれでよいのだ。なぜなら母親がすることは全て愛すればこそであり、決していかなる見返りを期待しているわけではない。同様に、社会においても、彼の依存する権威に対する報恩は、忠実に職務を全うすることなのだ。日本人が上司やその属する集団にまるで子供のような依存心を持つ（すなわち〝amae〟）のは、幼年時代の経験から導き出された解答と言える。

この種の教育が子供に与えるもう一つの影響は、父母に対してと外部の世界に対してとではそれぞれ全く異なる態度や行動を子供が取りがちだということだ。幼年時代の経験から、父母（とりわけ母親）

の面前で思うままにふるまい、甘えかかり、甚だしきに至ってはしたい放題にするのは当たり前のことだと思ってきたのに、外部の世界の人に対しては、礼儀正しく従順になる。つまりこういうことだ。幼年時代に獲得した経験は、父母や身内に対するときに役立ち、その後に受けた教育は、外部世界に対するときに大いに役立つというわけだ。「日本の母親が子供に植え付けるのは、決して神に対する畏怖の念ではなく、また世界のどこでも通用する倫理道徳の拠るべき行為規範でもない。そうではなくて、大多数の日本の子供が学ぶのは、日本民族とその社会の各階層に適用される行為規範なのだ。もちろん、こうした行為規範は、現代の西洋の子供が身につける道徳教育とそれほど大きな違いはない。大多数の日本人にとって成人になってからも、こうした規範は相変わらず大いに有益なのだ―ただしそれはかれらが日本民族とよく似た環境か共感的な状況下にあるときにのみこのようにふるまえる。日本人がもしも不慣れな問題に出くわしたり、また出来合いの〝日本式〟解決法が見つからなかったりすると、面倒なことになる。なぜなら、彼らは時間や場所そして文化的背景という制約を受けることのない一般原則を持ち合わせていないから」。まさしくこの故にこそ、「日本人は不慣れな環境に直面すると、それに適応できずにあたかも道徳規範を欠いたように振る舞ってしまう」のである。[53] 日本では毎年各種の世論調査が行われる。この種の調査は大きな限界があるとはいえ、時には実証例を提供してくれる。

「日本総理府青少年対策本部」による第一回の国際調査は、日本の子供の人間関係における態度や特徴を明らかにしている。この調査は、日本・アメリカ・フランス・イギリス・タイ・韓国の六カ国を対象に行われた。

教師に対する態度

場　面：一人の子供が教室の入り口に立っている。他の生徒たちはみな座席に着いている。先生が教壇から入り口に立つ生徒に向かって、「君は遅刻だ」と言った。

選択解答：一　先生、ごめんなさい。
二　途中人に道を聞かれたので案内してあげていたのです。
三　でも一生懸命走ってきたんですよ。
四　遅刻したって何の関係もないでしょ。入れてよ。
五　明日は遅刻しません。
六　私には正当な理由があります。遅刻ではありません。

その中で、一と五は「従順型」、二と三と四は「自己主張正当化型」、六は「自己中心型」である。結果は、八〇％の日本の子供は一と五（従順型）を選択解答し、六（自己中心型）を選択した子供は僅かに三％であった。韓国では従順型を選択した子供は九〇％を占めた。

父母に対する態度

場　面：父母がちょうど遊びに行こうとしている子供に、「遊びに行く前に、やるべきことをきちん

53　ロバート・C・クリストフ『日本人の心』（中国対外翻訳出版公司　一九八六年）六二頁

とやってしまいなさい」と言った。

選択解答：一　何をやろうと自分の勝手でしょ。
二　はい、すぐにやります。
三　友達と約束がある。
四　それは夜にやるから。
五　おじさんとこにお手伝いに行こうと思っていたんだけど……。
六　ごめんなさい、もともとそんな習慣がなかったものだから。

その中で、二と六は「従順型」、三・四・五は「自己主張正当化型」、一は「自己中心型」である。結果は、予想通り日本の子供で「従順型」を選択したのは三割にも満たず、「自己主張正当化型」を選択したのが六割にも達した。ところが「従順型」を選択した韓国の子供は、ここでも八割を越していた。[54]

この調査は二つの問題を明らかにしている。ひとつは、日本の子供は父母に対しては従順な子が少ないこと。このことは日本の子供は家の中では決して人が想像するようないい子ではないことを明らかにしている。ふたつは、先生と父母に対する態度との間には顕著な違いがあること。

ここには中国の子供に対する調査はない。けれども私の観点からすれば、もし中国の子供を調査すれば、父母と先生とのそれぞれの関係のありかたについては、おそらく韓国の子供に近く、日本の子供とは違っていただろう。つまり、中国の子供は家の中であろうと外であろうと、「従順型」の選択をするであろう。父母に対してであろうと、先生に対してであろうと、いつも聞き分けよくしようとするのが「よい子」なのだ。ところが、日本の子供が家庭内と社会とで異なった振る舞いをするのは、日本人が幼年時代から「内」の世界と「外」の世界に対して厳格な区別を設けていることを明らかに示している。彼らは「内」の世界では「甘え」てよく、自分の行為を正当化することができ、「外」の世界では、仲間の承認を得るために、ずっと従順にふるまわねばならず、自分の行為を正当化したり弁解してはならないのだ。

(五) 父子軸と母子軸

アメリカの心理人類学者F・シューは、日中の家庭はいずれも伝統的に「父子関係軸」が優勢を占める家庭であると考えているが[55]、彼のこの理論は日本文化研究者から疑問視されている。日本の研究者である祖父江孝男も彼の見方に同意しない。祖父江は、日本の父親は大きな権威を持っており、しかも家庭において「父系制」が強調されてはいるけれども、母子関係が極めて重要であると考えている。伝統的な日本の家族間の関係は、父親は独裁的で冷酷で、子供（とりわけ長男）は総じて父親を避けようとし、あるいは父親に対して敵意を抱いている。父親に対する不満を表すひとつの行動が、母親に同情的なことである。このように、母子関係は情緒的な色彩をより一層強く帯びることになる。こうしたパターン

54　暉峻康隆前掲書　八六～九一頁
55　Francis L.K. Hsu “Kindship and Culture”（Alding Publishing Company 一九七一年）二八頁

は、とりわけ日本の東北部の農村や都市に住む中の下の階層（零細小売業者・零細工場経営者・タクシー運転手）やあるいはもっと下層の労働者や大工・手工業者の家庭に普通に見られる。極端な例では（ほとんどが都市の例だが）父親は外でギャンブルや女遊びをし、家では妻や子供に暴力を振るうというものだ。あるケースでは、妻としての立場がとても不安定になったために、息子（特に長男）との関係が極めて密接になってしまった。なぜなら、彼女は長男が自分にとって唯一人の同情者であり、しかも将来にわたってたった一人の支持者だからだ。その結果、息子は母親から過度の保護を受けることとなり、しかも彼らの関係は「一方的な依存」という特徴を持った。都市の上流階級（あるいはほとんどがホワイトカラーからなる新中産階級）の家庭では、妻は実に不幸で悲惨なものだ。彼女らの地位が第二次大戦以降次第に向上してきたとはいえ（それらは皆ほとんど西洋の影響下に起こったことだ）、母子関係は依然として強力である。それゆえ祖父江は、日本社会の父子関係が表面上（法律上）主導的地位を占めていたとしても、母子関係の方がむしろ暗々裏《あんあんり》に主導的地位、あるいはもっと適切な言い方をすれば、実際上の主導的地位を占めていると考えている。日本においては、父子関係と母子関係はかなり緊密に結びついており、それらを盾の表と裏の関係として見るべきなのだ。[56]

私は彼の見方に賛成である。つまり伝統的には、日本の家庭は表面的に見れば、父子関係が優勢であるように見えるが、実際は父子・母子いずれも優勢なのだ。法律上及び家庭外の世界では、父子関係が優勢であるけれども、家庭内では、母子関係が優勢を占める。人間の性格を形成する幼年期においては、主に「母子軸」が優勢だ。またこのように言うこともできよう。この二つの「軸」の分裂は、日本人の育児方式が持つひとつの矛盾であり、この矛盾はある程度までわれわれが既に分析してきた日本人の成長過程に見せる非連続性という特徴と一致する、と。それは、一面では日本社会が性による分業を過度に重視する要素となっており、もう一面では日本社会が礼儀作法において「内」と「外」の違いを過度に重視する要素ともなっている。

現代の日本の都市の家庭では、主要な関係がますます「母子軸」化に向かう傾向にある。日本女性は性による分業を過度に押しつけられるために専ら家事を行い、男は家庭内の権力を放棄したと言うに等しい。多くの日本の男性は、給料を妻に渡し、毎月妻に向かって小遣いを要求する。育児においては、事実上父親としての権力を完全に放棄している。男はいっそう自分の世界に関心を注ぎ、家庭のあらゆる管理権を女に与えたに等しい。男性は家の中ではどのような実質的権力を持ちうるというのだろう。「ほとんど全ての日本人にとって、幼年時代の環境となっていた母系的性質は生涯にわたって影響を持ち続けるのであろう。そしてこの大部分は、日本の性別分業という異常さに起因している」[57]。こうした「異常な」性別分業は日本の女性を子供に対して更に情熱を注ぐようにと仕向ける。女性の大部分は家の中で過ごし、父親は一日中外で仕事をし、休日さえも休まず、「父親不在」となって、多くの子供たちはこうした「無父」の環境の中で成長する。一九七九年のある世論調査では、四一％の日本男性が子供の教育としつけの責任を完全に妻に委ねてもよいと答えている。今日、日本の大多数の子供たちは「無父」の環境のもとに成長していると言ってよい。このことはある人々の憂慮を引き起こしている。ある研究

56　Francis L.K. Hsu 前掲書　二八頁、二八七頁
57　ロバート・C・クリストフ前掲書　五四頁

者は、目下の日本において「先ずやらねばならぬことは、父親が家庭内の日常生活における尊厳を取り戻し、父性原理と母性原理とが相互に補完する新しい家庭を築くことだ」と呼びかけている。[58]

ところで、若い世代の日本男性の中から注目すべき新しい趨勢が現れてきた。若い世代は、彼らの父親の世代に比べ、ずっと家庭内での積極的な役割を演じることを楽しみ、家庭生活に多くの時間を費やすことを願うようになった。日本が世界の経済大国へと昇りつめていくにつれ、日本人の生活の質を変えていこうという呼びかけはますます高まっていった。従来の「仕事狂い」や「ワーカホリック」はまさしく変わりつつある。少なからぬ余暇を家族のために使い、休日に出勤して会社のために仕事をしたりあるいは上司にお供してゴルフをするようなことはやめて、子供を連れて公園や遊園地、郊外に遊びに行ったり、夏休みには会社の同僚と「研修」に行かず、家族と浜辺に行って遊ぼうとする人も出てきた。近年、女性の就業者が増加したために、多くの日本の子供たちは小さな頃から一日中保育所に預けられるようになり、母親の育児の負担がそれほどでもなくなった。こうした状況は日毎に増している。もしこうした趨勢がこのまま続けば、きっと日本人の性格形成にも影響を及ぼすようになり、家庭の伝統的育児方式も母子・父子のふたつの軸が相互補完する型に変化して行くであろう。あるいは「夫妻軸」が家庭の中で優勢を占めるようになるかも知れない。こうした変化が日本人の性格の形成や人間関係にどのような影響を与えることになるか、いまのところ予測し難い。

再び中国に目を向けてみよう。中国家庭の中では、父子関係が伝統的に優勢を占めており、日本家庭のように母性原理が重要な意味を持つことはない。しかし、新中国ができて以来、女性が社会活動に参加し、かつ就業者が増加するにつれて、男女の双方が仕事をし、共同して家事を行い、子供を連れ歩くことが既にかなり普通のことになった。両国の男子が家庭での育児にどれくらい参加しているかを知る資料はないが、中国の都市における女性の就業率は日本に比べて高いので、中国の男性（特に都市の家庭）が家庭での育児の分担割合は、日本男性に比べて多いであろうと推測することができる。このことが中国の家庭に「双軸化」ないしは「夫妻軸が優勢を占める」といった傾向を出現させている。こうした趨勢は都市において比較的顕著であり、農村では最近少しずつ見られるようになってきた。

こうしてみてくると、この二つの社会の育児方式に、ある種同様な傾向が出現しているのがわかる。この趨勢が続けば、この両民族の性格を深いところまで変えていくことになるかも知れない。しかし、中国人と日本人が家庭においてそれぞれ培っている心理的特徴や行動様式の違いは、既にひとつの文化的沈殿物となって底に沈んでいるので、これがそれほどたやすく変わっていくことはないだろう。

以上、われわれは日中両国の家族制度の特徴について分析してきた。こうした両民族間の違いは、西洋人の家族との間の差異に比べれば、些細なことかも知れないが。家族構造の差異は人間形成に根本的な意味を持っている。こうした些細な違いこそが、両民族の性格の差異を形成する根本的要素となっている。しかも、人々の家庭内における差異は、社会的にはそれがもっと大きな差異となって拡大されて現れてくるのだ。まさしくこうした差異こそが、この両民族の性格を異なった方向へ導くこととなったわけである。このためにわれわれの分析は、もっと広範な含意を暗示しているのかも知れない。例えば、なぜ日本人は中国人比べずっと簡単に非親族・非地域集団を作り上げられるのか。なぜ日本人は中国人

---

58 源了圓前掲書 一九八頁

に比べずっと容易に権威に服従し得るのか。こうした問題をわれわれは次の章で検討していくことにしよう。

第二章　「族」中の中国人と日本人

「家」と「族」は親族体系を構成する二大要素である。「族」は「家」を基礎に発展したもので、「家」の延長物と言える。それゆえ、その特徴も「家」のそれと関連している。われわれは前章で両国の家族制度の主な違いを検討してきたから、本章では「家」の延長としての「族」の分析に移ることにしよう。日本の同族組織と中国の宗族の間に見られる差異は、両社会の家族制度の差異と概ね一致している。あるいは次のようにも考えられる。すなわち、家族制度の違いこそがまさしく族人組織の違いを形成している、と。家族制度の違いと族人組織の違いとが相まって、中国人と日本人のそれぞれ異なる親族体系の構造を構成しているのだ。親族体系の構造の異なりは、個人の行動や心理にも異なった影響を与えている。

中国人にとって、宗族集団は、日本人にとってよりはるかに重要である。このために本章では中国人の宗族集団をより多く分析していく。

一　族人集団の構造特徴

（一）概念と名称

中国語の「宗族」という言葉は、実際は「宗」と「族」の二つの概念が組み合わされてできている。古代中国人の宗と族に対する定義は、「宗とは、尊ぶなり、（宗を）先祖の主と為すは、宗人の尊ければなり」、「族とは、湊《あつまる》なり、聚《あつまる》なり、為に恩愛の流湊するなり……生きて相親愛し、死して相哀痛するに、会聚の道有り。故に之を族と謂う」[1]というものであった。ここから、宗と族とには区別のあることがわかる。一般的に言えば、同宗と同族は、いずれも同じ姓氏を名乗り、かつ共通の祖先（あるいは仮想の祖先）を持つことを意味する。しかし、同宗の者は必ずしも一緒に暮らすことはないから、ひとつの機能を備えた組織を構成するとは限らない。しかし、同族の者は一般的には一緒に暮らし、しかもより密接な関係を有している。これがすなわち「湊」「聚」の意味である。[2]ところが日本語にこの区別はない。日本語の「族」「同族」「同族集団」などの言葉は、「家」（ie）と異なり、いずれも音読みしていることからもわかるように、みな漢語の語彙であり、日本固有の語彙には中国の宗族に相当する概念がない（過去にはあったが、後に用いられなくなった可能性もある）。「同族」とか「同族集団」の語は、近代以来の幾人かの学者の著作の中で大量に見られるに過ぎない。実際に存在する同族組織は「家《いえ》」の概念に含まれる。中国の語彙にはさらに宗族から枝分かれした集団に名付ける「房」「門」「家」などの称呼《しょうこ》が豊富にあり、ある地方では「柱」という称呼もある。ただしこれらは相対的な概念で、明確な基準があって分けられているのではない。中国人にとって、「族」とそこから枝分かれした集団である「房」や「門」などとの区別は、族同士の区別ほどには重要ではない。「房」「門」「柱」などは、時にひとつの家族を指すに過ぎないこともある。例えば兄弟が分家したときなどで、もしも兄弟三人とも既に結婚していれば、「三房」とか「三門」と言うことができる。また時にはひとつのとても大きな集団を指していうこともある。例えば、兄弟三人とも異なった土地に移住して数百年が経ち、それぞれ子孫が増えて数百人の集団になったときでも、ひとつの集団は他の集団に対して「門」と言うことができる。日本語では、宗族の枝分かれした集団を言い表す本家と分家のたった二語があるのみだ（後述）。まさに称呼の複雑さこそが人々の親族関係に対する重視の度合いを示しており、宗族集団に対する細かな区別のないことが、日本人の宗族集団が中国人のようには発達しておらず、宗族組織が個人に与える影響も中国人の場合ほど重要ではないことを示している。

更にここで言っておかねばならないのは、中国人が「族」という言葉を単独で用いるときは、同じ祖先にたどることができ、なおかつ同一地域に居住している人たちを指していることだ。ところが、日本語では単独で使われないらしく。「族」は、造語する際に、もっぱら他の語と結びついてある熟語を作るときに用いられる。中国語であれ、日本語であれ、「族」の字と結びついた語彙はたくさんあるが、よくよく見れば分かるように、中国語におけるこうした語彙はたいていみな血縁関係のあるものばかりである。例えば、「族衆」「族類」「族人」「水族」「語族」など。しかし日本語では、「族」という漢字は他の語と結びついて使われることの方がずっと多いし、「族」と結びついた熟語が血縁関係を指しているとは限らない。日本人はある共通の特色を持った人々に「族」という称呼を用いる。例えば「ながら族」、「窓際族」、「暴走族」などである。中国でもここ数年来、香港や台湾の影響を受けて、「上班（出勤）族」「有車（マイカー）族」といった言い方が現れたが、しかし普通は「工薪（サラリーマン）階層」「有車（マイカー）階層」という言い方の方がずっと好ましく思っているようだ。このことは、日本人が「族」という言葉をずっと気儘に用いていることを示している。

1　班固等『白虎通義』宗族篇参照。
2　【訳注】いずれも「あつまる」の意。

西洋の学者は、clanについて、同一地区に居住し同一の姓氏を用いている男性はみな同一のclanに属していると定義する。しかし、上述した中国人の「族」と「宗」の区別に従えば、「同宗」は必ずしも「同族」ではない。このため、中国語の「宗族」は、英語の「clan」と全くイコールなわけではなく、「clan」に比べてもより発達し、より精巧な社会組織である。

中国人の「族人集団」の規模は結局のところどれほどであろうか。一般的には、族の範囲は高祖から玄孫までの九世代と考えられている。すなわち、高祖父・曾祖父・祖父・父親・自分・子・孫・曾孫・玄孫で、これがいわゆる「九族」である（「九族」には、父族四・母族三・妻族二のことであるという説もある）。しかし、これは死去した祖先と未だ生まれて来ぬ子孫までをも含めた「理念上の」集団であり、実質的機能を果たしている集団ではない。一般的には、自分の高祖父に会うことも玄孫に会うこともできず、曾祖父や曾孫を見ることさえ希なことだからである。このために、実質的に機能している族人集団は、通常祖父母の世代とそれ以下の世代の男性成員及びその配偶者から成るとされる。こうした集団は、少ないときで十数人、多いときでは一〇〇人以上に達する。この他、中国には「五服」（つまり五種の服喪の義務）という言い方がある。これほどに発達した区分法は、日本にはない。

宗族の名称つまり姓氏は、宗族にとり重要な対外的標識である。両国の姓氏を考察することで、両者の宗族集団の特色の違いを明らかにすることができる。

中国には十三億に近い人口があっても、常用されている姓は数百しかない。中国人の昔から今までの姓氏は、分かっているだけでも六三〇〇以上あった。しかし、古代の姓氏は単なる文字上の違いに過ぎず、重複しているものもある。このため、古今の姓氏は大体二〇〇〇前後だ。そのうちのほとんどの姓は今では使われなくなってしまった。『百家姓』は四六二の姓を収録しており、漢民族が常用する姓氏を基本的に包括している。中国人の姓は、少ないばかりか集中している。最新の統計資料によれば、全国で李姓は八七〇〇万人に達し、漢民族の七・九％を占める。「李・王・張・劉・陳」五大姓氏の総人口は三・五億に達する。現在、漢民族の姓は押し合いへし合い状態で、同姓同名問題が深刻化しており、重大関心事となっている。大多数の中国人の姓氏はどれも長い歴史を持っている。筆者の「尚」という姓を例に取れば、ある文献に拠ると、「尚氏は、姜姓、斉太公の後なり、太公は太師尚父と号し、因りて氏とす」とある。[3]この記載が事実とすれば、優に三〇〇〇年以上の由来があるわけだ。中国では、ひとつの姓氏を探し出してきて、遙かな古代にまで遡らせることが思いのままにできる。しかも、姓氏の数は多から少へ、複雑な音節から単純なそれへというのが、中国人の姓氏の変遷の大きな特徴となっている。多くの古代の姓氏は後世になると用いられなくなり、現在常用されるのは数百となってしまった。古代のいくつかの複姓や少数民族の姓氏は、やがて「単字化」していった。こうした姓氏の数や姓氏そのものの変遷といった特色は、実際われわれが後に述べる中国宗族組織の強大な凝集力とも関係している。

日本の場合は全く対照的である。日本は世界でもっとも姓氏の多い国として知られている。一・二億ほどの人口の日本なのに、その姓氏は一二万を越えているであろう。近代以前は、大多数の日本人は名はあっても姓はなかった。姓氏は上層の支配階級だけが使っていた。かつての姓氏は、事実上一種の

3　慕容翊『中国古今姓氏辞典』（黒竜江人民出版社　一九八五年）一七三頁参照。

政治組織であり、日本中の姓氏を合わせてもそれほどの数はなかった（有名な源氏や平氏など）。長期にわたり、日本では貴族と武士だけが姓を名乗ることを許されていた。一九世紀の平民運動の展開に伴い、下層民もやっと姓氏を名乗る権利を得た。しかし、多年の習慣から、多くの人は自分の姓を決めかねていた。日本政府が、戸籍簿作成の都合のために、再び一八七五年に、全ての国民は姓を持たねばならない、さもなければ処罰する、と言わざるを得なかった。こうして一般庶民もようやく人に頼んで姓を付けてもらう気になった。それゆえ日本人の大部分の姓は、せいぜい百年余の歴史があるに過ぎない。

そのせいか中国人にとっては不思議な姓がたくさんある。[4] こうしたことから、日本人の姓氏の歴史が短いばかりでなく、かなり気儘に付けられてきたことは明らかだ。長い歴史の中で、日本人は宗族集団よりも更に重要な社会組織があって、それが大きな役割を果たしてきたのだ。しかも大多数の日本人が姓氏をもってよいことになってから、姓氏の数がますます増えていったことは、中国人の姓氏の変遷過程と対照的である。このことは、日本人の宗族組織が中国人の宗族組織のように強大な凝集力を持っていないことの現れと考えることができる。

（二）構成方式

中国の「宗族」と日本の「同族集団」とには、構造上大きな差異がある。この差異をまとめて言えば、第一に、中国の宗族は家族の直接の延長であり拡大であるのに対し、日本の同族集団は母集団（本家）と子集団（分家）から成る連合集団であることだ。前章日本の家族制度の特色を分析した際に、次のように指摘しておいた。すなわち、家族の成員資格認定には、中国人は日本人よりずっと血の共有を重視する、と。中国人が宗族集団に加わるときもやはり同様な原則を尊重する。つまりある者が宗族に加わる資格は、出生や結婚によって決まる全親族体系中に占める位置に基づいている。宗族は完全に家族の自動的な延長と拡大である。宗族集団構成の特質は、宗族集団に加わるのは個人としてであって、集団で加わるのではないところにある。すなわち、人はいかなる仲介者の手を借りることもなく、自分の身に引きつけて実感できる。中国の宗族にも「門」「房」などの枝分かれ集団の区別はあるが、しかしそれは日本の本家に対する分家のようなものではなく、これを手がかりにして宗族集団に加わることができるわけではない。宗族はある種の集団の連合体ではないからだ。これと対照的に、日本の同族集団は、通常、複数の団体が集まってできる複合体である。前章で指摘したように、日本の家族は、一般に長子のみが家産を継承し家系を維持する権利を持っており、それ以外の者は学芸や養子縁組みなどを通して別な親族集団の一員になるか、あるいは「分家」となって長男に頼るほかない。このような日本の同族組織は、一般に、ひとつの直系母集団（本家）とひとつかそれ以上の傍系子集団（分家）とから成る。中国人が宗族という概念を問題にするときは、多くの場合、それはある均一な性質（例えば共通の祖先と姓氏を持つ）を持つ者の個人の集合を指していう。ところが、日本人が同族集団というとき、真っ先に思い浮かぶのは性質の異なった小集団の連合ということだ。集団構成の特色から言えば、日本人が同族集団に加わるのは間接的であり、個人にとっては中間集団の仲立ちを得て始めて同族集団の存在を

4　日本人の最も単純な姓は「一」で、最も複雑な姓は一二個の漢字からなる。「藤木太郎喜佑之衛門将時能」と「籠谷懿府舎仰隷里小也弘光」がそれだ。珍しい姓としては、「八月一日」「四月一日」「十七女十四男」「数十万人」などがある。

現実のものとし、かつそれを体得することができる。つまりこういうことだ。個人はまず本家もしくは分家の一員であって始めて同族の一員になれる。もしも共通の「場」としての本家もしくは分家の中で生活していなければ、たとえ同じ血縁であっても、同族集団の一員として自動的に認められることにはならない。中国では宗族構成の基本単位が個人であるのに対し、日本では同族集団を構成する基本単位が小集団なのだ。以下の分析を通して、中国人と日本人が親族集団に加わる場合のこうした大きな違いが、彼らがその他の社会集団に加わるときの方式にどのような影響を与えるか明らかにしていこう。

第二に、中国では宗族成員となるための資格は、日本での同族集団成員となるための資格に比べ、明確でありかつ牢固としている。既に述べたことだが、中国の家族はその成員として認定する場合、血縁資格を重視する。一個人にとっては、血縁資格は生まれてから死ぬまで変わることがなく、時間や居住距離・身分・社会的地位・財産などの要因は、家族集団に加わる資格とは全く関係ない。このため、中国人家族は通常大規模に拡大していく。中国人が家族や族人集団に加わる際の拠り所となるものが、同じ血縁資格だからである。この種の資格は完全に自動的で、単純であるばかりか明瞭なため、宗族集団に加わるうえでほとんど「努力せずに要領よく立ち回って得をする」余地もなく、別な方法を講じて親族集団のような親密な集団を作り上げるといった必要もほとんどない。たとえ別な土地に移り住んでも、やはり同様な原則で宗族集団に加わることができ、一度中断した関係を再開するだけのことだ。個人が出生によって与えられた親族体系中の地位は不変であり、このため各人の身分も譲渡できない。こうした個人の身分は、同じ土地に居ようが遠く離れた異郷に居ようが関係なく、さらに親族関係が遙か昔にまで遡るものであろうとなかろうと、常に有効だ。宗族の成員たる資格を失うのではないかなどと心配する必要は全くない。

これと対照的に、日本の同族集団の成員資格が拠り所としている基準は、中国に比べ曖昧かつ広範だ。日本人が同族集団に加わるのは必ずしも自動的にではない。個人について言えば、努力すれば別の親族集団に加われる可能性もある。日本の婿養子制度は、法律上は言うまでもなく習俗上も正当なこととされており、血縁のない者でもこの制度を通して別な同族集団の一員になることができる。多くの人が師について芸を学んだりあるいは故郷を出て生活するなどにより、自分が帰属する集団を変更してもかまわない。つまりこうである。日本人が同族集団に加わる資格には、ある曖昧かつ不確定な要素があり、居住している「場」の要素から受ける影響が比較的大きく、同族と同じ家か、もしくはその近くに住んで、自分以外の成員と同じ「場」を共有していることが必須なのだ。別な土地に移り住んでしまうと、理論上は成員たる資格も失う。すなわち血縁で繋がっていることが明らかでも、必ずしも族人組織の一員になれるわけではない。その反対に血縁で繋がらぬ人が「家」の成員となって同族集団に加わることもできる。血縁関係を持たぬ「家」ですら、本家の「分家」となって更に大きな統一体の一員になることとすら可能なのだ。

中国では、比較的大きな宗族はみな正規の族譜を持っていて、これは成員資格の正式かつ明確な記録である。族譜が記載するのは、宗族中の各成員の名《な》・字《あざな》と婚姻配偶状況及び宗族の出自・変遷・世系・族産・族規などである。凝った族譜には、一族の中の傑出した人物の文学・芸術・軍功・政界などの諸領域での経歴業績、並びに祖先の徳を称える言葉までが記載される。中国人は、伝統的に大官になったりして名声を上げると、最初に手がけるのが、人を集めて族譜を編纂させ、できる限り遠い祖先まで遡らせ、水平方向にも各地に分散した枝分かれ集団をできる限り網羅することである。中国の宗族は、全ての祖先を同じくする男性と当該集団に嫁入りした女性を包括する。族譜を編纂する際、族人がどんなに遠く別れて暮らしていようと関係なく、可能な限り収録しようとする。中国の家譜・族譜は、世界中で最も発達し最も数が多いものであろう。このように家系図が発達しているということは、中国人が宗族組織に対してより大きな関心を持っていることを示しているばかりか、中国人が自己の宗族の帰属を変更するいかなる可能性もないことを明らかにしている。

これと対照的に、日本でも中国の家譜に似たものがあるが、しかしそれは普及しておらず、また発達もしていないし、富と地位のある大家族に限られる。日本人の家系図は、中国の家譜とは違い、全ての死んだ祖先と全ての支系を含んではいるものの、その多くは長男の継承を中心にしたものである。日本の家系図には家僕や使用人などの非血縁者を含んでいることがあるが、中国人の家譜ではこのようなことはない。ここから、中国人と日本人は、家譜を編纂するうえでそれぞれ異なった原則に立っていることが見て取れる。しかも、日本人の家系図は現在生存している人から始まって過去に遡っていくのであって、中国の家譜のように、遥かな昔から今日まで下って、始祖以来の全ての枝分かれとそれぞれの枝分かれの中の全ての成員を全員記録していくものではない。両者の方法の違いは実に明らかである。個人の資格の記録があまりはっきりしていないということは、日本人は宗族の帰属を変更する可能性があることを明らかにしている。「日本は封建的な国であった。忠誠を捧げるべき相手は親類縁者の一大集団ではなくて、封建領主であった。日本で重要なことは、その人が薩摩藩に属するか、肥前藩に属するかということであった。ある人間の絆は彼を自分の藩に結びつけるものであった」[5]

(三) 上下の階層制度——「本家」と「分家」

中国人の宗族と日本人の同族組織とには、さらにもうひとつの重要な違いがある。それは、日本人の同族集団には明確な上下の階層制度があるのに、中国人の宗族にはこのような制度を欠いていることである。この点は、われわれが第一章で分析した両家庭における上下の階層制度に関する差異と一致している。あるいは、日中家族制度の特徴が同族組織の中にまで延伸されていると言える。日本人同族集団で、本家と分家、血縁分家と非血縁分家の区別は、血縁による差別を重視しているばかりか、経済的利益と社会的地位の点においても不平等になっている。それらの間には、嫡系と傍系、尊と卑、高と下、支配と隷属の関係がある。中国人宗族集団にも、時に「長門」「仲門」などの区別はあるが、この種の区分は一般に上下の意味はなく、また「直系」「傍系」といった意味もない。「諸子均分家産」法が行われていることからも、一般に、家を分けるときには全ての男性成員が家産を分配され、各々枝分かれ集団の間には経済的支配・依存の関係が形成されない。祖先祭祀や両親の扶養及び日常生活において、各枝分かれ集団は概ね平等に扱われ、不平等な立場に置かれることはない。こうした状況は族譜の中にも現れており、中国の族譜は、地位の上下とは無関係にすべて「一視同仁」に収録し、直系・傍系を問題にしない。

日本の同族集団はそうではない。家産の分配では「長子相続」法が行われているので、分家したばかりの家は、少なくとも当初の一時期は経済的に完全に独立することができない。長男でない者が本家を

5　R・ベネディクト『菊と刀』(浙江人民出版社　一九八七年) 四三頁参照。

離れて新たに家を興すとき、財産を分与されることもあるが、それも本家が完全に保全されかつ継続することを前提としており、このために分与される額は本家に遠く及ばない。多くの分家は家業を営み生活を維持できるだけの条件を必ずしも備えているわけではなく、本家に依存しなければならない。例えば、本家から土地や大型の農具や大型の家畜を借りたり、本家の所有になる山林を使ったり、本家を手伝うことで米や生活用品などを得たりしている。本家の所有する土地は広いうえに地理的にも一等地であることが多い。「日本では本家と分家の違いがある。いったん洪水などの天災が起きても、本家は安全で何事もない。ところが分家は、ひとたび洪水に見舞われればひとたまりもない……。建設省の調査によると、こうした状況が突出している……」[6]。また次のような状況もある。本家が分家の生活の面倒を見てやれないと、分家は別の富裕な家を本家にして、その親族組織に編入してもらい、庇護と服従の関係を作り上げてしまうのだ。本家の儀礼上の地位は分家より高い。同族間の関係を強化するために、しばしば先祖のお祭りをしたり一族の会合などを行うのだが、通常それは本家の特権であり、同時に本家がその権威を誇示する場にもなっている。分家の方は、正月・盆・中元などさまざまなやり方で本家に行って敬意を表す。まだ同じ分家であっても、その地位には違いがある。血縁のある分家は非血縁の分家よりも地位が高い。このように、血縁の遠い近いでもって、同族集団の中に一種のピラミッド型の上下構造が形成される。つまり、本家はその最高の位置におり、血縁分家はそれに次ぎ、雇い人・使用人・小作人などからなる非血縁分家はその最底辺に位置づけられる。

階層制度上の上下の差異は、また族人組織内での物の分配方式の違いも明らかにしている。過去の中国において、多くの比較的大きな宗族はみな公有財産を持っていた。こうした宗族の財産は、義荘・義田・義屋・族田など、さまざまな名称で呼ばれていた。そこから上がる収入は、年一度の祖先の祭りやその他宗族集団を維持するために使われた。ある宗族の財産は、荘塾・家塾・祀堂・学校を建てるために使われたし、一族中の優秀な青年を科挙で名を挙げ官界で出世させるために援助したりした。ある家譜では、一族の財産の収入が「貧困を救う」「老人を優遇する」「結婚を援助する」「学問を勧める」「資金を補助する」などのために使われるとはっきり規定されており、この意味で中国人宗族集団は平等主義的な福利組織の性質を備えていると言える。中国の宗族内にも貧富の差はあるが、しかしこの種の差は現代社会の階級差にずっと近く、階層に基づく差とは違う。それゆえある意味では、日本の本家と分家のような固定的な支配と依存の関係を形成するものではない。日本人同族組織は、中国の宗族のような平均主義と互助的性質を持った公有財産を欠いている。同族組織の財産は一般に「本家」に占有されているために、成員の「福利」は公有財産を享受するという形式によってではなく、本家の庇護を受けるという形式によって実現する。

上下の階層制度と関連して、日本人同族組織における「本家」と「分家」は一種の恒久的な恩義の関係で結ばれる。本家の分家に対する恒久的な恩情は、恩を施すことにある。こうした恩情は、本家が血縁中の正統を代表する者であること、つまり家系を守る責任者であり父母を扶養する者であることに発揮されるばかりでなく、分家の生活を援助しかつその社会的地位を庇護することにも発揮される。本家

6　中根千枝『適応の条件』（中国語版　河北人民出版社　一九八九年）二九二頁参照。※【訳注】該当部分なし。『家族の構造』からの引用か。

は分家に対して永遠にこれを庇護する責任があり、分家は本家に対して報恩の義務がある。本家は恩を施す側であり、分家は恩に報いる側なのだ。分家の成員は言葉遣いや態度において本家の成員（特に家長）に対して格別の尊敬を払う必要があるし、そのうえ適当な時期（各種の節句や本家の家長の誕生日など）には日頃恩に感じていることを身をもって示さねばならない。このほか、本家が始めたことには、分家は必ず積極的に協力し参加しなくてはならない。本家は分家の報恩の行為に対して、必ずしもすぐに反応するわけではないが、しかし分家に面倒なことが起こったときには援助する義務がある。こうした恩義という基礎の上にできあがった関係は、ある種「主従」関係に似ており、こうした関係は中国人宗族組織には比較的見出し難い。

上下の階層制度は、また族中の指導力や権威の発生とその配置の上に明らかに見て取れる。日本人同族組織において、リーダーとその権威はおのずからに生成される。つまり長男がおのずからリーダーとなるわけだ。他の男性族員は、時に族中の事務的な相談に参与するものの、補助的な地位に置かれる。本家の家長は決定的な権力を持つ。しかし中国人宗族組織では、指導力や権威は分散される特色がある。多くの宗族は族人全員の承認のもとに指導力が行使される。こうした指導力は時に宗族会議を通じて行使される。宗族会議は、族中の長老や年長でしかも人望のある者によって構成され、日本の同族団体のように、本家の長男がおのずからにリーダーになるわけではない。正式な宗族会議がなく、ひとりの族長がすべてを仕切っている宗族もある。族長は一般に比較的大きな、そして時には明文で規定された権威を持っている。例えばある族規は、「族長は、一族全体の人望のある者、公平に道筋を示せる者でなければならない。事はその大小を問わず、先ず家長に相談すること。そして族中の有識者は、日にちを明らかにした上で、廟堂に集まって公開の上審理し、違反の程度の軽い者は罰金を科し、重い者は処罰する」と規定している。[7]宗族会議と族長の権力は一般に次のようなときに発揮される。宗族の財産を所有し管理するとき、族中のトラブルを鎮め一般の民事事件を処理するとき、族規に対し深刻な違反をした婚姻に干渉するとき、族規を破った者を処罰するとき、等々。比較的大きな宗族は、成員の行為規範を厳格に定めている。すなわち族規である。族規の名称は大変多く、家矩・家規・家法・家范・宗式・宗訓等々がある。こうした成文法は、社会一般の道徳や文化の理想を示している。ある族規は、族員は必ず政府の法令を順守しなければならないと規定する。すなわち「王章を尊べ」「国典を崇べ」「国法を守れ」「国課を重んぜよ」などと、族衆は怠慢であってはならないと命じて、さもなければ厳しく追及するとしている。こうした族規は、実際、部分的には政府の法令としての役割を果たしている。その他に、族規の中にはいつも「男女を別にす」「夫婦を正す」「閨門を粛《つつし》む」「嫁を訓《おし》える」に始まって「ひそかに蓄財することを許さず」とか、「婦女の軽々しい外出を許さず」とか、「再婚とは節を失うことなり」などの制限がある。族規の定めを順守すれば表彰される。例えば節婦貞女のために記念碑が立てられたり、孝子の事跡が族譜に記録されたりなどのように。族規に違反した者は、懲罰を受ける。軽い場合は、飲酒の席で罰せられ、宗族大会で名指しで批判されるだけだが、重い場合は宙づりにして叩かれたり、果ては川に沈められたり、生き埋めにされたりすることもある。一般的に言えば、こうした行為規範はすべての成員に適用される。しかし、日本人同族組織においては、こうした統一的で明確な、そ

7　『蕭山管氏宗譜』巻四「祠規」参照。

して全ての成員に対して適用される規則を欠いている。本家と分家とは異なる地位にあるから、本家の成員に適用される規則は分家の成員には必ずしも適用されず、長男に適用される規則は長男以外の者には必ずしも適用されないのだ。

(四) 祖先崇拝

中国の宗族であれ、日本の同族集団であれ、いずれもある種の祖先崇拝を行っている。だが、中国人の祖先崇拝は日本人のそれに比べるととても発達しているうえに精細である。解放前、たいていの中国人の家には祖先の位牌を入れた厨子が有り、人々は定期的にそれに向かって拝んでいた。全ての宗族集団は自分の墓地を持っている。かつて富貴な人たちは、生前の住まいさながらに墓地を豪壮華麗にこしらえた。人々は自分の住む家を「陽宅」といい、墓地のことを「陰宅」と呼んだ。毎年の清明節には、人々は食べ物を満載した籠を持って墓地に行き、亡くなった祖先に供えた。このことは、死者となった後でも、彼が属していた宗族集団はなお彼を成員と見なし、象徴的な形式を用いて衣食住の用品を提供していることを意味する。中国人の墓地は、亡くなった祖先を追憶する場であるばかりか、超自然の力を崇める場でもある。人は生きている間は絶えず祖先を祭祀し、死後には同様な祭祀を受ける。これは人をある種の生命を超越した体験に誘うことができる。人は心の中に何か鬱屈したことがあれば、いつも宗族の墓地にいき、泣きながら訴えるのだ。この意味からすれば、墓地は西洋人の礼拝堂や教会のような作用も果たしている。そうして人々は、墓地の「風水」は現実の生活に影響していると考えたがる。豫東地区では、多くの人が今もなおそれを信じていて、もし家に男の跡継ぎが少なかったり、また一人もいなかったり、貧しかったり、いつも病人がいたり、突発的な事故に見舞われたり、男の子が嫁を娶れなかったり、女や家畜が奇妙な孕みかたをしたりすれば、それは墓地の風水が良くないせいだと考える。

墓地を除けば、解放前まで、族員が多くかつ富裕な宗族は、家廟つまり祀堂を所有していた。祀堂には初代から最近死んだ者まで、全ての祖先の位牌が安置される。一般的に言えば、各枝分かれ集団の祖先祭祀の儀式はそれぞれの墓地で行われるが、宗族集団全体の祖先を祭る行事は祀堂で行われる。こうした状況は今なお続いている。蘇陽氏は一九九二年に中国西北地方の大川村の孔姓が「大成殿」において大型の祭祀活動を挙行したことを報告している。[8] 祀堂は、宗族会議を開催したり、族中の規則違反者を懲罰する場でもある。

日本人の祖先崇拝は、中国人と明らかな違いがある。彼らはただ自分たちにとって身近な祖先を崇拝するだけで、遠い祖先を崇拝しはしない。村中の姓氏を持たぬ「百姓」が集まって一緒に祭祀活動を挙行しても、彼らが共通の祖先を持っていることを必ずしも意味しないし、またそれを証明する方法もない。彼らは、今なお記憶に新しい亡き父母や祖父母あるいは近親者のために食べ物を供える。「墓地においてさえ、曽祖父母の墓標になると消えかけた文字の書き替えも行われず、三代前の先祖でさえ、それが誰の墓であるかということが急速に忘れられていく。日本の家族的つながりは西欧と大差のないところまで狭められている。おそらくフランスの家族がこれに最も近似したものであろう」。[9] それゆえ日

8　蘇陽「敬祖祭祖活動における村民と組織：一九九二年中国西北孔姓の山村での実地調査」（『社会学と社会調査』一九九三年一・二期合刊）五八〜七二頁参照。

9　R・ベネディクト前掲書　四四頁参照（日本語版は、六二一〜六二三頁）

本人は祖先を崇拝しているのだけれども、いったん死んでしまえば、心の中では彼が家族の一員としての資格を喪失したと考えがちなのである。日本には中国のような発達した家廟がなく、祖先崇拝は通常家の中で行われる。日本人も墓地を持っているが、たとえ金持ちの墓地でも、中国人の墓地のような豪壮華麗さはなく、またそこには、中国人の墓地のように、生者との間のある種緊密な精神的繋がりもない。墓地に埋葬される者が全て血縁者とは限らないし、家僕や作男や番頭といった非血縁者も含まれる。日本人も常に祖先の位牌は神様や非血縁家族の位牌と一緒に家の中の仏壇の中に置いている。

(五) 凝集力と団結心

凝集力と団結心、これこそ中国人宗族組織と日本人同族組織を比べたときの最も大きなそして最も重要な差異である。

中国人宗族組織は高度の凝集力と団結心を有している、ところが日本人同族組織のそれはいささか弱いようである。中国人宗族組織の凝集力と団結心は主に次のいくつかの点に発揮される。第一、成員に対して各種の保護を与えること。いわば個人を守ってくれる安全地帯である。その与えられる保護とは先ず経済的なものだ。宗族は、全ての者が必要なときに宗族集団から援助を受けられることを保証している。貧しい者は救済してもらえるし、金持ちは支持者と追随者を得られる。宗族からの救済が時に言うに足らぬほど微々たるときでも、そして族中の金持ちが救済を表向きの口実に搾取していることが否定できないようなときでも、確かにそれは中国の伝統的な社会福利の主要な形式なのだ。もう一つの保護は社会的なものだ。全ての成員は出生により宗族の中で一個の立場を永久に手に入れ、そして全ての成員が年齢を重ねるとともに子や孫の尊敬を受けることが保証される。親族集団の外で何かへまをやらかした場合でも、宗族集団に戻って保護を求めることができる。宗教的な面での保護もある。宗族組織は祖先崇拝の儀式を子々孫々途切れることなく執り行うことを保証している。この儀式が継続して行われるということは、たいていだれでも死後に同様な祭祀が受られることを意味する。人は、こうした祖先崇拝から生命の永遠を感じ取ることができる。

第二、宗族集団の成員たちは皆非常に強力な連帯感で結ばれていること。全ての成員は自分がその一員であることに誇りを感じている。この連帯感は先ず栄誉を受けたときに発揮される。族中のだれかが大きな栄誉を受けるか、または高い地位を得たとき、彼は幼い頃から頼りにしてきた族人集団を忘れてはならない。彼は、たいていの場合、この栄誉と地位を彼が属する族人集団とできるだけ共有しようとする。このため中国人にとって、伝統的に「先祖の名を挙げる」ことが、功名を求めるうえでの最大の原動力となっている。人は故郷を出て官僚になっても、「錦を故郷を飾る」「栄えてふるさとに帰る」ことを忘れない。宗族の全成員（とりわけ直系の祖先と子孫）は、こうした栄誉の一部は当然自分のものでもあると考えているから、自分も誇らしく感じる。このように成功した族員は、この栄誉を族中の人とできるだけ共有しようとするばかりか、族中の人にもそれを分け与えようと考える。中国の古い言い伝えに「一人が道を得れば、鶏や犬まで昇天する」とあるが、これはこうした栄誉の共同享受を言う。このほか、こうした連帯感は責任の分担にも表れる。過去の中国で、族中の成員が重大な罪（例えば朝廷に対する反逆）を犯したとき、この者に対する処罰が宗族全体の成員にまで災いすることがあった。いわゆる「九族を誅滅する」「万門を抄斬する」[10]ことこそは、連帯して責任をとらされることである。族中の成員はこれを宗族集団の恥辱であると考える。「文化大革命」のときの「株連」(連坐)は実際こうした連帯責任の残滓だった。それゆえある中国人が社会で成功を収めると、真っ先に思い浮かべるのは、伝統的に「先祖の名を挙げた」ということだ。すなわち先祖や族中の皆と、獲得した名誉を分かち合うのだ。そして彼が失敗したとき真っ先に思い浮かべるのが「先祖に恥をかかせた」「江東の父老に合わせる顔がない」[11]ということだ。こうした強烈な連帯意識が、一面では古来中国人が積極的に功名を追及して事業を興すときの最大最強の動機ともなり、他面重苦しい人間関係の重圧ともなる。閨閥人事といった腐敗の風潮の文化心理的淵源となっている。

第三に、比較的強い求心作用と団結心。戦争や飢餓そして移民などが理由で、宗族の成員が離れて暮らすこともあるが、しかしそのようなときでも宗族集団はいつも安全地帯として庇護してくれる。どこへ行こうが、どれほど離れていようが、地位にどれほどの変化があろうが、成員資格を失うことはあり得ないし、その宗族集団の責任と義務を忘れることもない。中国人は皆、伝統的に、自分の宗族集団に回帰しようとする心理的傾向を持つ。過去の中国人はどれほど大官に出世しても、罷免されたり引退した後は、故郷に帰るのが第一の選択であった。今日、世界各地に広がっている華僑やその後裔たちの、なかでも年老いた世代に、等しく「落葉帰根」(落ち葉となって根に帰る)の考えがあるのは、こうした求心的傾向の反映そのものである。宗族集団としてみれば、宗族の成員がどこへ行こうと、なお族員の一人と見なすわけで、族譜を編纂するときも、彼の名前を決して忘れたりしない。家譜は、時間上は、全ての死んだ成員と生きている成員を含み、空間上は、各地に散らばっている支系の者も、その地位や貧富の如何にかかわらず、可能な限り含む。この極端な例が二つのスーパー宗族、孔姓と孟姓だ。孔氏の宗族は孔子一人から出ており、孟氏の宗族は孟子一人から出ていて、彼らの系譜は混乱もないままに今日まで保持されている。今日、全国各地に散っている孔姓や孟姓は、皆二千年以上も昔の孔子や孟子を祖とする血統を辿って、そこから彼らが一つの宗族に属していることを証明することができる。一般的な宗族集団は、これほど極端ではないにしても、求心的かつ凝集的傾向を持っていることに変わりはない。家族は、いついかなる状況下でも、常にその成員が戻ってくることを歓迎し、かつ各種の援助を与える。新聞やテレビなどでいつも目にする、海外の華人が故郷を懐かしがって帰ると、故郷の人たちから熱烈な歓迎を受けるという報道などは、このことを生き生きと説明している。

宗族集団の成員間の連帯責任は、彼らを常に一致団結させる。普段は互いに助け合い、外から脅威が降りかかれば、共同してそれに当たる。共同の墓地や祀堂・家譜はこうした団結を生み、族中の有名人の誇りもこうした団結を更に強化する。さらには、二つかそれ以上の家族が同じ姓でありながら、共通の祖先やまた系譜上の繋がりが必ずしもなかったり、またそれを証明できないようなときでも、地域での生活上の地位を高めるために、それらの家族が人為的に連合するというような状況すらもありうる。こうしたやり方を「連宗」という。もちろん、宗族内部に階級の分化も圧迫や衝突もないなどと言おうとしているのでも、また族人の団結はいかなる時でも牢固としていて有効に機能しているなどとと言おうとしているのでもない。事実、族人を団結させるための施設やスローガンが、族中の金持ちや高位者

10 【訳注】いずれも一族全員を死罪にし財産を没収する意味。

11 【訳注】項羽が劉邦との争いに敗れて自刃するときの言葉、『史記』項羽本紀参照。

に利用されることもしょっちゅうある。族内の階級分化も極めてはっきりしている。内部がまとまっていない宗族があるのも確かだ。しかし否定できないのは、われわれの社会や文化が全体としてこうした団結をとかく鼓舞しがちであり、しかもこうした呼びかけは確実に多くの中国人の心を打つことができるということなのだ。

それに比べると、日本人同族意識における求心力はかなり弱く、個人に対する拘束力もかなり小さい。「血縁資格」よりも共同生活の「場」を重視しているために、個人が所属する族人集団をひとたび離れてしまうと、理論上は成員としての資格を失うことになる。それゆえ再び族人集団に戻ってきたとしても、中国人が受けるような歓迎は全く受けられない。中根千枝は、「日本では、いったん自分の村を離れ、他の地に長く滞在した者にとって、再び村人になるということには非常な社会的抵抗がある。自分の父が生存していればまだいいが、兄弟・甥の代になってしまっている故郷の家というものは寂しいものである」[12]。これは日本人学者の見解であるが、このことはわれわれが手に入れた実例と一致する。

両種の宗族組織の凝集力が異なることを説明するために、いくつかの具体例を挙げよう。

筆者の西村での調査によると、解放後に項氏の宗族に戻ってきた例が二つあった。一人はXDSという族人で、約五〇年前祖父に連れられて西村から一五㎞ほど離れた溝村に越して行ったのだが、一九六六年に戻ってきた。彼が戻りたいと申し出たとき、族中の近親者は既に死亡しており、遠縁の姪がただ一人いただけだったにもかかわらず、相対的に見て近親であるという者たちから熱烈な歓迎を受けた。彼らは引っ越しの手伝いをしたうえに、家を建てるための費用まで提供した。二つ目の例は、一九八八年のことである。当事者XWXは、四、五歳の時に父母と死に別れたために、秦奉村(西村から一・

五㎞）に嫁いだ姉のもとに行きそこで成長した。五〇年代に湖北省の洪湖県に移り、一九八八年に西村に戻った。彼の一家は六人だったので、村は彼らに六人分の土地を分けてやる必要があった。このために西村の人々は犠牲を払った。彼らはその一家を拒絶してもよかったのだが、しかしそうはしなかった。村はすぐさま彼らに土地を分けてやったうえに、家を建てるのを手伝い、彼の息子のために嫁まで世話してやった。筆者が彼に、幼い頃から暮らした秦奉村に戻らず、勝手も知らない西村に戻ってきたのはなぜかと問うたとき、次のように答えた。「姉が死んで、もう肉親はいないのだから、やっぱり族に戻るのがいい」と。村に戻ったばかりの時は、誰一人顔見知りはいなかったが、ここ数年はよそ者だからということで除け者にされたような感じは少しもなかったとも言っていた。これらは西村の项氏という宗族の二つの例に過ぎない。こうした例はその他の宗族にもあることだ。実際この二つの例が示す中国の族人集団の強力な凝集力は、ある程度普遍的な意味を持っている。

われわれはもう一度日本の場合を見てみよう。日本の侵華戦争時に、中国に残留した日本人孤児の日本での肉親探しの事例が、日本の族人集団が中国の族人集団と異なる特徴を持っていることを明らかにしている。

一九八一年から一九八七年初まで、前後一五回、合わせて一四八八名の日本人孤児たちが帰国して肉親探しをした。彼らの大多数は中国で成長し、その生活習慣や価値観は中国式のものであった。彼らは日本に戻った後、いくつもの大きなカルチャーショックを受けた。例えば言葉が通じない、生活習慣が

12　中根千枝『タテ社会の人間関係』（四四版　講談社　一九七六年）六一頁参照

違うなどであったが、中でも彼らが最も意外に感じたことは親戚たちの冷淡な態度であった。報道に拠れば、MTという名前の孤児が、一九八六年に一家五人で永住帰国し、ある親戚一家と一緒に暮らしていた。間もなく、関係が非常にぎくしゃくして、別々に暮らすほかなくなってしまった。別れた後、両家族は二度と行き来しなくなった。その主な原因は、親戚たちは彼のあまりにも人に依存した生活態度に応えきれなくなってしまい、彼のほうも冷淡な人間関係に我慢ならなくなってしまったのだ。親戚たち言わせれば、家探しを手伝ったり、食事の面倒を見てやっても、「ありがとう」の一言もないのは我慢できないということであり、彼に言わせれば、親戚の仲間入りをしたばかりなのだから、世話を受けるのは当然のことだし、これまでだって最低限の世話しか受けていないということなのだ。彼は小さな頃から親族集団が固く結びつき相互に助け合う中国で暮らし、困った者がいれば皆が助けてくれたし、親戚に助けてもらうのに遠慮は要らなかった。[13] 中国に残って中国人と結婚した日本女性が日本に帰ったときは、それ以上に親戚たちから除け者にされた。挙げ句は、日本の親戚たちから会うことさえ拒絶された。例えば、一九八六年の年末に、六人の日本人妻たちが日本に行ったときには、日本の親戚は迎えてくれず、旅館で大晦日を過ごすほかなかった。[14]

筆者が把握しているたくさんの帰国孤児たちの生活に関する報道の中で、親戚づきあいが希薄であることを嘆いているのが目を引く。ところがその反対の、骨肉の情の深さに感動したり、親戚たちの熱烈な歓迎を受けたという報道はひとつもない。このことは中国の親族集団が戻ってきた者を歓迎するときの様子ととても対照的だ。更にもっと考えさせられるのは、こうした冷たい仕打ちを受けたという報道について、日本の社会は何の反応も示さないし、人々はそれを当たり前のことだと考えているらしいことだ。このことを、両国の経済レベルが違うために起きたこと、すなわち日本人は自分がまきぞえになることを恐れているからだと解釈している人もいる。しかし、豊かなところから帰ってきた日本人にしても、受ける扱いは大していいものではない。[15] 筆者は日本の親族集団の構造上の特色からこの現象を解釈したい。「場」を重視する親族集団は、「血縁資格」を重視する親族集団のような求心力は全くもっていない。「場」を重視する制度の下では、人と人との親密さの度合は、触れあう時間やその頻度と正比例する傾向がある。いったんその場を離れてしまった後では、中国人のいわゆる「去る者日に以て疎し」の状況が生まれやすく、しかも再び親族集団に戻ってきたときには、除け者にされやすい。

二　族人集団の変化

（一）族人集団が変化していく異なったプロセス

上述した諸特徴の分析を通して、中国人宗族集団が日本人同族集団に比べ発達しかつ精巧にできていることを見てきた。宗族組織は、中国人の世界観や行動様式にも深刻な影響を与えている。F・シューの説によれば、宗族は中国人にとって最も主要な二次集団である。多くの歴史学者は中国を「宗法社会」と呼ぶ。名前がどうであれ、この事実こそは、宗族制度が伝統的に中国社会の一大特色であることの反

13　朝日新聞　一九八七年二月五日付
14　同一九八七年一月一三日付
15　このことについての報告や論著は大変多い。中根千枝の『適応の条件』（講談社　一九七二年）・稲村博の『日本人の海外不適応』（ＮＨＫブックス　一九八〇年）などを参照されたい。

映なのだ。宗族制度がわからなければ、中国社会がわかるはずないし、中国人の文化心理もわかるはずがない。政治的には絶えず王朝が代わり、大規模な戦争や人口移動も絶えずあったけれども、しかし宗族制度そのものがひどく破壊されたことはない。宗族制度が中国数千年の文明社会の基礎を形成してきたといっても過言ではないのだ。

中国であれ日本であれ、宗族組織の確実な変化はみな近代以降のことだ。交通の発達や人口移動の加速、そして西洋的価値観の影響、とりわけ都市の発達は、伝統的な宗族組織に変化を生じさせた。しかし見過ごしてならないことは、中国と日本が近代社会に向かって変化していく過程で、こうした「家」を基礎として発展してきた宗族あるいは家族の組織が異なった道筋を辿って変化しているということだ。宗族とか家族の持つ力は、今日の中国人や日本人の意識や行動方式になお相当の影響力を持っているが、しかし両者の現れ方は一様でない。

日本が近代社会へと変化していく際に辿ってきたのは、改良というプロセスであった。すなわち家組織は破壊されることなく、しかも自らの手で近代社会に適応するべく改造するというプロセスを辿ってきたのだ。日本人の同族集団組織は改造されて比較的速やかに近代社会に適応し、家族意識は日本的特色を備えた現代企業意識に生まれ変わっていった（この問題に関しては第四章で詳論する）。このことは、日本社会の都市化が、中国社会より早期にかつ速い速度で進行したからばかりではなく、更に重要なことは、日本人の家族組織の構造特徴が近代社会の集団構成のあり方とより大きい相似性を持っていたために、近代的社会組織に容易に転化させ得たことによる。同族集団における母集団（「本家」）と数個の子集団（「分家」）の構成は、近代社会における本社と支社の関係と極めて類似している。人の同族組織への加わり方と、人の現代社会組織への加わり方とが、極めて相似しているのだ。このほか、日本の親族集団が血縁資格を重視するにしても、中国人ほど厳格ではないために、日本人が血縁集団から近代的社会組織に向かう際に、個人の心理や行動様式が受けた障害は、中国人に比べかなり少なかった。

ところが中国人宗族組織の変化はこれとは別なプロセスを経過した。中国は近代化の過程で比較的徹底した社会革命を経験したために、宗族制度が大きな打撃を受けた。主に次のいくつかの点でそれが現れている。

第一は、徹底した土地革命が宗族制度の物質的基礎を破壊したことである。族田・義荘などの宗族の財産は分割され、祀堂は破壊されるか小学校やその他の公共施設に転用された。活動のための経費も場所もなくなったために、これまでのような祖先祭祀ができなくなってしまった。宗族の墳墓を管理する者がいなくなり、どんどん小さくなっていった。

第二は、農業合作化以後に作られた生産大隊や生産小隊が宗族組織の機能を弱体化したことである。生産隊は、先ずなによりも生産組織であったから、土地の経営はもはや一家一戸を単位としてではなく、生産隊によってなされることとなった。生産隊はまた、民事紛争を処理したり、社会福祉・社会互助を行う組織でもあったから、実際上、村民の衣食住全てを管理することとなった。過去に問題が起きれば族長やその他の人望ある族人を頼って解決してきたのだが、生産隊ができてからは、主に隊長や大隊幹部を頼ることになった。このことが宗族組織の機能を非常に弱体化してしまったのだ。生産隊は一般に居住地域ごとに設立される。多くの場合、同一宗族に属する人々がひとつの生産隊に組み入れられはするのだが、一般的にはひとつの生産隊には必ずひとつ以上の宗族集団が含まれる。異なる宗族の人たちが一緒に労働したり、会議を開いたりして、宗族を越えた繋がりが増え、人々の間に新しい絆ができあがっていった。「大釜の飯を食う」生産隊が宗族組織に代替し、各人に新たな安全地帯を提供したのだ。

第三は、階級の重視や旧制度・旧価値観に対する批判が宗族意識をある程度希薄にしてしまったことである。中国共産党は階級区分を重視し、人を財産や搾取状況によって地主・富農・中農・下層中農・貧農と顧農とに分類した。相次ぐ政治運動において、「貧農・下層中農に依拠し、中農を味方にして、地主・富農をやっつける」というやり方は、宗族制度に瓦解作用を引き起こした。共産主義革命は中国人に新しい原則と理想・道徳をもたらし、共産党は中国人を家族と宗族に対する忠誠から抜け出させて、もっと広い社会の舞台に上って活動し、家族や祖先のためにではなく、階級の利益のために献身させようとした。こうした目的を実現するために、新中国政府は、各種の、例えば「親不親は、階級が分かつ」の類の新しい価値観を喧伝することによって、人々の宗族に対する忠誠心を弱めるなどの措置を取り、「移風易俗」[16]を提唱し、古い風俗習慣に反対した。例えば、火葬したり墳墓を平地にしたり家譜を焼いたり死者には追悼会を開いたりして、古く大げさな祖先祭祀のやり方に代替させた。[17]

中国人宗族組織が外部から受けた衝撃は、日本人同族組織が受けた衝撃に比べ遙かに激烈であったと言うべきであろう。だがもしも何千年と続いてきた中国の宗族制度が一度の社会革命のために徹底的に破壊され、宗族制度が中国人に与えてきた影響が日本人に比べてさらに徹底的に取り除かれたなどと思ったら、それは事実に反する。中国人の宗族意識が破壊されたのは、ただ形式上のことで、(共産主義のイデオロギーと)ぶつかったのは表面だけであり、人々への影響力は今なお極めて大きい。なぜなら、それは第一に、中国人宗族組織はもともと日本人同族組織に比べかなり強固であり、かなり発達したものであるからだ。宗族は、中国人の重要な社会集団であるばかりか、同時に中国人の生活方式であり意識形態でもある。宗族制度は、目に見える形（例えば、組織・財産・制度）としては社会革命によって破壊することもできようが、目に見えない形（例えば意識となり生活様式となっている宗族）としてはそう容易に変化しないものであり、少なくとも二つが同時に変化することはそれほど容易ではない。極左路線が取られたときですら、宗族制度は表面的に弱体化したに過ぎない。中国人宗族組織は、近代社会組織に転化していく過程で、日本人同族組織に比べ、遙かに大きな困難に直面している。第二に、宗族の力を弱める最も有効な手段は、都市化である。大都市では、人々は様々な地方からやってきて、親族関係も希薄で、宗族としても強力な拘束力を持つ組織を作り上げることができない。中国では、社会革命が行われた後も、都市化のテンポは緩やかで、大多数の人々はなお同族同士が固くまとまり、伝統的な力が強く残っている村落社会で生活している。このような社会では、宗族の力を弱めることはとても難しい。族田を分配し、祀堂を取り壊し、族墳を平地にすることはできようし、また強制的な方法で宗族の祭祀活動を止めさせることもできよう。さらにはまた威嚇的な「旧を破り新を立てて、風を移し俗を易える」といった大衆運動を展開することもできよう。しかしそんなことをしても宗族制度の表面をひっかくだけだ。こうした外からの力がいったん弱まると、宗族の力は再び盛り返す。人々がなお農村に暮らそうとする限り、そして新しい社会関係が打ち立てられない限り、宗族の繋がりがその重要性を失う

16 【訳注】これまでの風俗習慣を一変させること。
17 一九九〇年二月一六日付『光明日報』の江蘇省建湖県の平墳についての報道を参照。

ことはあり得ない。

それゆえ、八〇年代初め農村で責任制が実行された時、政府が村落社会への干渉を減らしたところ、宗族の力は再びその重要性を発揮した。責任制の実行により生産隊の役割は大幅に縮小され、一家一戸は再び経済的に独立した生産単位に戻った。どの家族にせよ、働き手が少ないと、あれこれと手助けが必要となるわけだが、こうした状況下で宗族の繋がりが再び重要なものに変わっていった。その他、責任制になってから農村の各家族間のトラブルが激増した。土地の分配・化学肥料・引水・電気の使用・請負項目の調整などの問題でしょっちゅう対立が起こった。自分の利益を確保し、また他人に馬鹿にされないために、もともと疎遠だった親戚・族人がまたもあれやこれやと近づき始めた。ある宗族は族譜を再編纂し、祀堂を再建し、長いこと中止していた祖先祭祀の活動や、その他、祖先崇拝の儀式を再開した。法事の場所をこしらえ、「紙人紙馬」[18]をこしらえ、豪華な墳墓や棺をこしらえ、幟《のぼり》を立てて棺《ひつぎ》を送るなどといったことが再び盛んになってきた。農村だけでなく、上海・広州のような経済の発達した地方でも宗族パワーの復興が見られる。

(二) 現在の中国人宗族パワー

以上をまとめると、宗族制度が現代中国人に与える影響力の大きさを、以下の二点から知ることができる。

第一は、宗族はある有形の社会制度の形式をとって、広大な農村部で今なお人々の行為規範として比較的大きな力を持っていることだ。農村の宗族組織は今なお一部で法の執行機能を持っており、人々の行動を規定したり、婚姻に関与したり、社会福祉と相互扶助の役割も果たしている。筆者が調査した西村の項氏宗族では一九八五年に「宗譜」を再編纂し、平らにならされてしまった祖先の墳墓を立て直した。一九八六年の清明節からは大規模な祖先祭祀の行事を復活し、同族間の親近感と連帯感が再び回復した。その他、宋挙誠《そうきょせい》・喬潤令《きょうじゅんれい》両氏が行った山西省臨汾《りんふん》・長治及び雁北《がんほく》地区の三つの県と四つの郷にまたがる八ヶ村の調査によると、「西賈《せいか》郷徳西毛《とくせいもう》村の李姓家族は共同の墳墓と祀堂《しどう》を持っている。毎年の清明節には、四つの同世代の家族が輪番で祖先祭祀の儀式を主催することになっている。こうしたことをする目的は、彼ら自身の口から言わせると、『子や孫の世代の連中に見せておけば、自分も一族の一員であることを忘れないだろう』ということだ。これは実際、家族の団結を強化して、それによって互いに助け合い、外からの圧力が加わったときには、一致してそれに当たることを意味している」と言っている。[19] また、彼らは現在当該地区で家族の勢力が新たに台頭してきたことの現れとして、次のように述べている。

まず、兄弟の多い家族がつくる勢力。こうした家族は必ずしも「四世同堂」の大家族ではなく、幾人かの兄弟はみな独立している。だが、直接の血縁関係にあり、しかもどの家にもはたらき盛りの若い男がいるために、一家で事が起きれば、みなが出動する。

次ぎに、同族の家族がまとまってつくる勢力。こうした勢力は「五服」ほどではないものの、血縁で結ばれた親戚同士の緩やかなネットワークを作っている。その結びつきはさして緊密ではなく、以前に

18　【訳注】葬式に用いる紙製の人形や馬。死後の生活に不足がないようにとの宗教的理由による。紙銭を死者のために焼くのも同じ理由による。

19　宋挙誠・喬潤令「家族勢力の変化及びその農村生活への影響」（『社会学と社会調査』一九八八年三期）一七～三五頁

比べれば遙かに緩やかである。しかし、彼らは人数が多く、そのカバーする範囲が広いので、農村生活においては大きな役割を果たしている。

第三に、姻戚との連携による勢力。これも家族勢力のひとつの重要な現れであり、姻戚関係は農村においてはごく普通にある。姻戚となる理由は、多くの場合、一定の実力と支持を手に入れ、ある家族の勢力に加わるためである。村の中の小戸・小姓の者は姻戚を結ぶことで、大戸・大姓の家に仲間入りしようと切に願っており、農民自身もそれを「先天の不足を後天で補う」と称している。

また、宗族勢力が政治権力に与える影響については次のように言っている。

表面的に見れば、村の幹部は大権を握っており、村の形勢を左右している。しかし、われわれの調査が進むにつれ、現在の村生活の重要な場面で決定的な役割を果たしているのは家族勢力だ、ということがわかってきた。村では、事の大小を問わず、常に背後にある複雑な家族関係のネットワークがからんでいる。村の幹部が当選できるかどうか、仕事がうまくいくかどうかは、背後にある家族関係と大いにかかわってくる。彼らが職権を行使するときには、村の各姓各家族間の関係を考慮しなければならず、村幹部はわれわれに、「自分のやることは、『半分は人情、半分は公事』であると言っている。村幹部自身、家族の網から抜け出ることはできず、実際汾城《ふんじょう》鎮西圪《せいきつ》村の五人の村幹部中三人が親戚または姻戚関係にある。

目下、農村で「族譜編集」の風が盛んなのは、宗族の繋がりが強化されていることの現れである。八〇年代以来、多方面から報道がなされ、人々の注目を集めている。[20]

第二は、ある種目に見えない「深層結合」の宗族制度が、中国やその他の社会組織の構成方式及び中国人の行動方式になお深刻な影響を及ぼし続けていることだ。農村と異なり、現在の中国の大都市でなお重要な社会的経済的機能を持った家族あるいは宗族集団を見出すことはもはや困難である。しかし、この制度は今も人々の思想や行動に影響し続けている。中国人は家族制度という安全地帯の中で生活し

20　一九九五年一二月二一日付『光明日報』に「農村の修譜の風を助長させてはならない」との評論があった。以下に摘録しておく。

近年、農村では人々の間で資金を集めて族譜を編纂する風潮が盛んになってきており、しかもある地区ではますますそれがひどくなっている。族譜の装丁や印刷は日ごとにその精美さを増し、挿絵や写真等も多くなっている。それらは宗族内の各家族とってある種無形の圧力となって、彼らを支配し圧迫している。この現象は、農村の社会主義精神文明の建設に障害となるばかりか、潜在的に社会の不安定要素を作り出している。

ここ数年、農村の人数のわりに多い姓氏は、族譜を編纂し終わっているか、まだの場合は少なからずその準備中であったり相談中であることが分かってきた。この種の修譜活動は県・省・国をまたがっており、およそ自分たちの姓氏と関連がある者は一切合切書き入れてしまう。修譜をめぐって、各姓氏が互いに競い合っている。例えば、趙姓の族譜が活字印刷なら、張姓の族譜は電子印刷、孫姓の族譜は白黒なら、李姓の族譜はカラー、等々というように。各姓氏の間の「競い合って勝とうとする」ことが、族譜の印刷費用を一冊当たり二〇〇元前後にまで押し上げてしまっている。この他、族譜を出版してからも、「族長」は族譜刊行の記念式典を盛大に行う。果ては、「族戯を歌ったり」、「族宴を開く」等々のことまでする。こうした明らかに多額の費用は、族譜のための費用とはみな区別されて、各戸毎に供出させられる。このために、多くの農民は苦しくても何も言えず、ただ族内で馬鹿にされたり虐められたりすることが心配なものだから、何とか金を掻き集めて納めるほかどうすることもできない。（一三九頁へ続く）

てきた。もしこうした安全地帯がなくなってしまったら、それとよく似た機能を持ったものを新たに作り出そうとするであろう。新中国の企業組織の構成方式や人間関係のモデルなどは、宗族制度の影響を受けているといえる。こうした影響があっても、多くの場合われわれはこのことに気がつかないだけなのだ。解放後相当長期にわたって、いくつかの企業（例えば、鉄道・郵電・教育などの部門）は内部から新規採用したり退職者の補充をしたりする場合、子供は父母の職をそのまま引き継ぐことができるというやり方を取ってきたので、企業の中の人間関係は「親縁化」の傾向を生み出してしまった。こうした状況は、とりわけ山間部に設けられた軍需企業において比較的深刻であった。章啓新氏のレポートによれば、航空工業部に所属する天寧無線電信工場は、創業以来二〇年間、「需要に見合った生産を行いながら職工の家族の面倒を見ることが困難だったために、職工の配偶者や子女及びその親族らを常に採用してきた。現在、一家族内で二人以上が同一工場に勤めている職工の割合は七八・九％である。創業した当初は、一家族三人が同じ工場に勤めるなどということはほとんどなかったようであるが、二〇年を経過して総数の三八・九％がそうなっている。工場の規模が変わらずこのペースで行けば、一・二年後には三人以上の親類関係にある者が就業している率が全体の七〇％を占めるまでになろう」「山間部の少なからぬ軍需企業では、さまざまな繋がりの親戚関係にある職工がもはや全体の五〇％以上を占めている。ある老職工は子供が比較的多く、また職場結婚して一家を形成したので、既に数十人にも上る親類関係のネットワークができあがっており、企業のなかでひとつの巨大な家族を作り上げている。こうしたことが蔓延していけば、遠からず、ひとつの親類関係のネットワークが企業全体を覆い尽くし、絶対多数の職工たちは封建的色彩の濃厚な宗法集団に隷属させられることになろう」[21]ということだ。

もちろん、この種の軍需企業は特殊な例だ。なぜなら、都市から辺鄙な山間部に移転して、周囲の農村との往来もほとんどなく、経済的文化的に閉鎖された孤島になってしまっているからだ。しかしこうした「親類化」現象はいくつかの企業（とりわけ郷鎮企業）にも少なくない。このために、ある人はこの種の現象を郷鎮企業における「二大爺」現象（お互いに名前で呼ばずに親族間の称呼で呼び合う）と言っている。筆者の知る豫東地区のいくつかの県営・郷営工場はこうしたやりかたで新規採用を行っている。工員たちがめいめい自分の親族を紹介すれば、試験で選抜する必要がなくなる。これは実際、工員たち

21

（一三七頁の注20の続き）こうしたますますエスカレートする「修譜の風潮」は、農民の負担を増すばかりでなく、宗族観念をひどく強固なものにし、地方末端の党組織の指導力を弱め、封建的迷信の蔓延を助長し、ついには社会の治安を脅かす芽となるだろう。例えば、ある強い姓が弱い姓を虐めたり、族内にトラブルが起きても、村や郷の幹部に解決を委ねようとせず、「族長」に解決してもらおうとする。また例えば、清明節の時などに族姓が祭族活動を大々的に行う。そのときに墳墓を巡って往々宗族間の紛争や武闘もおこる。そんなときに地方幹部が出ていって説得しようとしても、そんなことでは済まない。ところが「族長が号令一下すれば、直ちに収まる」。この他、修譜は「男尊女卑」の封建思想を強化する。なぜなら、族譜の規定では、女の子は書き込まれないのだ。このように、元々困難な農村部での計画出産事業が、いっそう困難になってしまう。

……農村の「修譜の風潮」が盛んなわけは、伝統が影響している他に、次のようないくつかの理由がある。一つは、「文革」期に族譜を焼かれてしまったために、ある人々は族譜の夢をずっと暖めてきたこと。二つは、社会の転換期にあること。ある人にとっては市場経済の競争に適応できず、修譜に心の拠り所を求めているのだ。三つは、「族譜」を通じて、誰が権力を握っているかその内情を知って、それでコネを使おうとすること。四つは、少数の「金持ち」が族に名を残そうと考えていること。五つは、宗族主義の亡霊が復活し封建的迷信が横行していること。この他、地方幹部が黙認したり関与したりしていることや、同じ血族で国外で仕事をしている者や退職者らの協力なども大いに関係がある。

章啓新「山間部の軍需工場の人間関係の親縁化とその対策」（『社会学と社会調査』一九八八年三期）一四〜一六頁

に元来の親族関係を工場内に移植させることになる。

現在の大都市の多くの「工作単位（勤務先）」は農村の「生産隊」のようなものであるが、ある程度までは家族としての機能も備えている。今日、大多数の都市に住む人は皆ある「単位」に属している。中国人の「単位」は外見上は通常次のような特徴を持っている。すなわち高くて大きな塀が単位の内部と外部を仕切っており、門には衛守と受付が置かれ、部外者をチェックしている。歯磨き工場であれ、歌舞団であれ、はたまた学校であれ政府機関であれ、その内部には幼稚園・医務室・映画館・プール・売店・銭湯等々…が欠かせない。大型企業の単位は、監獄以外は何でも揃っている。更に裁判所・派出所、そしてそれなりの規模を持つ火葬場さえ揃っているのだ。このような単位はまるで小さな国家のようだし、荘園のようだし、また「都市の中の村」のようである。その機能から見れば、われわれの単位は実際上、大家族が持つ社会的機能を今なお果たしている。この大家族の中で、人は生まれ、育ち、死んでいく。その帰属先を変えることはできない。家長あるいは族長は、家族成員に対するサービスや管理などほとんど一切を取り仕切る。子供の名付け親となって、学校に上げるところから、家のために仕事に就かせ、結婚させて葬式を出してやるところまで、何にでも関わってくるのだから、「揺りかごから墓場まで」と言ってもよく、成員の一切合切に及ぶのだ。ある「単位」に所属することによって、たとえようもない安心感を持つことができる。もしもどれかの「単位」に所属していなければ、「孤児」も同然で、多くの面倒に直面することになる。おかしな行動をする者がいたり、あるいはよそ者が入ってきて何事かをしようものなら、先ず聞くのは「どちらの単位の方ですか」である。そう聞かれて答えられなければその人は信用されない。「単位内部」の規定は、「単位外」の人には決して適用しない。当該単位の人のプール入場料が五元だとすると、よその単位の者はその倍額。八〇年代中期までずっと、大学の卒業生はみな単位に「分配」され、しかも大体の場合それは終身雇用であった。単位に属することが、安定した安全地帯にいられることだった。単位から解雇されることなどあり得ず、「鉄の飯椀」は生活の安定を保証した。しかしその見返りに、終生単位に忠誠を尽くさねばならず、「工作単位」を変えようとしてもそれは非常に困難であった。単位が収入を決定し、住まいを分配し、医療保健のサービスを行い、子供に託児所や学校を提供し、配給切符や映画の入場券を配り、「春の旅行」や「秋の旅行」を組織した。工場のリーダーは生産を管理するばかりでなく、職工の宿舎や療養所を手配し、新年や節句の折りには魚肉を配給し、政治教育をし、交通規則を守らせ、さらには「五講四美三熱愛」教育[22]や適齢期を過ぎた男女の恋愛結婚問題まで、さらには計画出産等々まで考えてやらねばならない。こうした情況下では、トップは、管理者であるばかりでなく、家長でもあり、職工たちの父母官[23]である。改革開放以来、こうした状況は変わってきたが、しかし単位が持つ家族としての機能は大多数の者にとって今なお極めて重要である。大多数の者は、単位が分配してくれた住宅に住んで、単位のさまざまな福利を享受している。新年や節句になると多くの単位は魚や肉、食用油、果物、卵などを配る。もしも単位に突然このような機能がなくなってしまったら、われわれはきっと受け入れ難いだろう。現在の改革でのいくつかの恨みや不満の多くはこうした受け入れ難さからきたものと言える。

---

22 【訳注】それぞれ講文明・講礼貌・講衛生・講秩序・講道徳、心霊美・語言美・行為美・環境美、熱愛祖国・熱愛社会主義・熱愛共産党を指す。

23 【訳注】父母ともいうべき保護者の意。かつて地方官僚はその土地の民衆の父母として振る舞った。

都市化の進展につれ宗族組織は間違いなく衰退し、宗族制度の影響力も弱まった。中国の都市の企業改革が進むにつれ、中国人の「単位」も次第に家族としての特色を失い、現代企業に転化していくものと思われる。長期的に見て、宗族制度に対して更に大きな影響を及ぼすのは、現在実施されている「一人っ子政策」である。もしもこの政策が三世代にわたって実施されたら（当然永遠に実行するわけにはいかない）、中国人の親族ネットワークは大いに単純化されて、中国は世界でも最も徹底した「核家族」からなる社会になってしまうだろう。われわれはそうなったときに人々の思想や行動方式にどのような変化が起きるか予測できない。しかし、親族集団を超越した「公衆社団」（public society）や「公衆文化」（public culture）を形成していく上でずっと有利になるであろう。

三　族人集団及び個人の心理と行動様式

（一）個人の心理と行動方式への影響

両民族における族人集団や族人集団としての特徴を備えているそれ以外の集団にとってはそれぞれの構成方式上の差異が、個人としての心理や行動様式に対して異なった影響を作り出している。中国の家族制度のもとでは、個人は人間関係のネットワークにしっかり繋がっているので、その中で人々は無条件で互いに依存しあえる。中国人にとって親族という永遠の安全地帯は、心理的に高度な安心感と落ち着きを与えている。彼の親族集団における譲渡できない身分が永遠に失われることはないし、「仲間はずれ」になる心配もほとんど要らない。たとえ長年離れていても、族人集団は彼に冷淡になることはあり得ず、いつ彼が戻って来ようと歓迎する。このように、彼がそれ以外の集団に加わることに失敗したときでも、受ける打撃はそれほど深刻なものではない。逃げ道が残っているからである。それゆえに中国人はどこにいてもその境遇に悠然と安心自得していられる文化心理を持っている。解放後に形成された仕事のための「単位」も、宗族集団のように個々人に全方位的な保護を与え、高度の安心感をもたらしてきた。西洋の企業は個々人を大きな機械のちっぽけな部品と見なしているから、もちろん個人として高度の自由はあるけれども、しかしいつでも解雇される心配がある。それゆえ自由は十分あるが、安心感が不足する。われわれの単位は個人を子供のように見なしており、あたかも家長が子供を家から追い出すことはあり得ないように、単位が彼を解雇することはあり得ない。彼は仕事を変える自由はないけれども、失業の心配もない。みなが同じくらいの給料をもらい、同じくらいの家に住んでいるために、貧富の差がもたらすプレッシャーもない。人と人の間には何の秘密もなく、競争もない。だから特に他人を警戒する必要もなく、仕事上のプレッシャーもたいしたことはない。彼の一生は概ね決まり切ったパターンで過ごすことになる（改革開放以来、こうした情況に変化が兆し始めた）。この点は伝統的な家族制度が個人にもたらした影響と似ている。

ところが日本人には中国人のこのような強固な族人組織の保護を欠いている。日本人は小集団の中で安心感を求める。この種の小集団の境界は比較的曖昧でしかも変化し易く、その集団の成員資格を失うこともあり得る。それゆえ中国人と比べた場合、個々人は心理的にずっと大きな不安感を持っている。長期にわたり、日本の企業は「終身雇用制」を実行してきており、西洋人のように簡単には解雇しないので、当然ながら日本人に大きな安心感を与えてきた。しかし、この種の安心感は主に個々人が属する小集団を通して実現される。しかもこうした小集団の成員資格は中国人の宗族の成員資格のように生得的でもなく恒久不変なものでもない。そして個々人の親族集団に加わる資格が多くの不確定要素を抱えているように、小集団に加わるときの資格もそれ以外の要素（とりわけ「場」の要素）の影響を受けやすい。小集団を離れた人は、当該の集団から次第に疎遠になる傾向がある。自分が献身する集団との間に帰属にからむ問題が起こったときには、親族集団のような十分な保護がないために、心理的に受けるショックはとても大きい。所属する集団（とりわけその集団が上流社会に属するようなとき）から排斥されることは失敗と零落を意味するので、心理的には極めて悲惨なことになる。彼には逃げ道もなく、またそれ以外の道を選ぶことも容易ではない。それゆえ彼が最も心配することは、「仲間はずれ」、すなわち所属集団から見捨てられることなのだ。人は一般に「仲間はずれ」にされる心配から、所属する集団との一体化意識へと駆り立てられる。その主要な現れが、集団内で上司やその他の権威によりいっそうまじめに服従することであり、自分の序列中の位置をよりいっそう固く守ることであり、己の行動や発言をいつも礼節と己の地位に適うようにし、忠実一途に小集団のためによりいっそう献身することであり、新入りや出戻りに対して優越感を持つことであり、僭越な者や不忠な者に対しては譴責を加えること等々なのである。個人が小集団に献身すればするほど、小集団と心情的に親密と協調の度をいっそう深めていく。しかも小集団がこうした特徴を持っていればいるほど、個々人にとっても、ますます離れることも取り替えることもできないものに変わっていき、そのことからまた更に小集団から見捨てられることに対する恐怖が募ることになる。

中根千枝によれば、中国のように資格を重視する社会では個々人の集団に対する帰属は多重的になるという。すなわち個々人は同時にふたつかそれ以上の集団に所属するのに対し、日本人の帰属する集団は単一なのである。たとえ同時に複数の集団に所属していたとしても、必ずそのうちのいずれかが決定的に重要であり、生死がかかっている集団なのである、と。けれども、筆者は更にこのように考えたい。中国人ばかりかそもそも日本人（あるいはそれ以外の文化的背景を持つ者）でも集団への帰属が単一というこ とはあり得ないし、しかもこうした集団がいずれもみな当人たちにとって同等の重要性を持つということもあり得ない。中国人と日本人が、集団に帰属する上での差異は、多重か単一かにあるのではなく、中国人にとっては、親族集団こそが何ものにも取り替えられない最も重要な意味を持っていること、彼がその集団に加わる資格は明確で恒久的だということにある。ところが日本人にとって、親族集団は決して第一義的なものでなく、最も重要な集団帰属原則は、縁有って加わることになり、朝から晩まで一緒に過ごしている、あるひとつの共同の「場」の中の集団によって決定され、しかもその集団に加わるための資格は不確定要素ばかりなのだ。中国人の背後にはひとつの明確で恒久的な親族集団があるために、彼はいついかなる場合でも、族人の助けを期待できる。親族以外の集団において何か失敗したとき、親族集団に戻って保護を求めることができる。中国人は伝統的に親族以外の集団にそれほどたやすく献身しない。なぜなら彼は親族集団こそが取り替えることのできない第一義的意義を持っていると見ているからである。彼は同時に数個の非親族集団に参加することができる。しかしむろんいかなる集団も親族集団に代替することはできないから、彼に百パーセントの献身を求めることは不可能だ。これと対照的に、日本の親族集団はその重要性がかなり小さい。彼が親族集団以外の集団で失敗（例えば排斥されたり）したとき、中国人のように保護を求めることのできる親族がない。恒久的な拠り所を得るために、彼は縁有って加わることになった団体に献身することが必須となる。ところがいったんその集団への帰属について問題が起こったりすれば、とてつもない災難になる。親族集団はほとんど保護してくれないからである。日本人は比較的容易に非親族集団を形成し、しかも身近な小集団に加わると、その集団と彼の属する親族集団との間の境界が曖昧になりやすく、前者が後者に取って代わることすらできるのだ。

中国人親族集団においては、自分にとっての恩人（父母・族人・親戚）に対して報恩の義務のあることが極めてはっきりしている。家族と親族集団に対する強烈な責任感は永遠に彼の上にのしかかる。彼は小さな頃からしっかり勉強して立派な人になり、両親の面目を立て、家族のために争って名誉を手に入れるよう教育される。これが大きな原動力となって、彼を一生懸命努力して成功するべく促すのだ。上は両親のため、下は子供のため、左右は親戚朋友のために。もし彼が将来官僚になるようなことがあれば、彼はその原動力が父母と親族の励ましの鞭であったことをはっきりと心に刻むことになるだろう。「公を大として私を無くし」、己に克ちて公に奉ずることで家門を辱めないようにせよ、と。だがこれとは別に、彼は家族以外の所から得た利益を親族たちに分け与えることがあるかもしれない。それゆえ彼は、手中にある権力を利用して、自分の親族のために利得を謀ろうとすることもあり得る。前者の場合は、彼はこれによって立派な「清官」となるであろうし、後者の場合は、これによって「貪官」となってしまうであろう。ある幹部は手中の権力を利用して賄賂を貪り、あらゆる手段を用いて我が子の進学や仕事・出国・住宅などに便宜を計り、配偶者や家族のために私利を貪り、ただ縁故に委ねるだけの「閨閥人事」等々をやらかしてしまうのだ。こうした明確に異なる二種類の行為もひとつの同じ動機から出ているようだ。つまり自分の「父老郷親」（親族集団）にいい顔をしたいということである。現在、人々がひどく憎んでいる役人の腐敗行為には、制度上の問題もあれば個人の資質の問題もあるが、確かなことはわれわれの文化の深層構造上の問題だということだ。もちろん、日本にもこうしたことが全くないわけではない。しかし中国人の親族体系の構造的特徴、及びそれが個人の行為にもたらす影響力こそが、「閨閥人事」やそれに類似した人の繋がりをさらに容易に作り出しているのだ。

(二) 族人集団と海外の中国人と日本人

族人集団の構造上の違いは、本土を離れて海外で生活する中国人や日本人の行動方式にも影響を与えている。本土を離れて海外へ向かう中国人は、血縁資格によって構成されている族人集団とよく似たネットワークの中に我が身を置いて自分を守ろうとする。海外の華僑社会においては、さまざまなタイプの「宗親会」が重要なはたらきをする。これが海外華人の社団の一大特色である。アメリカの華僑社会を例に取ってみる。姓氏と家郷を基にできている華僑集団が、華僑社会の組織としては範囲が最も広く、歴史が最も古く、しかも最も基礎のしっかりとした団体なのだ。つまり、「族人集団」は海外に暮らす華人集団の社会組織としてなお大きな役割を果たしているということだ。

華僑社会における姓氏団体の歴史はたいてい一〇〇年を越えている。いわゆる「同姓は三分の親戚」として、姓氏団体が真っ先に華人の子孫をまとめてきた。こうした姓氏団体のあるものはしゃれた名前を付けている。例えば、ニューヨークの場合、昭倫公所（譚・談・許・謝の四姓）、溯源公所（雷・鄺・方の三姓）、梁忠孝堂（梁姓、南宋初期の抗金の女将軍梁紅玉を記念して）、至孝篤親公所（陳・袁・胡の三姓）、伍胥山公所（伍姓、伍子胥を偲んで）、曽三省堂（曽姓、曾子を偲んで）、龍崗公所（劉・関・張・趙の四姓、広東省にある龍崗古廟に劉備・関羽・張飛・趙雲の四人の名将が祀られていたことから）などがあり、また李氏総公所（李姓）、黄氏宗親会（黄姓）、阮氏宗公所（阮姓）、趙族宗親会（趙姓）、馬氏宗親会（馬姓）、梅氏公所などのように、ありふれた名前のもある、姓氏団体の外に、家郷に基づく団体も華僑社会では根強い力を持っている。例えば、台山寧陽会館（台山県）、新会同郷会（新会県）、福建同郷会、聯成公所（全ての非台山籍の者）、三江公所（江蘇・江西・浙江省の出身者）、中山同郷会、南順同郷会（南海県と順徳県）、番禺同郷会（番禺県）、東安公所（東莞・宝安県）、恩平同郷会、開平同郷会、広海同郷会（台山県広海地区）等、その数は数十を下らない。

華僑団体の活動は一般には商業活動に関わることはなく、専ら友誼を繋ぐためのもので、大部分は動産と不動産を持ち、特定の場所を会員の集会のために使っている。日常的には昼食・夕食、麻雀などの娯楽を提供し、また奨学金制度を設けており、定期的によその町の友好関係にある団体と合同で懇親会などを開催している。しかも会員たちは互いに提携しなくてはならない義務がある。新しくやってきた移民が、自分の属する華僑集団に助けを求めてくれば、困らないようにアドバイスしてやる。この他、会員相互で資金を出し合って商売をしたり、あるいは資金を融通しあったり、それなりの規模の信用組合を組織したり、会員に貯蓄を奨励したり、会員に金銭の貸し借りを斡旋する。[24]

家族関係は海外華人の企業経営にも影響を与えている。香港・シンガポール・台湾・アメリカなどに散在する華人企業は活力に満ちているというべきである。これらの小企業が二〇世紀初めから旺盛な発展を遂げるにつれ、海外華人企業の奥妙さが注目を集めてきた。けれども、これら華人企業の重要な特色は結局家族主義だったのである。これら企業を構造の上から見れば、西洋の企業のように独立した個人を単位として契約の原則に基づいて成り立っているのと違い、また日本の企業のように多くの上下関係の特色を持ち、高度に協調のとれた小集団とも違い、海外の華人企業は多く家族を基礎としてできている。海外の華人はある種の高度な自給自足を成し遂げ、家族を中心とする経済観念を持ち、韓国人や日本人のこの種の考え方とは鮮明な対照をなしている。ロサンゼルス西方学院で中国歴史を研究する教授で、中国商業史の専門家でもある陳氏は『日本人のこの種の特色は強大な安定的性質を持っており、これによって彼らは更に大きな実のある協力を実現可能にしている。ところが、中国人のは単なる家族観念に過ぎない。日本人は会社や国家に非常に心を寄せて、血縁関係に限定されない。ところが、中国人は自分の家族しか信じない』と指摘する。家族を中心にしている企業は、時には数十億ドル規模の大企業に発展することもあるけれども―例えば王永慶の台湾プラスチック会社や包玉剛の郵船会社のように―、しかし大多数の海外に散らばる華人企業は、小規模で、家族を中心とする企業である。例えば、台湾の人口は韓国の半分にも満たないのに、台湾にある会社の数は韓国のほぼ三倍もある。[25]

海外の華人組織の典型的特徴は、家族・親戚・同姓・同郷の関係を利用して地域をまたがるネットワークを作ることを重視し、人情・関係・信用を重視することにある。こうしたパターンの有利な点は、異なる文化・政治・経済の環境下に置かれても、人々はその中で自然に相互信頼と相互協力の関係を作り上げ、私的なグローバルネットワークを作り上げてしまえることである。例えば、アメリカに住む華僑はシンガポールやバンクーバーに住む親戚・知人を通じて、シンガポールやカナダにさらにもっと有効

24　香港《信報》の《参考消息》一九九一年九月三〇日の記事から転載。
25　香港《信報》の《参考消息》一九九一年九月一〇日の記事から転載。

な投資もできるし、あるいはハワイの企業家は香港にいる親戚や知人を利用して工場を建て製品を生産したりできる。現在、比較的大きな華人企業として成功するための鍵は、世界各地に散らばる親族・親戚の関係を利用して、私的に情報をやりとりできるネットワークを作って多角経営に乗り出すことだ。こうして家族・親戚・知人を基礎として作られた多国籍企業は、たいてい政府が作った国有の多国籍企業に比べもっと活力がある。中国で今出現している多国籍企業は、将来そうした傾向を更に強めていくだろうし、グローバル化を目指すのは中国の趨勢でもある。この点で、最大限に世界各地に張り巡らした人間関係のネットワークを利用することは、安上がりかつ有効な方法であろう。しかしこうしたモデルの不利な点は、企業管理が家族的色彩を濃厚にしてしまうことだ。つまり、正式な取締役会なしに、集団の経営権がそっくり高齢の「家長」の手に握られてしまうことだ。これでは急激な変化に対応していくのは難しい。人と人との直接的な接触を重視して関係を結び情誼や信用ができていくので、契約に基づいて事を行うという原則をおろそかにしてしまうし、そのために組織が透明でなくなり、平等に競争する雰囲気が損なわれ、さらに契約を基礎としてより広範な人々と組織的協力関係を作り上げていく能力を欠いてしまう。

個人の立場からすれば、親族の強力なネットワークに守られているから、中国人が本土を離れて海外で現地の人と交際する時でも、いつも比較的大きな適応力が発揮される。なぜならこうした交際をしていても、彼が主として帰属している集団との境界が曖昧になることはあり得ないからである。集団を形成する上で「場」よりも資格を重視する場合は、比較的容易に巨大な人間関係のネットワークを作り上げることができるのだ（中国人宗族組織はたいていの場合、地域を越えている）。このことが、本土を離れた中国人にとって、自分が行き来するエリア内に自分と同じ資格（例えば職業や趣味など）を持った現地の人々と抵抗なく交われることを意味する。加えて、彼らと行き来したとしても中国人の主要な集団の帰属までも曖昧にすることはあり得ない。それゆえ現地の人々と交際しても、文化心理上の障害に遭遇することは日本人に比べればかなり小さい。むろん外国人と結婚していても、海外に居住していても、一般に彼らは当地の中国人や中国の親友たちと一定の繋がりや、さらには親密な関係を持ち続けることができる。たとえ彼（または彼女）が海外での長期間暮らしていたとしても、いったん故郷もしくは親族集団のもとに戻ってくれば、熱烈な歓迎を受けるはずである。こうした場合、彼は自文化の個性を犠牲にしてまで当地の社会の保護を求めるといった文化心理上の要請に駆り立てられることはない。時間が経っても彼の「中国人魂」は弱まることはないばかりか、若かった頃のことを懐かしむ思いや族人らの自分に対する親密ぶりや故郷の文化や風物などを理想化しつついっそう強まる。こうして彼らは長期にわたって文化的個性を持ち続けることができ、同化することはない。

これと対照的に、血縁親族のネットワークが日本人の場合はそれほど恒常的でも重要でもなく、しかも彼が帰属する小集団には大きな不確定性があるために、海外の日本人は中国人のように血縁親族の資格で自然と集団を作っていくということがない。日本人にとっては､たかだか姓が「加藤」とか「渡辺」だということで、あるいはたかだか新潟県人だからということで、関係が密でしかも強力な力を持った集団を作るということは理解を超えることなのだ。彼らは自分の生活の「場」にこだわるのであって、血縁資格で多くのグループに分かれるようなことはしたがらない。こうしたことと関係して、海外の日本人組織の典型は、なお「タテ」の特徴を備えている、すなわち組織ががっちりし凝集力の強い各企業は、その触覚を日本本土から多くの国家にまで伸ばしていて、その触覚の末端で人々は互いに結びついている。このため異なる文化・政治・経済の環境の中では人同士の繋がりは比較的弱い。例えば、ソニーの社員同士だと容易に親密な関係を結ぶが、東芝とかその他の会社の海外駐在員との往来はさして多くなく、互いに警戒心を持つことすらある。こうしたパターンの長所は、海外と本国との間に、より密接な連携が取れ、海外の組織はほとんど本国の組織の延長となり、本国の組織と完全に同じ経営方法が採られることである。その成員たちの関係は、ずっと容易に、家族・同郷などを越えて会社や国家のレベルでも、より大きな協力関係を実のあるものとすることができる。しかしその短所は、文化や国家をまたいで関係のネットワークを自動的に形成する力量がないこと、企業が現地社会との融合の度合いが小さいこと、異なる企業間の日本人の繋がりをやや欠くことなどである。

個人の立場からすれば、日本的族人集団の構成の特色からして、彼が外国に行き現地の人と関係を結ぶ際に、少なくとも二つの解決しなければならない問題がある。その一つは、相手と自分が上下の序列の中でそれぞれどのあたりにあるかを先ず見定めたうえで、自分の言行を決定して、あの高度に協調性のある小集団を復元することだ。けれどもこれはたいていの場合極めて困難だ。第二は、なじみの薄い人との交際であまり深入りしてはならないことに注意しなければならない、さもなければ自分が所属する日本人の集団から疎まれるか、果ては見捨てられてしまう可能性もある。それゆえ、小集団を離れて、突然異文化の中にわが身を置いたとき、いつも中国人よりも強いカルチャーショックを受けることになる。日本人が「人見知りする民族」だとか「つきあい下手の民族」だとかといわれる大きな理由は、つまりここにある。海外の日本人には突出した特徴がある。すなわち日本人が親密なグループを作ると、プライベートな社会生活の大部分をそこで過ごすこととなり、現地の人との交際はやや少なくなるということだ。こうした場合、日本人は一緒にお茶を飲み、食事をし、おしゃべりをし、出社するときも一緒、残業も日本人だけが残ってする。休みの日もたいてい日本人同士一緒に過ごす。妻たちも近くに住む日本人の主婦としか交際しない。子供たちも同様だ。つまり、日本人だけの学校に行き、日本国内で使っているのと同じ教科書を使い、日本から来た教師が教え、放課後は一緒に送迎バスに乗って帰宅し、日本人同士で遊ぶ、などだ。現地の人がそれを「小東京」と呼んでいるのは、彼らが海外にいようとも、なお国内にいるのと同じように、自分を日本人からなる小集団のなかに完全に閉じこめてしまっているからである。その意味では、彼らは自分の小集団を別な所に移し変えたに過ぎない。もちろん、いかなる文化的背景にある人でも、故郷を離れて言葉も風俗習慣も異なる土地に行けば、誰でも自分の同胞と親密な関係を結んでお互いに助け合おうとするものだ。中国人もこうした「かたまる」傾向は極めてはっきりしている。例えば、世界中、華人がいるところはたいていどこでもチャイナタウンやエネルギッシュな華人社団がある。しかし上に述べたように、海外の中国人の「かたまる」現象は少なくともひとつだけ日本人と違うところがある。血縁や地縁の資格が、中国人にとってはそうした場合、比較的重要であるの対し、日本人にとっては共同活動の「場」がより重視されるという点だ。

海外の日本人はもう一つ中国人とは違った傾向がある。すなわち迅速かつ徹底的に現地の文化に同化する傾向だ。外国人と結婚したり、外国に定住した日本女性は、短時間のうちに行動様式から顔の表情・化粧方法、はては髪型に至るまで現地の文化に完全に同化してしまう。前述した日本人が「かたまり」やすいという傾向とは反対に、これらの人はほとんど日本人と交際せず、完全に現地の人との交際の中に埋没してしまう。こうしたことは、外国人と結婚した日本男性や海外に暮らす日系人にも言えることだ。表面的には、こうした情況は前述した「かたまる」という特徴と全く対照的だが、実はひとつのことが両極端に分かれたに過ぎない。先に述べたように、日本人は中国人のような親族団体の保護を欠いており、高度の協調性を持ち高度の献身を要求し、しかも比較的変化しやすい小集団の中によりどころを求める。だから、もし何らかの原因でその集団のもとを離れることになったり、排斥を受けるようなことになれば、それは大いなる失敗を意味する。流暢に外国語が話せ、長期間外国人と交際している日本人が、自分が属する集団から長い間離れたままでいると、仲間から疎遠にされたり、排斥さえされてしまう。外国人と結婚して国外に定住している日本人は、当地の日本人から差別的な目で見られるだけでなく、彼が所属する集団の成員からも多くの場合冷たくされる。そのことの補いとして、彼らは自ずと現地の人に向かうことになり、努力して溶け込み、受け入れられようとする。その見返りとして、たいてい自分の文化的個性を犠牲にせざるを得ない。そのため彼らが迅速に現地社会に同化しようとすることは、すなわち現地の社会に保護を求めようとすることに他ならないのである。

第三章　非親族集団における中国人と日本人

前二章でわれわれは中国人と日本人の親族体系を比較検討してきた。個人を中心とする欧米社会と比べたとき、親族体系が中国人や日本人に与える影響はより一層重要である。これこそが欧米の学者のいう「東洋的集団主義」概念であろう。けれども以上の分析を通して明らかになったことは、中国人と日本人の親族体系には違いがあり、親族集団の個人に与える影響が異なることであった。それ故この二つの社会は、ともに「集団主義」社会と呼ぶことはできても、その現れ方が異なっている。中国人の親族体系は強大な凝集力を備えており、この基礎の上に強大な宗族組織を発展させ、その力が人々を強く拘束している。一方の日本人の親族集団にはある程度の開放性があり、求心性はそれほど強くない。それでは、人々が親族集団を離れて取り結ぶ非親族・非地域集団の状況とはどのようなものであろうか。本章では、分析を親族集団から非親族集団に移して、中国人と日本人の行動を考察していく。

一　日本の家元制度とその特徴

家元組織は伝統的日本社会の重要な非親族集団である。家元とは文字通りに解釈すれば「家の根本」である。但し、この場合の家は一般的な意味での「家」ではなく、専らある特別な技芸を持つ家庭、もしくは家族を指す。家元は、そうした伝統的な技芸の領域でそれを正統に伝承する責任を負っており、ある流派の事務を管理し、その流派の技芸に関する免許を発行して、本家としての地位を保持する。このような家庭や家族を頂点に常に巨大な組織ができあがっていく。

日本人学者の研究によれば、家元組織は主として以下の三領域に分かれる。①武家社会。例えば剣道・弓道・砲術・馬術・柔道など。②宗教界。例えば神道・仏教・道教及び儒教各宗派など。③伝統的文化技芸領域。例えば花道・茶道・画道・歌舞伎・能・日本舞踊・浄瑠璃・和歌・琴・琵琶・盆栽・囲碁・将棋など。[1] ある研究者は家元を日本における最も重要な非親族集団と見なしている。[2]

これまでの家元制度についての多角的分析を総合すると、家元制度はその構造に四つの重要な特徴のあることがわかる。[3]

（一）師匠と弟子の間の主従関係

師匠は弟子をとって技芸を授ける一方、弟子は師匠に絶対服従する。師匠は技芸の内容の解釈に関して弟子がいかなる変更を加えることも禁止する。基本技能の授受、組織の拡大、分派や合併などは、皆師匠の決定と指図による。技芸の伝授の方法は、「以心伝心」を重視する。すなわち明瞭な言葉で伝えるのではなく、「こころで深く会得」するように、師匠の動作を真似るのである。これは、師匠の地位に神秘性と権威性を持たせることになるとともに、ひいて師弟間の主従関係が更に強化されることになる。川島武宜氏は日本舞踊を例に、師弟間に主従関係が確立するまでの二段階を分析している。第一段階では、弟子はまだ学生の地位にあり、規定の学習期間を満たしていないので、この時点での弟子は厳密に言うと家元組織の正式成員とは見なされない。第二段階では、弟子は既に一通りの技芸を修得し、家元の成員としての資格を備えたことになる。日本舞踊界では、弟子が第一段階から第二段階に進むには試験を経ねばならず、また厳かな入門儀式が行われる。第二段階に入った弟子は当該流派の家名と個人の〝芸名〟（日本語ではこれを「名取」と呼ぶ）を手に入れる資格ができる。日本舞踊界の花柳《はなやぎ》（寿《じゅ》輔《すけ》）[4]流・藤間《ふじま》（勘兵衛《かんべえ》）[5]流などでは、「名取」後の弟子は「花柳」「藤間」を名乗ることができるばかりか、師匠の名前と関連する〝芸名〟を持つこともできる。たとえば花柳寿美《すみ》[6]は花柳寿輔の直伝の弟子であり、花柳禄美之《ろくみの》は花柳寿美の直伝の弟子であるなど。資格獲得儀式（つまり名取披露）は非常に盛大である。この儀式では、弟子は師匠から贈られる当該流派の紋章の入った扇子やその他の品物を受け取り、師匠は自らの手で弟子の〝芸名〟を書き記してこれに捺印して弟子に授ける。この〝芸名〟と師匠から授けられた品物こそが極めて重要なのである。なぜならそれが今後独立して開業し、弟子を取り技芸を授ける際の資格証明書となるからである。さしずめ現代の学位記や営業許可証のようなものである。入門儀式のもう一つの意義は、それが社会に向けてその弟子が自流派の家元組織の正式成員になったことの宣言となっていることである。かくして師匠と弟子との間に強固な結びつきができあがる。

1　西山松之助『家元の研究』（校倉書房　一九五九年）

2　Fransice L.K.Hsu『比較文明社会論』（〝Clan, Caste, and Club〟日本語版　培風館　一九七〇年）二六七～三六〇頁　※【訳注】特に、「12　イエモトと個人の欲求」章（三〇二～三三三頁）に詳述される。

3　①川島武宜「作為観念形態の家族制度」「日本社会の家族構成」（『川島武宜著作集　第一〇巻』）②西山松之助『家元の研究』（一九五九年）・『現代の家元』（一九六二年）参照

4　【訳注】初代寿輔は嘉永二（一八四九）年 に花柳流を創始した。

5　【訳注】初代勘兵衛（?～一七六九年）は武州入間郡藤間村（現川越市藤間）の出身。藤間流を創始した。

6　【訳注】初代花柳寿美（一八九八～一九四七年）は、女性の日本舞踊家。

このようにして結ばれた師弟関係は、「恩義」を基礎とした一種の主従関係を形成する。すなわち師匠は弟子にとって永遠の恩義ある存在となる。こうした「恩義」は師匠が弟子に技芸を授けたことを意味するばかりでなく、師匠が「名取」となった弟子に職と社会的庇護を与えることをも意味している。つまり師匠は弟子の名を挙げることや弟子の活動を手助けする責任があり、弟子は師匠に対して恩義に報いる義務があるというわけである。つまり彼は真心込めて師匠に仕えねばならず、二度と別派の師匠についてはならず、師匠の技芸を忠実に模倣しなければならず、折に触れて師匠に金銭や物品を贈って、師匠が自分を育ててくれた恩義に報いねばならない。こうした関係は強固であるばかりか、持続的である。つまり弟子本人は常に自分が「何々流であるか」、つまり「家元は誰であるか」を外に向かって明らかにし続けねばならないと同時に、自分の弟子に対しても同じことを要求する。このために、日本の著名な家元組織は、皆百年以上あるいは幾百年の歴史を持つこととなった。

(二) 連鎖的上下関係

家元は一種の上下の階層制度である。こうした制度は師匠を通じて多くの弟子を結びつけ、師匠はまたより上位の師匠を通して互いに結びつけられる。このようにして家元を頂点として多くの師匠と弟子とが連結された巨大な組織体系ができあがる。

弟子がその道に習熟し、また自分が受けたのと同様なやり方で弟子を取り技芸を授けていくことにより、新たにもう一組の師弟関係ができあがる。新たにできた師弟関係は既存の師弟関係と繋がって連鎖の一部となる。この連鎖の中にいる一人ひとりは、ある師匠の弟子であると同時に、またある弟子の師匠でもある。かくしてあたかも父子関係を軸とする親族に類似した集団が形成される。最高の地位にいる「師匠」（たいていは当該流派の技芸の始祖かまたは傑出した貢献をした者）が、その集団の祖先となる。この祖先は通常はある種の天賦の才能と品格を備えており、当該流派の技芸は非公開のもとに伝授されていく。彼の死後、その権威は男系の子孫（男性の子孫がない場合は、通常婿養子あるいは養子を通して）に継承されていく。彼から直接伝承された家族はそのまま家元となる。家元は当該門流の技芸の正統を代表し、併せて家元組織全体を統率するはたらきをする。

どの家元組織も皆一定の勢力範囲を持っている。この勢力範囲は成員同士の互助協力を通して、維持拡大されていく。日本人はこうした勢力範囲を称して「流派」と言っている。流派の成員は外に向かっては秘密を守り、当該流派の成員でなければ技芸は伝授されない。この種の流派（あるいは「小集団」）は成員たちに互助協力を求め、「忍」と「和」の精神に基づいて仲間同士の関係を保ち、集団の利益のために個人が犠牲になることを重視する。内部の争いを防ぐために、家元組織はそれぞれの師匠の経営テリトリーに対して制限を加えようとする。例えば、ある日本舞踊の流派で「名取」の資格を得た弟子が既に営業していれば、他の弟子は同じ地区（三丁の間）での開業はできないというような規定がある。同一流派内の支集団の勢力範囲区分は、家元が決定しかつ指図する。ひとつの家元組織に所属する者は、互助の義務がある。もしある弟子が公演することになれば、他の弟子たちはそれを手伝ったり祝儀を贈ったりする。師匠と弟子、兄弟子と弟弟子の間の上下関係は厳格であり変えることはできない。

川島武宜氏の分析によれば、家元組織における「名取」の地位を得た弟子たちの間にできる序列は軍隊組織に似ているという。つまり軍司令官のもとに幾人かの師団長がおり、その師団長の下に数人の連隊長がおり、かくして同様に大隊長・中隊長・小隊長・班長という順になる。誰もがこの体系の中での自分の地位がはっきりしている。上下の序列は次のいくつかの要素に基づいて決まる。①家元との血縁関係の親疎、②「名取」の資格を得た時期の前後、③技芸のレベルの上下、等。

(三) 家元の最高権威

家元は最高の権威を持つ。自分の流派を支配する権限をもち、その流派の正統を守る責任を負い、技芸の優劣を判定する基準を決めそれを維持し、開業免許を発行し、それぞれの支集団の勢力範囲と利害関係を調整する。家元はまた素行不良の弟子を追放する(いわゆる「破門」)権限を持っている。

もちろんこうした権威は一定の特権と繋がっている。家元は弟子が入門する際に金銭を取り立てるほか、おりおりの節目に金銭を取り立てることができる。家元が家を改築するときには、弟子は献金せねばならない。普段、家元から流派の名前の入った衣装や帯などの品物を売りつけられたときには、弟子は買い取らねばならない。

家元は自らの地位を世襲させる権限もある。一般的に、家元の地位は当該流派の技芸に通達した男性の跡継ぎによって継承される。たとえその男性の年齢が幼く、もしくは技芸が高くなくても、家元としての地位にさして影響しない。家元というのは一種の既得権益であり、家元の地位は莫大な収入に繋がる。現代の茶道・華道などの家元は、実際皆至って裕福である。[7] ある家元の地位は、「株」の形式で若干の人々に分け与えられている。株ならば他人に転売できる。家元の株を手に入れた人は、家元としての地位がもたらす利益を享受するとともに、また家元の祖先を祀る活動などに参加する責務がある。

家元制度は一種の強力な統治制度である。家元は当該流派に属するあらゆる人々を支配できる強大な権限を持つ。この制度に加わった個人は、ある種の君臣間の命令服従にも似た関係で結びつく。

（四）擬制的家族

家元制度は真正の家族制度ではないが、歌舞伎界を例に分析してみることにしよう。著名な俳優一家、例えば市川家・尾上家・中村家などは、事実上、家元（歌舞伎界ではこれを「宗家《そうけ》」と称している）である。こうした家名を受け継いだ俳優たちは、家元の指図を受ける。なかでも、市川（団十郎）家の弟子が最も多く、家元制度の特徴を最も典型的に示している。いわゆる「歌舞伎十八番」（著名な歌舞伎の十八種の演目）は、市川家の許可がなければ誰も上演できない。現在の歌舞伎俳優は、日本の著名な芸能企業―松竹株式会社に所属しているが、俳優の養成や歌舞伎の上演などは、基本的にはなお家元組織の支配下にある。俳優は「門閥」単位で出演する。門閥のことを「一門」と称している。「一門」はたいてい師匠の家（これが家元に相当する）と多くの弟子たちで構成される。例えば、団十郎一門・菊五郎一門・成田屋一門・音羽屋一門などである。一門の主は、事実上、当該流派の家元（宗家）である。例えば、市川団十郎は市川流の宗家であり、中村勘三郎は猿若流の宗家であり、板東三津五郎は板東流の宗家であるなど。

歌舞伎界の師弟関係も、一種の主従関係である。一定の年限、稽古して技芸が優秀であると認められた弟子は、独立して一家をなすことができる。もちろん彼の「家」は師匠を頂点とする上下関係の中の

7　一九八七年に筆者が日本で研修していたとき、新聞紙上で茶道の千家流の家元が日本の十大富豪にランクインしているのを見た。

一構成部分に過ぎず、弟子を取って教えるようになってからもなお宗家に忠実に仕えねばならない。弟子の中には「内弟子」という者がいて、上演時には雑用をこなし、普段は師匠と共に生活して、さまざまな雑務を受け持つ。その地位は召使いのようである。歌舞伎俳優は二つの階層に分かれる。ひとつは「名題《なだい》」といい、これは正式な俳優で、日本歌舞伎界の「名取」段階に到達した弟子に相当する。「名題」の待遇は割合に高く、しかもいつも重要な役を演じることができる。「名題」に昇進すると、当然高度な技芸を持つことになるが、師匠との関係も極めて重要である。一九二〇年代から、「名題」に昇進するには試験を受けねばならず、合格した者には証明書が与えられるようになった。証明書を手に入れた俳優は、先ず試験官の家に挨拶に行き礼を言わねばならず、またひいき客や知人たちに手拭や扇子等を贈る。また時に師匠の代わりに伝言を伝えねばならない。もう一つの階層は「名題下《なだいした》」である。その名前からもわかるように、彼らの待遇や地位は「名題」の下にあり、技芸も「名題」に及ばない。彼らは、たいてい重要でない役割を演じるか、あるいは演ずべき役割そのものが全くない。[8]

最も典型的な家元組織があるのは、花道と茶道の世界である。現代日本花道のいくつかの著名な流派、例えば草月流《そうげつ》（東京）、小原流《おはら》（大阪・神戸）、池坊流《いけのぼう》（京都）など。また茶道の千家流《せんげ》、三斎流《さんさい》、織部流《おりべ》などは、それぞれ自称百万人以上の成員を抱えている。こうした巨大な組織は、常に現代的な設備を利用し、流派挙げての大会を、盛大に組織し開催する。このことから、こうした領域では、家元組織が今に至るもなお巨大な活力を有し、個人に対してなお大きな拘束力を持っていることがわかる。

二　家元制度が生み出す社会と文化心理的基盤

近代以前の文明社会では、こうした師匠が直接に伝授する必要がある文化の領域（例えば演劇・音楽・工芸など）において、権威ある特別な組織が存在し得たこと、そしてそれはかかる文化が伝承されるためには必要であったことをわれわれは知っている。しかし日本の社会では、他の社会に比べ、こうした組織が数多いばかりでなく、個人に対する拘束力も強い。ある意味では、日本の家元制度の機能は中世ヨーロッパのギルドに似ている。しかし両者には本質的な違いもある。ヨーロッパのギルドは、都市の商人や手工業者が自分たちの利益を保護するために、協議のうえ連盟して作り上げた組織体系であり、その主な機能は、商品の価格、売買する際の場所や時間、手工業者が弟子を募集する際の人数、製品の数量や品質、規格、原材料の仕入れなどに制限を加えたり調節することであるから、構造的に見て、先に述べた家元制度の諸特徴を備えてはいない。

ある意味で、日本人の家元組織は中国清代の俳優組織と似ている。しかし、潘光旦氏の清末における十の血縁俳優者間のネットワークについての考察によれば、両者の間には大きな違いのあることがわかっている。[9] 第一に、中国清末の俳優組織は基本的には血縁のネットワークで繋がっており、日本の家元のような非血縁成員を含まない点に特色がある。第二に、中国の俳優組織の規模は日本の家元組織ほどには大きくない。中国では歴史上、大規模な俳優組織についての文献記録はないうえに、実際生活においても千人、万人を越す成員がいて、しっかりした組織を持って、しかも長期にわたって継続している俳優組織は聞いたことがない。第三に、中国の俳優組織は弟子を厳格に管理する様々な方法を持って

8　内藤莞爾・近沢敬一・中村正夫編『日本社会の基礎構造』（アカデミア出版会　一九八〇年）五八～六二頁

9　潘光旦『中国伶人の血縁の研究』（影印版　商務印書館　一九八七年）

はいるが、家元組織のように「免許」を発行するというような厳格な方法はとっていないし、あらゆる権力を独占的に継承していくような組織体も存在しない。かつて中国の商工業と技芸の領域には、徒弟制度と同業組合制度が存在したとはいえ、家元もしくはそれに類した組織はなかった。かつての中国社会では、師弟関係はいくつかの重要な人倫関係のひとつとして重視されてきたが、しかしそれはあたかも中国の家族制度における父親の権威が、兄弟間が比較的平等であることによって希薄化されているのと同様、師匠と弟子、先生と学生の間の関係も、中国人の親族関係に似てあっさりしたものとなっている。周知のように、春秋戦国時代に諸子百家は自己の学説を掲げて追随する者を従えていた。例えば儒家の創始者である孔子は「三千人の弟子と七十人の賢人」を従えていた。しかし彼らは家元のような組織を作っていたわけではない。中国には「桃李天下に満つ」という言葉があり、それは弟子の多いこと、師の影響の大きいことを意味している。しかし、この「天下に満ちわたる」弟子たちは互いに親密なつながりがあるわけではなく、師とても日本の家元のような権威があるわけではない。書法・絵画・音楽・舞踊・演劇の領域では、中国にも「流派」の別はあるが、日本の「〜〜一門」あるいは「〜〜流」の間の違いほど大きくない。例えば「揚州八怪」といえば清末画壇の一流派だが、これは主に彼らの芸術上の風格を指していうのであって、「八怪」の弟子たちが「家元」のように組織されていたわけでも、当時の八人の芸術家たちがひとつの組織を作り上げていたわけでもない。京劇における「梅派」・「程派」というのも主に歌い方や演じ方についていうものである。もちろん、「流派」と言えば、その流派に属する人のことも含んではいる。しかし一般的には、彼らは厳格な組織を作ることはなく、また継承性もない。日本人がある人の技芸について「××流」と言うとき、その芸術的な風格や特徴を指していうばかりでなく、その流派が形成する家元組織や、その流派の創始者に対する個人崇拝、その流派の紋所《もんどころ》、定期的に開催される大会、入念な入門儀式などのことも含まれる。中国人が「××流」と言うときは、芸術上の風格や技術上の特徴以外のことは含まれない。

中国の工芸の領域では、師匠と弟子の間の関係は日本人のそれに比べてあっさりしている。昔、中国では工芸職人はふつう三人の弟子を持ち、弟子たちは三年間修行する。師匠のもとを離れた弟子たちは、多く独立して一家を構えるために師匠の身辺に止どまることはしなかった。独立し開業した弟子たちにしても、日本の家元組織のように家元組織の一員となる資格が認められて入門の儀式を行うというようなことはなく、師匠と弟子とにはある親族のような関係ができる。独立した後の弟子は師匠とのある種の繋がりをなお保ち続けるにせよ、師匠にとってはむろんのこと弟子にとっても、この関係はその他の例えば家族や親戚の関係ほどには全く重要ではない。多くの場合こうした繋がりは、年始や節句に挨拶に行ってなにがしかの贈り物をしたりする程度に過ぎない。[10]

日本の各技芸流派は皆、開祖とか傑出した貢献者を、超人的な才能を持った偶像として崇拝する。家元組織は、例えば茶道界の千利休、舞踊界の花柳寿輔、柔道の「講道館流」の嘉納治五郎などの人物を、それぞれ皆持っている。家元の成員たちは皆自分の技芸をこうした偶像と直接結びつけて誇りにしている。この点、中国の情況と大いに違う。中国の工芸職人もそれぞれ崇拝する人物を持っている。例えば

10　筆者が暮らし調査したことのある河南省開封県西村では、大工や佐官の弟子が師匠の下から独立した後は、師匠との関係はとてもあっさりしている。弟子は師匠の家で婚儀や葬儀があったときに贈り物をしたり、春節に餃子を送ったりする程度である。

木工職人や瓦職人たちは魯班《ろばん》を、屠殺業者は張飛《ちょうひ》を、商人は范蠡《はんれい》を、医者は華陀《かだ》を、俳優は唐の玄宗皇帝を、酒造り職人は李白をそれぞれ崇拝するが、こうした崇拝対象は崇拝者たちにとって真正のあるいはそう信じられている祖先ではなく、また彼らの技能や業務の淵源をなしているわけでもない。例えば、婦人や子供にまで知られている張飛は三国時代の猛将で、気性が荒くその勇猛さは並ぶ者がないほどであった。その彼が劉備の家来になって戦いに出るまで肉を売っていたところから、肉屋の崇拝の対象となったに過ぎず、彼が屠殺技術の点であるいは販売の面で何らかの貢献があったというような記録や伝説は何もない。李白は酒の作り方などは全く知らなかったし、酒を売ったこともなく、ただ酒を飲んで詩を作り、酒に関係のある何首かの詩を残したに過ぎないのに、彼は酒造りに携わる者の崇拝対象となったもので、全く名が実に即していない。范蠡は越の国の宰相になる前は商人であったけれども、彼の主要な業績は商売にではなく政治にあり、つまり彼の最大の功績といえば越王句践《こうせん》を助けて「臥薪嘗胆《がしんしょうたん》」して呉を滅ぼしたことなのである。これら崇拝の対象となっている者の中で、魯班と華陀だけは「専門家」として、その方面では相当に造詣が深かったと言ってよい。しかし仮にそうだとしても、彼らと彼らの崇拝者との間には、その技術の点で直接の伝承関係はない。「魯班流」を自称する大工はいないし、自分の医学が華陀と関係があるなどと考えている医者もいない。[11]

もしある社会で明確な家元制度があるうえにそれが重要な意義を持っていたとしよう。またある別な社会ではこうした制度が全くなかったとしよう。するとこの二つの社会は、基本構造上、重要な相違を持ち、しかもこの相違は個人の心理形成にもそれぞれ異なった影響を及ぼし、かつそのことから社会集団を形成する上でも、異なった文化心理のバックボーンを形成するようになることは間違いなかろう。

日本の社会がなぜ家元制度を作り上げ得たかとの問いについて、西山松之助氏は三つ理由を挙げている。第一の理由は、家元制度それ自体の構造。すなわち「名取」制度が日本人の実質よりは名義を重んじるという民族性に合致していること。第二の理由は、社会的背景。すなわち町人（江戸時代に城下に暮らす人々）は家元を自己解放の手段としたこと。彼はこう書いている、「江戸時代の多くの裕福な町人たちはこうした娯楽を嗜み、後にそれらが各地に広まっていった『自己韜晦』ということがある種の自己解放の手段になった。窒息しそうな程の身分制度のもとで（家元）世界に入り込むことは、それだけに自己本来の持ち前を思うままに発揮できる自由な天地であった。日常性から芸能の世界へと自分自身を変身させることは目も眩むような新鮮な世界に入っていくことであり」、「こうした制度は消極的な抵抗の産物ということもでき」「日本における古来からの自己解放のひとつの形であり、しかもこれが今日までも続いている」と。[12] 第三は、この制度が時代を越えた要素を持っていること。すなわち経験と感性を主とする伝統文化の領域における創造は、一種の「無形文化」である。「無形文化」は、絵画や建築などの有形の文化と異なり、繰り返し表現されねばならず、その文化的価値が実現されるためには、比較的厳格な組織が求められる。日本の家元制度の発生は、国民文化がなお国民の共有財産になる前段階にあったために、ある種の「道」を学ぶためには必ず師匠に就かねばならなかったことによる。こうしたことから日本の伝統技芸はあらゆる領域において「名取」という教授職が生まれたわけである。こ

11　Flamsice L. K. Hsu『比較文明社会論』（〝Clan, Caste, and Club〟日本語版　培風館　一九七〇年）三〇三～三〇七頁
12　西山松之助『西山松之助著作集』第二巻（吉川弘文館　一九八七年）四七八頁

うした名取という教授職の制度ができたのは一八世紀から一九世紀の初めにかけてであり、今に至るも変わらず続いている。西山氏は、江戸時代中期までの日本文化の伝承形式も、やはり一度営業免許を手に入れれば本人が直接弟子を取って技芸を授けることができるものであったとして、この方式を「完全相伝」と称している。これが日本文化の古来からの伝承の原理であった。ところが家元制度における「名取」は技芸を授けることができても、免許を発行する力がないことから、彼はこの方式を「不完全伝承」と称している。彼は、「完全相伝」（師匠が弟子に技芸を授けるばかりでなく免許も発行すること）から「不完全相伝」（師匠は技芸を教授できるだけで免許を発行することはできない）への転換こそが家元制度発生の主な要因であるとしている。[13]

日本の状況だけを見れば、西山氏の分析は周到で説得力があるというべきである。ところがこれを他の社会と比較してみると、いくつかの問題が出てくる。経験と感性を特色とする伝統文化の領域で技芸の秘密を維持することは、前近代社会にあっては普遍的な現象といえようが、それならなぜ中国人や西洋人は日本人のような強力な家元制度を作らなかったのか。日本の社会は「完全相伝」から「不完全相伝」へと変化したのに、他の社会がこうした変化を生まなかったのはなぜか。日本人は自己解放の手段として、家元制度を採用し、その他の形式（例えば欧米人の自由結社）を採用しなかったのはなぜか。しかも家元組織それ自体も厳格な階層集団なわけで、人々はある階層から別の階層に移行したに過ぎず、これで身分制度から逃れることができたといえるのはなぜか。このために、西山氏が指摘するこれらの要因の他にも、日本人の独特な文化心理と社会の中に要因を求めねばならないだろう。

これまで指摘してきたように、日本人の親族体系は、中国人のそれと比べ、親族集団の成員として認められるための資格が比較的緩やかであり、長子相続制であるとともに兄弟間に上下の階層関係があり、相対的に凝集力が弱いことに特色がある。親族体系におけるこうした違いは個人の心理にも少なからぬ影響を与えずにはおかない。親族体系は伝統的に中国人を安全かつ永続的に守ってきた。この体系の中では、全員が恒久的でしかもかけがえのない地位を持つ。家産相続における「諸子均分」制度は、全ての男子が家産を相続することができると一般に言われている。兄弟の間柄は日常生活において比較的平等である。このことが中国人の心理にもたらす一般的な影響は、依存・安定・安静・保守・凝集である。彼らは親族集団以外のところへ行って集団を作ろうとの思いに駆られることはまずない。親族集団が彼らのさまざまな社会的欲求を完全に満たしてくれるからである。[14]

中国人の親族体系がもつ強大な凝集力は、個人を家族もしくはその延長上にある宗族の中に押し込めてしまう。これと対照的に、日本人の親族体系の特徴は、個人の心理に与える影響が矛盾的なのだ。つまり、片や日本人の親族体系には、中国人のそれと類似した特徴、例えば「孝」の重視・祖先崇拝・集

13　西山前掲書　四七七頁

14　いわゆる「社会的欲求」とは、「生理的欲求」に対する語である。人はつまるところどれくらいの社会的欲求があるのだろうか。研究者らの学説は異なっている。アメリカの社会人類学者ウェーリン・トマスは、人の社会的欲求には四種あるとして、新鮮な経験・安全・反応と承認を獲得することを挙げる（ウェーリン・トマス『不適応の少女』（中国語版　山東人民出版社　一九八八年）三頁）。ところがF.シューは、三種、すなわち安全・社交・地位を挙げる（F. L. K. Hsu 前掲書一五二頁）※【訳注】「人間の基本的な社会的欲求は、社交（sociability）、安全（security）、地位（status）であると提案する」（一五五頁）とあるのを参照。

団を重視し個を軽視する子弟教育、また責任と義務の重視と権力や自由の否定などがあり、これらが個人の心理の上に依存と保守と凝集といった影響を与えている。ところがその一方で、中国の親族体系と異なる特徴、例えば家産の「長子相続制」、兄弟間の上下関係、父親の絶対的権威などは、個人の内面に不安・反感・分離などの心理的傾向を生み出す。中国人と同様、日本人は幼時から親族集団の大切さとそれから見捨てられたらどうしようという恐れをずっと持ち続けているが、中国人と違うのは、日本の社会では、家業の跡継ぎ（たいていは長男）でなければ、家の財産の分与を要求する権利もないばかりか、たいていは家にそのまま留まることについても法律上・習俗上正当な理由がない。かりに財産を一部相続することができ、また家にそのまま留まることができたとしても、それは父親かもしくは長男が決めたことである。土地経営上のあるいはその他の理由から、跡継ぎでない者が本家に留まって雇い人のように仕事をすることが時としてあっても、こうしたことは本人が喜んで引き受けたわけでは決してない。条件が整い次第、彼は家を出ねばならない。非長男の数の方が長男よりも多いからである。日本の大多数の男子は、家を出て親族集団以外のどこかに身の置き所を探し求めるという現実的な問題に直面する。日本の男子が親族集団から離れていかねばならないという心理的な葛藤は、中国人よりも大きいと言えよう。こうして見ると、大多数の日本人にとっては、親族集団を重視するものの、適当な時期がくればその親族集団を離れる準備をしなければならない。これが日本人の文化心理の奥深くに潜んでいるひとつの矛盾となっている。この矛盾が日本人の心を中国人の場合よりももっと不安定なものにしている。

権威に対する服従においてもこうしたジレンマがある。長男だけが家産を相続し、兄弟間に上下関係があることによって、跡継ぎと非跡継ぎ、長男と非長男との間の社会的格差を広げ、父親（あるいは長男）の権威を強めることになる。これは幼時には、心理的影響として安心感と服従心・依存心を持たせる方に作用する。しかし成長するにつれて、彼は父親に対する反感を募らせていき、上下関係の序列の中での位置に不満を抱くようになる。だが、こうした反感は西洋人のいわゆる母を恋慕し父を憎悪するという「エディプス・コンプレックス」の心理とは異なる。かれは父親の束縛や懲らしめから逃れようと考えているのではなく、父親の不公平さと権力の乱用とに恨みを抱いている。彼は親族関係のいろいろな束縛に対して何か具体的な不満があるわけではなく、不満なのはせいぜい自分のこうした上下関係の中での位置であり、別の集団に加わることによって自分の境遇を変えたいという願望があるに過ぎない。ここでも、伝統的な日本人の心の中にひとつの葛藤が現れる。すなわち父親の権威に絶対的に服従して上下の秩序に従おうとする一方で、父親の権威に対する反感と自分の上下関係の序列の中での位置に対する不満から、できることなら別の権威に服従し別の上下関係の序列に身を置こうとするのである。

こうした葛藤を解決する方法は、親族集団の外に親族集団の特徴によく似せた半親族的・半契約的性質を持つ集団を作ることである。日本人は、親族集団の内部にしっかり組み込まれてそこから離脱することを願わない伝統的中国人と異なり、親族集団から離脱して非親族集団をつくろうとする内心の葛藤がある。ところが、彼が属していた親族体系の特徴やその体系の中で受けてきた教育のために、親族集団の影響から完全に免れることができない。それゆえ西洋人とは異なり、成長につれ親族集団から離れて自立し、対等な関係で他人と完全に契約的な性質の社会集団を作り上げようとしない。親族集団から離脱して、今の自分の地位を変えたいという文化心理的願望がある反面、親族集団の外で完全に契約的な性格の社会集団をつくるには心の訓練と準備が不足している。非親族集団を作るにしても、個人としてはまだ完全に独立しておらず、また親族集団の束縛から逃れて全く新しい原理のもとで他人との関係を作り上げる方法も知らず、ただ親族集団の特徴を模倣し改造を加えるに過ぎない。家元こそは、こうした方法で作り出された典型的集団なのだ。

家元組織は、中国の宗族組織が完全に家族の延長であり拡大であるのとも、また西洋社会のさまざまな社会集団が完全に個人の平等と契約の基礎の上に成立しているのとも異なる。それは日本の親族集団が持つ多くの特徴を残しているとともに、ある種の契約による社会集団の特徴も持ち合わせている。このため、家元は一種の半親族的、半契約的性質を持つ集団であると言って差し支えない。前述した家元制度のいくつかの特徴、例えば子弟間に主従上下の関係があることや、家元が最高権威を有していることなどは、皆日本人の親族集団（家族や同族集団）にも見出せる。ただこうした特徴が、家族や同族集団の中では不完全な形で現れているに過ぎない。家元制度は、親族集団の諸特徴がそのまま展開し強化されたものである。例えば、師匠と弟子の間の主従関係は、家族における長男と非長男、同族集団における本家と分家の関係の中にその萌芽を見て取ることができ、家元組織における成員間の連鎖的な上下関係は親族集団における上下関係の発展と完成であり、あの家元制度における最高の地位を占める「師匠」に対する崇拝や、家元の権威に対する服従は、いわば親族集団における家長の権威の投影と見ることができ、前者はより多くの神秘性と権威性を備えているだけのことである。こうした特徴が家元組織において強化発展していくためには、念入りな入門儀式、神秘的な伝授方式、統一的な家元の紋所、資格や地位を表す正式な名称、厳格な規則、恒常的な相互往来、そして家元の先祖の墓に詣でる宗教的儀式などがその条件となる。しかしその文化心理的な基礎にあるのは、日本人が親族集団の中で培ってきた親族集団への依存と執着、集団主義的傾向と上下関係意識、及び権威に対する服従心などである。

伝統的日本の家族や同族組織の特徴となっている上下関係が、この制度の下でも個人が権威に服従するという上下意識を培ってきた。この上下の階層制度は家元や家元制度の成立に少なくとも三つの作用があった。第一は、上下関係のもとで培ってきた権威に対する服従心という特徴が、「名取」制度を生んだ重要な要因を為していること。日本人が権威に対して抱く信頼感は想像以上の意義を持つ。第二は、上下関係が集団内部にもたらす凝集作用。絶対的権威が存在することや、組織内部で各人が決まった序列中に位置しているなどといった特色は、凝固剤のようなものであり、親族体系を抜け出た日本人をまとめ上げて一個の強力な組織を作り上げる。師匠と弟子はある種の主従関係で結ばれる。過去の中国の芸人の中でもこの日本の家元に似た組織が現れなかったわけではないが、厳格な上下関係を欠き、大きな規模に発展しかつ長期にわたって存続するところまではいかなかった。第三は、強力な上下の階層制度があるために外部からの干渉に抵抗できる力があったこと。厳格な階層制度を持つ社会組織は中央権力を牽制する力さえ持つことができる。日本がこれまで伝統中国のような徹底した中央集権国家とならなかったのは、強大な実力を持った家元組織が中央政府の命令に抵抗することができたからである。中国では、強大な中央集権的権力が日本の家元のような巨大な組織の存在を認めることはないだろう。

三　中国人・日本人が非親族集団を作る上での原理

（一）いくつかの異なった原理

日本の学者はこの日本特有の家元制度について多くの研究成果を上げているけれども、家元制度を比較文化の観点から研究した第一人者は米国の社会人類学者F・シューである。彼は親族集団を含む各種の社会集団と文化の関係を重点的に研究した。彼によれば、どの社会の集団もおおよそ二つに分類できる。ひとつは「原子集団」（primary group）で、家族がその典型となる。もう一つは「二次集団」（secondary group）で、「社団」とも称し、親族集団と国家の中間にあって、ある種の目的を持って結成されたあらゆる集団、例えば軍隊・政党・学校・工場・企業及び各種の同好会などである（本書もこの意味で「社団」という概念を用いている）。彼の仮説は、「二次集団」には必ず集団としてのある優位性が内在し、他集団の形成のしかたに常に影響を与えているというものである。こうした優位性を持った「二次集団」とは、中国人にとっては「宗族」（clan）であり、ヒンズー教徒にとっては「カースト」（caste）であり、アメリカ人にとっては「クラブ」（club）であり、日本人にとっては「家元」（iemoto）である。こうした集団の形成は、それぞれ異なった原理を有している。宗族集団ができるときは「親族の原理」（kinship principle）に従う。この原理の下では、人と人の関係の遠近が、父系の血縁関係における親疎によって測られる。カーストができるときには「ヒエラルキーの原理」（hierarchy principle）に従う。この種の原理の下では、人と人との関係は人と神との関係から重大な影響を受ける。クラブができるときは「契約の原理」に従う。この種の原理の下では、人と人との関係が商品の相互交換にも似た関係となる。家元ができるときは「縁約の原理」（kin-tract principle）に従う。F・シューの解釈によれば、「縁約の原理」とは次のような原理である。すなわち、一群の人々が共通の目標を掲げ、共通の意識形態の下で、共同の行動を取り、共同のルールを守り、かつ自発的にまとまること。この原理は部分的には親族組織に由来している。なぜならそれが示しているいくつかの特徴（階層性・自発性など）が日本の親族集団の特徴を反映しているからである。また部分的には契約にも根ざしている。なぜなら個人が家元組織に加わるかどうかを選択する意志を持つことができるからである。[15]

F・シューは家元組織を一種の「原組織」として考察している。対比の必要上、異なる文明社会におけるある「主要な二次集団」と対比してそれとの相違点を明らかにしつつ、その他の集団がこの種の集団の影響を受けてできたものであるか、あるいはこうした集団の再形成であろうと考えている。実際、家元組織が伝統日本社会の「主要な二次集団」であるかどうかは大いに疑問である。家元組織に加わるのは一部の人々に過ぎず、この種の組織が個人に与える影響を中国人の宗族やインド人のカースト、そうしてアメリカ人のクラブなどと一緒に論じることはできない。しかし、F・シューの家元制度についての考察はとても洞察に富んでいる。われわれは家元集団とその他の社会集団との関係においてどちらが主たる集団であるか、また相互の影響関係が如何なるものであるかを見て取るのは困難だが、家元は疑いなく伝統的日本社会集団の極めて典型的な形式である。この典型的な形式から出発して、日本の一般的な社会集団の特徴を知ると同時に、日本人が結社を作る際にその背後に隠れている規則を明らかに

15　Fransice L. K. Hsu 前掲書　三三〇頁

することが、有効な方法であることは間違いない。

日本人の家元組織をその他の社会の「二次集団」と対比してみれば、家元制度の独自性が容易に見出されるであろう。中国人の宗族であれ、ヒンズー教のカーストであれ、アメリカ（それはある意味では西洋を代表している）のクラブであれ、それらは皆違いがはっきりしており本質的にも遠く隔たった社団なのであって、それぞれ全く異なった組織原理を持っている。例えば、中国の宗族、ヒンズー教徒のカースト、アメリカ人のクラブの三者間に、何らかの構造的共通点を見出すのは困難である。ところが日本の家元組織は違う。その境界線はそれほど明確ではない。つまりそれは構造的には多重性を持っているということなのである。一面でそれは親族集団を超越する性質を持ち、ある意味では「特定の目的のために人為的に結成された集団」であり、個人が家元組織に加入するかどうかについては一応の選択の自由がある。この点においてそれは現代西洋社会の「クラブ」と類似しており、しかも中国の宗族やヒンズー教徒のカーストと区別できる。その一方、一部成員（少なくとも最高の地位にいる家元の成員たち）の資格は生まれつき決まっている。血縁を持たない成員たちも一種の親族関係に類似した繋がりを持つ。その内部の主従関係、権威、そして成員間の上下関係のありようは、完全に日本の親族集団の特徴を模倣し、それを強化したものとなっている。この点から言えば、中国の宗族集団と類似しており、しかも西洋の結社と異なっている。この他、各家元組織同士の排斥、家元集団の分裂、そして成員たちが上下関係に敏感であることなどは、ヒンズー教社会のカースト制度に近いものとなっている。総じて「縁約原理」のもとにできた家元組織は、宗族、カースト、そして現代社会集団の特徴のいくつかを備えてはいるものの、そのいずれでもない。

(二) 縁約原理と日本人の結社―中国人のそれと比較して

家元組織が構造上こうした多重性を持っていること、換言すればその境界領域が相対的に曖昧であることを認識しておくことは、極めて重要だ。まずそれは、日本人が、中国人に比べ関係の緊密な非親族集団をたやすく作り得ることを明らかに示している。前述したように、伝統的な日本の家族で行われてきたのが「長子相続」制であって、中国の家族のような「諸子均分」制ではなかったために、「非長男」(彼らの方が数の上では長男より多い)が成人した時点で、制度上次の二つのどちらかの選択を余儀なくされる。すなわち自分の親族集団を離れて他の親族集団の一員となるか、それとも「長男」を頂点とする「本家」に留まって一種の新しい主従関係を結ぶか、である。どのような状況であれ、親族集団と個人の関係は成人する前と後では顕著な違いが現れる。つまり個人は、必ず元来の親族集団から上手に離脱して、血縁関係のない者同士で新たな集団を作るための心の準備をしておかなければならないのだ。かなりの数の日本の男子は元来の親族集団から離脱して、「学芸」あるいは「婿取り」などの方式によって家元組織に加わっていく。それゆえ「親族原理」を持つ中国人と比べ、「縁約原理」下の日本人の方が異なった資格を持つ個人同士で関係の緊密な集団を作る能力に長けている。この特色は今なお現代日本人にも見られる。一般的に日本人はある種の共同体験さえあれば、自然と緊密な集団を作り上げてしまう。例えば、どこで生まれたか、何という学校で学んだか、どこの会社で仕事をしたか、果ては一度だけ一緒に旅行したことがある等といった全く偶然のことがらさえも密接な関係を作り上げるきっかけになりうる。P大学に留学したことがある人は、帰国後は自動的に「P大学同窓会」の一員となって、密接な関係を維持する。たまたま同じグループでO地観光をすると、この「O地観光団」は観光期間だけメンバーに拘束力が働いているのではなく、観光が終わってからもなお活動を続け、メンバー同士いつも電話や手紙で連絡しあい、定期的又は不定期的に集まり、必要ならばふたたびグループを結成して○地観光に出かけたりする。それゆえ中国人と比べ、「同窓会」「同郷会」に似た組織は多いばかりでなく、個人に対する拘束力も持続的でありかつ強力である。その理由は、中国人と日本人はそれぞれ異なった原理に基づいてグループを作っているためである。いかなる文明社会も多数の集団で構成されており、それは大体二種類ある。ひとつは自然にできあがった集団、例えば血縁のある者同士によって組織された親族集団（家族や一族）、居住地が同じであることから組織された地域集団（村や町）、言葉、地域、文化を共有する民族集団などであり、もう一つは例えば政党、軍隊、学校、宗教団体や現代社会のいろいろな社団など、ある種の目的のために人為的に結ばれた非親族・非地域集団である。これら二種類の集団は、それぞれ社会的性質が異なるために、人々の生活に占める重要性も一様ではない。中国についていえば、家族の力はとても大きく、人々が第二の集団を作ることを妨げてしまう。それゆえ中国は、伝統的に、第二種の集団が少なく、人々の生活に与える影響は親族集団が最も大きい。

中国は、伝統的にほんの何種類かの非親族・非地域性の団体があるに過ぎない。第一類は、「惜字会」「施材会」「禁酒会」といった類の組織。「惜字会」というのは、人を雇い彼らに籠を背負って町中を巡視させ、一字の書かれた紙片を拾い集めて孔子廟などでまとめて焼却する団体である。「施材会」というのは、一種の慈善組織で、貧しく身寄りのない者のために棺桶を準備したり死後の事を処理する団体である。「禁酒会」というのは、個人の集まりで、一滴も酒を飲まないことの利点を話し合う団体である。ある意味では、こうした類の団体は近代西洋社会の「社団」に最も近い。しかし、こうした組織はひとつの町や村の中に限定され、拡大することもないうえに、また規模も大きくなく、人々の日常生活に与える影響も比較的小さい。こうした組織は大体地元の「善老人」たちが作っていて、組織としてはまとまりがなく、個人に対しては何らの拘束力も持たない。

第二類は、都市の同業組合としての「行会」。「行会」は「幇会」とも称し、競争を制限したり、生産規模や営業上の縄張りを決めたり、経営者間のトラブルを解決したり、仲間同士の利益を保護したりといった同業者組織である。中国の隋唐時代の都市には「行」があり、宋代には「団行」があり、明清代には「行幇」があった。明清代の「行幇」は常に同郷の同業者によって組織されて、その組織体は「会館」とか「公所」と呼ばれ、成員たちの活動についての取り決めと信仰の対象となる神格があった。しかしこうした団体は全く地方的な繋がりが主であり、ひとつとして全国規模のものはなかった。しかもたとえこうした組織があっても、それは全く自発的なものではなく、多くの場合加入しなければ生きていけないのであった。それゆえこうした組織のことを「半自発的地域組織」と称するのがおそらく最も適当であろう。

第三類は、いわゆる「拝把兄弟」団体（互いに義兄弟の契りを結んだ任侠団体）。この類の団体は家族関係になぞらえられており、異なった姓氏の人々や異なった地域の人々がひとつにまとまって、困難に対して互いに助け合う。中国では歴史上誰でも知っている二つの「拝把集団」がある。ひとつは『三国志演義』にでてくる「桃園の誓い」（劉備・関羽・張飛）であり、もうひとつは宋代の梁山泊の一〇八名の決起集団である。

今日なお青年たちがこのような集団を作っている農村地区もある。例えば、筆者が暮らしたことがありまた調査したことがある豫東地区の西村では、今も数十のこうした任侠的組織がある。集団結成の儀式では、成員は一斉に蒼天に向かって叩頭し、香を焚き、宣誓する。その時の言葉は、「生を共にせず、ただ死をこそ共にせん」とか「桃園の契りに学ばん」というものである。儀式では一人ひとりが自分の三代前までの祖先の名を言い、併せて「連襟譜」[16]になぞらえたものをこしらえて、そこに一人ひとりの成員の様子や誓いの言葉などを書き入れる。義兄弟の契りを結んだ後は互いに助け合う義務が生まれる。婚礼や喪礼に備えて、皆で「出資し合う」ことや、一人が迫害されれば仲間が彼のために仕返しをする義務がある。解放後、共産党は新しい人間関係を提唱し、任侠的な義兄弟の関係は批判を受け、活動を停止させられた。ところが「責任制」の実施に伴い、各種の古い人間関係が復活し、若い人たちも義兄弟の契りを結ぶ傾向にある。この組織の成員の何人かは一度中断していた関係を取り戻した。老人たちに言わせれば、今の若い者が義兄弟の契りを結ぶ現象は解放前よりも増えているという。[17]

義兄弟集団は時にとてつもなく大規模に発展して、政治活動をすることがある。例えば『水滸伝』の一〇八人の英雄たちが義兄弟の契りを結んで朝廷に反抗したように。時に義兄弟集団は、中国近代史上の義和団や青幇《チンバン》・紅幇《ホンバン》、それに天地会などの秘密結社に変質していった。こうした組織は親族や地域の集団の枠を越えて拡大する傾向があり、しかも例えば義和団が北方各省の大部分に拡がりを見せたように、多かれ少なかれ地域性を越えた特色を持ち、青幇は長江一帯で活動し、天地会は沿海地方と長江流域の各省及び両広地区[18]で活動していた。だが、そうであっても、こうした類の組織体が中国人の生活に与えた影響をそれほど過大評価してはならない。なぜなら、第一にこうした大規模な組織体は、大飢餓や長期の内戦、政治動乱などの時代に限って現れるのが普通だからである。社会の異常が人々を正常な生活の軌道から引き離してしまうから、彼らは結社を作り捨て鉢の行動に走るのだ。彼らは多く非合法活動に向かうために、それらを正常な生活の一部と見なすことはできない。中国人の理想とする社会秩序は、全ての人が「居に安んじ生業を楽しむ」ことであり、正常な社会では、人々は「土地に安住し移動を嫌い」、親族集団の保護圏内で生活しようとする。もしも多くの結社が生まれるような情況であれば、必ずや社会のどこかで問題が起きている。第二に家族制度の影響を受けて、中国のこうした組織は家族的な特色を濃厚に持っている。それは一種の「疑似家族集団」であり、家族集団が変化してできたものと言っても過言ではない。解放前の青幇の成員は共通の姓氏を持ち、彼らは互いに「潘家の兄弟」と言い合い、先輩後輩の序列があり、「家譜」があり、その序列に応じて手下を集めていた。天地会は、「天を拝して父とし、地を拝して母とし、太陽を拝して兄とし、月を拝して嫂《あによめ》とし」て、入会した者は全て「洪」という姓を名乗り、彼らは互いに「洪門の弟子」と言い合った。彼らの誓いの言葉は、「吾《われ》は天に誓って生死を共にし、桃園の契りにならって義兄弟となり、洪をその姓とし、義兄弟として、一家をなさん」[19]というものである。組織の指導者を、順に総理・二兄・三兄といって、家長式の統治を行う。つまり、中国人は宗族集団から離脱して非親族集団を作る際、なお親族間の繋がりのような人間関係をモデルとしたがり、一種の親族集団によく似た組

16　義兄弟の契りを結ぶ時に交換する親族の名を記した書き物のことで「金襴譜」ともいう。これらの文化は今では失われている。
17　この問題に関しては、筆者に次の専論がある。「中原地区の青年同輩グループ『把子』の研究」（『青年研究』一九九八年二期）九～一五頁
18　旧広西省と広東省をまたぐ地域を指す。
19　中国会党史研究会編『会党史研究』（学林出版社　一九八七年）一二四頁

織を作る。[20] このことは、宗族制度がどれほど深く中国人に影響しているかを示している。

あまりに発達しすぎた家族制度が、中国人を伝統的に家族に縛り付け、伝統的中国社会の非親族的非地域的社会集団の組織を「先天的虚弱体質」にしてしまった。F・シューの見解によれば、中国人は自分の属する親族団体のなかで完全に自己の社会的要求を満たせるので、誰も自分の親族集団を離れて非親族的集団を作ろうとは思わない。非親族集団に加わる人の数は少なく、加わったとしてもその大多数は正常な生活の軌道から外れたために捨て鉢の行動に走った者なのである。「非親族的非地域的ボランティア団体」がほとんどないということは、中国人がいかなる運動や主張に対してもあまり熱心ではないことが主な原因であり、中国の政治において長期にわたって専制的な中央集権的な政治が続いた客観的な原因である。中国人は、伝統的に自分の親族集団を離れ、住み慣れた故郷を出て外の世界で冒険しようとは思わない。家族制度のもとでの見事な孝行息子や偉大な愛国者は生み出すが、かえって偉大な探検家や献身的な宣教師などは生みにくい。家族制度が人々に植え付けるのは、一種の相対的な道徳観であって普遍的なそれではない。このために「公共道徳」がわれわれにとって一種の耳慣れないものとなっている。家族制度は、われわれに「誰もが自分の門の前の雪かきをすればよく、他人の屋根の霜に構うことはない」とか「余計なことに口出ししてはならない」と教えるのであって、公益事業に関心を持つようには仕向けない。このために、「公民意識」に欠けることもわれわれの弱点であり、公民意識と公徳心を育てることがわれわれの国民性を改造する際の大きな任務となってくる。こうした特徴ゆえに、偉大な革命の先駆者である孫文は、かつて中国人は伝統的に「皿の上のバラバラな砂」であると嘆いたのだ。実際、中国人は「バラバラな砂」の一面があるけれども、団結してまとまるといった一面もある。親族集団・地域集団、さらに民族集団などにおいて、中国人の凝集力は極めて強い。しかし「非親族的非地域的集団」を作ろうとすると、中国人はバラバラな砂となってしまうといっても差し支えない。恐らく、これは親族集団の凝集力があまりに強すぎたために、非親族集団の発達が抑制されてしまったのであろう。

これと対照的に、家元組織は現代社会におけるさまざまな社団としての素質を備えている。このことは、日本人が伝統的な社団から現代的な社団に踏み出していく過程で直面した制度的心理的障害が、中国人に比べ少なかったことを意味する。近代以来、中国でも「契約原理」からなる非親族的非地域的集団が数多く現れたけれども、中国人はこうした集団に適応するために比較的大きな気持ちの切り替えが必要だった。日本の家元組織は同族集団組織であるとともに「小集団の連合体」あるいは「小集団制度体」といった性質を持ち、この点で現代社会集団の構造に極めて近似している。「そのため日本人の帰属意識はいとも容易に『家』から『家の連合』へ、例えば近世の『藩』や近代の『国家』さらには現代の企業へと移っていった。日本において、『忠』と『孝』は本質的な違いがないが、中国においてもし血縁に対する帰属意識を直接非血縁的社会組織あるいは経営共同体に移し替えようとすれば、それは相当に困難なことである」と。[21]

20　筆者による別種の形式の親族関係の研究論文「中原地区の姻戚関係の研究」（『社会学研究』一九九七年）九〇～九六頁参照

21　王家驊『儒家思想と日本の近代化』（浙江人民出版社　一九九五年）二一一頁

四　親族集団・家元組織及び日本の一般的な社会集団の特徴

今日の日本社会では、茶道や花道など少数の伝統技芸の領域を除けば、家元組織は既に存在しないというべきであろう。現代の大多数の日本人は皆さまざまな近代的団体に所属している。小は通りに店を連ねる商店会から、大は全国的規模の大銀行や「鉄鋼協会」等である。こうした商人や企業人の協会はピラミッドのように上から下まで広範かつ機能的な全国組織を作り上げている。中小企業の最高組織は「日本商工会議所」であり、大企業の最高組織はかの有名な「経済団体連合会」（「経団連」と略称する）である。医者や弁護士、教師及びその他の職業団体なども同様な方式で連合して緊密な組織を作り上げており、「農協」や「労働組合連合会」もこうした方式で出来ている。至る所に婦人協会があって、それは地方組織から全国組織まで作り上げている。青年団も重要なはたらきをしている。日本のＰＴＡはとてもよく組織されており、その影響力も大きい。種々さまざまな数え切れないほどの趣味の団体、すなわち体操・ボクシング・柔道から天体観測に至るまで、はたまた庭木の剪定や魚釣りからいかにして精錬用の高炉を建造するかに至るまで、全て緊密な団体が組織されている。社会の周縁にあって上述した団体に加入できない人の中には、いわゆる「新興宗教団体」に入ってその空虚さを埋めようとする場合もある。こうした類の新興宗教組織としては、「創価学会」「世界救世会」「霊友会」「立正佼正会」などがある。こうした種々雑多な社団を伝統的な家元組織と同日に論じるべきではなかろう。非親族的非地域的社団の数と、それが担う個々人にとっての重要さとに関して言えば、現代日本社会は結社を重視するアメリカ社会と極めてよく似ており、こうした集団が相対的に見て少ない中国社会と対照をなしている。

ただ更に考察を加えていくとわかることがある。それは現代日本人の社団はそれ自体固有の特徴を持っているということだ。日本人の社団は、必ずしも欧米社会のように完全な「契約原理」からなるわけではない。日本人が社団に加わる時は、必ずしも親族関係を完全に断ち切ってしまうわけではなく、むしろ親族集団に似せて作られているから、親族集団の特色を多く残している。これこそが日本人の社会集団の「家族」的性質といわれるものである。家元組織の原理（つまり「縁約原理」）が、なお多かれ少なかれ現代日本人が団体を作る際に影響を及ぼしている。現代日本人の社団は、松下や日立のような近代的大企業であれ、創価学会のような宗教団体であれ、大学のクラブ・サークルであれ、自民党のような政党組織であれ、その内部構造においてこうした特徴を多かれ少なかれ備えている。つまり、関係が緊密で協調性が高い小集団が組み合わされており、上位者と下位者との間にある程度の主従関係が存在する。成員たちはある種の上下関係かまたはそれに似た関係で結びついており、団体は徹底的に個人を保護し、そして個人は集団の権威に絶対に服従し、自己の集団に対して高度の忠誠と献身の態度を持ち続ける。団体と個人の間に矛盾が発生した時には、団体の利益を守るために個人が犠牲になる。集団内の上下の関係、指導者と被指導者の間の関係は、親子関係に似ている。つまりこうである。もしも現代日本社会におけるさまざまな非親族集団の特徴を抽象的概念をもって概括するならば、なお伝統的な家元制度と族人組織との間にある種の一致点を見出すことができる。それは、ちょうどわれわれが前章で分析してきたように、中国人の多くの非親族集団と同族組織との間にある種の一致点が見出せるのと同様である。以下、日本社会の集団を家元組織の特徴と関連させながら考察していこう。

第一に小集団性。先にも述べたように、日本の同族集団ができる時の特徴は、個人が直接的にではなく間接的にそれに属していること、すなわち母集団と個人との間に通常それよりもやや小さい集団を介在させていることである。こうした特徴は、現代日本人のさまざまな社会集団形成のあり方に影響している。現代日本のさまざまな社会団体を、かつての族人集団や家元などと同日に論じることはもちろんできないが、種々雑多な外見を取り除いて現代日本のいろいろな社会団体を考察すると、日本人が社会集団に加わる方式と同族集団に加わる方式との間に極めて大きな一致点のあることが見えてくる。多くの日本人にとっては、さまざまな社会集団に加わるとき、個人の身分（あるいは資格）ではなく集団の方式によって加入する。換言すれば、彼らがある団体に加入するときは先ず親密な関係で結ばれた小集団の一員となり、この小集団を通じてそれよりも大きな集団の存在に気付くことになる。現代日本のほとんど全ての大集団は、どれも極めて多くの関係が緊密な内輪の小集団からできている。こうした小集団内部は極めて親密で協調性に富み団結力があり、しかも小集団間には競争や対立あるいは協力協調がある。こうした小集団はタテの関係を通して大集団と結びついて、他企業や組織と競争を繰り広げ、かくして社会全体を発展へと導いていく。これこそが、人々の言うところの「日本株式会社」の重要な特徴なのである。中根千枝は、こうした小集団の人数は多くはないが、朝から晩まで共同の「場」で仕事をしているから、性別・年齢・資格・職務内容などに基づいて上下の序列ができあがり、各人が皆決められた位置を占めることとなり、互いにうち解けてゆき、ついには融和の中に個人は埋没していく。もし人数が増えたり活動の「場」が拡大すれば、そこからさらに小集団に分かれる。もちろん、日本には個人が直接参加する大集団というものがないわけではない。現在の日本には、個人的な趣味や愛好からなる社団も少なくない。しかし、中根がまさしく指摘するように、こうした集団は大体において個人生活にとって重要な意味は持たない。すなわちこうした個人が直接加入する大集団もその核心部分は小集団からできているのであり、一般の成員はいかなる発言権もなく活動も積極的ではない。「日本の社会では、個人の資格で直接に加入する大きな職能団体は存在しないといってよい」と中根は言う。[22]中根のこの観点によれば、まさにこうした小集団のメカニズムこそは日本の社会が迅速に近代化を成し遂げ得た重要な要因なのだ。

日本人はいったんある団体に帰属すると、身も心も預けてしまう。途中で「転職する（鞍替えする）」などということはほとんど考えない（一部の若い人々が転職するようになったのは最近の出来事に過ぎない）。個人も家庭も友人も二次的な位置に置かれなければならない。会社は家長のように従業員の面倒を見て、軽々しく解雇などしない。従業員は至って忠実に上司に服従し会社の仕事に献身する。残業しても会社に報酬を求めず会社のために仕事し、休みの日も上司に付き従って酒を飲む。皆は普段は同じ制服を着て、会社のバッジを胸に付け、社歌を唱い、団結の中に安心感を得ている。

これとちょうど対照的に、中国の宗族組織の結合方式は直接的であって間接的ではない。現代中国人も類似の方式で「単位」という組織やその他社会集団に加入する。すなわち小集団を媒介せずに個人が直接加入する方式を取る。中国の「単位」組織の内部は、日本のような個人と大集団を強力に結びつける媒介役の小集団を欠いている。もしもこういった関係の緊密な集団があると、それは「派閥を作る動き」と見なされて、不正常なことと見なされてしまう。中国人は個々の関係の密な小集団の中で生活す

22　中根千枝『タテ式社会の人間関係』一二二〜一二三頁

るのではなく、ひとつの比較的巨大なネットワークの中で生活するので、個々人は皆そのネットのひとつひとつの結び目になるのである。誰もが皆こうしたネットワークの存在を感じることができるけれども、決して関係の緊密な小集団の存在を感じることはない。なぜならネットワークの上の人は普通同じ「場」の中で暮らすことがないからである。こうしたネットワークが明らかにしていることは、タテの関係よりはむしろヨコの関係だ。このネットワークの中にいる人は皆互いに助け合う。このネットワークは集団横断的なので、そのためにいつも個人が所属する非親族集団のはたらきを弱体化している。更に人々はこの人間関係のネットワークの方が政府よりもずっと自分の利益を守ってくれるとさえ信じている。血縁地縁のネットワークの中での相互扶助・相互依存は、中国社会の一大特色である。この特色は驚くべきことに今日の社会にも影響を及ぼし続けている。「裏口」から頼み込もうとしたり「関係」を当てにしたり人情に取り入ったり等の不正の風潮は、人々は心の底から憎んで根絶しようとするのに、何事かなそうとすると、少なくとも潜在意識の中に「関係」を利用して振る舞おうとしてしまう。今日、こうした情況に新たな形式も生まれている。

子供が保育所に入り、学校に上がり、難関校に進学し、就職するとき、また本人もしくは家族が医者にかかり、薬を買い、品薄の人気商品を買い、更には住宅の配分、進級、書籍の出版、昇進等のときなどは、たいてい誰でもよく知った人に頼み込んだり有力者に取り入るものだ。裁判所に訴え出る「訴訟」は本来極めて厳粛かつ厳格であるはずなのに、ある時には変質して関係に訴えることになってしまう。一部の人はこのためにコネやネットワークを作るのに夢中になり、一挙手一投足すべて「コネ学」を講じることになる。

第二は、権威。現代日本のいろいろな社団において下位者と上位者の関係は今なお多かれ少なかれ「主従」の性質を持っている。集団には一般に一人の「家元師匠」に似た権威的人物がいる（日本人は自分の会社の社長を好んで「おやじ」と呼ぶ）。こうした権威者はたいてい集団の創始者であり、宗教団体の場合は教祖、会社の場合は社長、大学など研究機関の場合は教授。銀行・商社・政党などの団体にもこうした「元老」のごとき人物がいる。この「元老」は家族における「家長」の変形である。彼は恩義を施したことにより、下の者から絶大なる尊敬を受ける。「恩義」の観念は、少なくともなお無意識的に個人と上司の関係に影響を与えてしまう。すなわち、彼らの意識下において、この最高の地位にいる人は、自分に対して「恩義のある人」であり、自分はその彼に対して「恩義を返す」義務があると感じる。一方「恩義のある人」は、いつも部下のことを気遣い、部下を守ってやらねばならず、企業の場合なら部下と話をし食事を共にし、彼らのプライベートな生活に気配りすることも含まれる。こうした「恩義を施す」行為は、団体が個人にさまざまな恩恵を施すことも意味している。日本の企業の従業員は給料以外にも、各種の特別な待遇を受けている。例えば、会社のさまざまな福利厚生施設を利用したり、健康保険組合に加入したり、社宅に住んだり、社内旅行に参加したり、会社主催のパーティーを楽しんだりする。従業員は企業での生活が終わった後も、退職金や養老年金等がある。こうした待遇は企業の規模や業績によって異なるものの、たいていの会社はできる限りの配慮をして、従業員たちが経営者に恩義を感じるように仕向ける。こうした権威者は個人に対しては家長的な保護作用をもつ。これは、伝統的な家元師匠が弟子を仕事の上でも社会生活の上でも庇護してやるのと極めて類似している。個人は、そのために「忠誠心」と「服従」でもって恩返ししようとする。狂ったように仕事に情熱を傾け、いかなるときにも上司や団体の名誉を守ろうと努め、ほとんど無条件に団体や上司の決定に従おうとする。

現代日本の社団も家元組織のように下位の者の権威者に対する服従を強調する。日本のいろいろな種類の集団にも必ず一人の権威者がいて、たいてい彼が指導力を持っている。家元の師匠と同じように尊敬を受け、集団内にあって号令をかけ、一切を取り仕切る。この権威に服従することは全成員の約束事である。それゆえ、多くの会社が新入社員に対して先ずしなければならないことは「研修」である。社員たちのとがった個性を押さえて「社風」への絶対服従を受け入れさせる。ある意味から言えば、こうした研修は「洗脳」に似ている。挙げ句は次のようなことさえ起こる。例えば、部下が飲酒や喫煙を強いられたりしたとき、「健康に有害だからお断りします」とか「いやです」とかと言って断ることはできないのだ。集団内部では、思想と行動の一致が重視され、第二の権威の存在を許さないばかりか、異なる意見の存在も認めない。こうして、日本人は一方で集団及び集団の権威から大きな安心感を得るわけだが、それと同時に集団に加わることで自分の個性を犠牲にするという代償も払う。いったんある集団に加わればその仲間に溶け込まなければならない。これは家元制度において、弟子は真心込めて師匠のために尽くさねばならず、その師匠のもとを離れて別の師匠に鞍替えしてはならず、また技術的には師匠の特徴を忠実に真似なければならないのと全く同様である。このような集団は高度の協調性を備えているが、また容易に分裂しやすい。集団内の権威が死んだりして不在になったとき、あるいは第二のリーダー的人物が登場し、古い権威に挑戦を仕掛けてきたとき、集団はたいてい分裂して、新しい権威をリーダーとする新しい集団ができる。「ひとつの集団の中で二人の強者が両立することは決してあり得ない」から、集団は分裂と崩壊の可能性を孕んでいることになる。[23] 中国式の集団にはこうした権威が欠けている。

第三は、タテの関係。現代日本社会の各種の非親族集団における人間関係モデルは、ある程度家元制度下の「連鎖式階層関係」の特徴をなお持ち続けている。日本の法律は上下の階層関係を認めていないが、人間関係における上下の階層意識はなお強力である。これは人間関係のいろいろな点で表れる。日本人が集団を作ると、必ずそこに差別を設けて上下の関係を作り出してしまう。年齢・学歴・性別・出身学校・入社年度・経験年数などはすべて序列化の基準となる。大学の教授も同様に昇進時期によって序列がきまり、外交官ならば出身校や外交官試験の合格年次によって地位の高低が決まる。家元組織における師匠と弟子、兄弟子と弟弟子と同様、誰もがその地位に応じたふるまい方をするのであって、何人もそれを逸脱してはならない。下位者は上位者に必ず服従しなければならないし、上位者に対しては必ず敬語を使わなければならず、集団で活動するときには、総じて年齢や地位に応じて、席についたり入場する順番が決まる。中根千枝は、家元制度の「基本的組織形態は現在の、例えば芸術家・学者・弁護士などの職業でもある程度受け継がれている。例えば、弁護士は雇用関係の中で活動しているわけではなく個人的に活動しているにも関わらず、日本弁護士協会の内部組織ははっきりとしたタテの関係になっている。こうした関係はすべて出身大学での師弟関係もしくはその業務における先輩後輩関係を基礎としてできてきたものである。この種のタテの関係のグループは線形組織の構造を呈する」と指摘している。[24]会社であろうと、学校であろうと、どこにでも先輩後輩の関係はある。日本の大学の下級生と上級

23　中根前掲書　四七頁
24　中根千枝『日本社会』（天津人民出版社　一九八二年）五六頁参照。

生間の差別のすごさは、中国の大学の比ではない。低学年の学生は口々に上級生を「先輩」というばかりでなく、どんな場合でも上級生を尊敬し服従する。初対面の人と話をするときも、先ず相手の身分や地位をはっきりさせた上で敬語を使って話をするかどうか、またどのくらいまでお辞儀をしたらよいかを判断する。ある集団において、自分がどんな立場にいるか、どのように振る舞うべきか、また振る舞うべきでないか、自分は誰に服従すべきか、また誰が自分に服従すべきかということを、誰もが皆はっきりわきまえている。こうした上下関係は、日本人の集団に潜在的には軍隊組織に似た特徴を与えている。この種の上下関係を観察して、人類学者の中根千枝は日本の社会を「タテの関係を重んじるばかりで、ヨコの関係を軽んじる」社会として描き出している。卒業や入社の時期がたった一年違うだけでも、二人の間の差別は一生つきまとう。たった一年早く生まれただけでも、一生実の兄貴のように変わることがない。先輩に対するときは両親や先生に対するのと同じで、服従しなければならず義務を背負わされる。中元や歳暮の贈り物を怠ってはならない。これに対して、先輩は後輩の就職の世話をしたり婚礼の仲人役を果たしたりしてやるなど、後輩の面倒を見てやらなければならない」と述べている。[25]アメリカの記者がかつてみごとに言い当てている。「民族としてみれば、日本人の上下の観念はアメリカ人より遙かに強く、現れ方もとてもおおっぴらである。ある米国の会社の恰幅のよい話の巧みな高級幹部の一団が飛行機に乗り込んできたとき、そこに居合わせた人は彼らの中で誰が社長かしばらくしないとわからないのだが、日本のある商社の重役たちが乗り込んできた時は一目瞭然だった。窓側に座り書類鞄を他の者に持たせ、しかも一緒にいる者たちが彼に対して深々とお辞儀をするとそれに返事をしている人物こそが社長なのだ」と。[26]

日本の集団に見られるこうした特徴は子供たちの中にすら見られる。日本のメディアがいつも報道し議論している小中学校における「いじめ」現象はまさしくこうした特徴の反映であるということができる。日本の文部省（現在の文部科学省）は一九九六年五月二二日小中学校におけるいじめについての調査結果を発表し、小中学生の間で「いじめ」が盛んに行われていることを明らかにした。メディアは、友達によるいじめに耐えきれず不登校になったり、果ては自殺してしまうなどの事件をいつも報道している。調査によれば、いじめを受けた子供たちのうち、小学生は二二％、中学生は一三％、高校生で四％であった。小学生の九％、中学生の一六％、高校生の一六％の人は、ゆえなくいじめを受けたために学校を休んだことがあった。

日本の研究者は、家庭の不和とか家庭教育の不備などに「いじめ」の原因を求める。ある研究者は、「同情心の欠如とか勉強のストレスが生徒たちの間で暴力事件を引き起こす主な原因になっている。激しい競争のためにクラスメートが互いにライバル意識を持っているために、弱者をいじめることでストレスを軽くしようとしている。しかもその精神的ストレスは小学校に上がる前から既に現れている」と分析する。[27]

調査によれば、いじめをする子供の大部分は家庭での生活に不満を感じており、父親との心のふれあいも不足している。約八五％の教師は、家庭教育のレベル低下がこうした現象の主因であると考えてい

25　グレゴリー・クラーク『日本人―ユニークさの源泉』（サイマル出版会　一九八三年）八〇頁
26　ロボト・C・クリストフ『日本人の心』（中国対外翻訳公司　一九八六年）一三一頁
27　「参考消息」一九九六年六月二日付、「残酷な訓練」（作者不明。ドイツ明星画刊　一九九六年）一八頁より転載。

る。恐らくこのようなことも原因になっているだろうが、これをいくら無くそうとしても無くならないのはもっと深いところに原因があるからである。実際、学校での「いじめ」現象は決して最近になって始まったものではなく、アメリカの人類学者R・ベネディクトは五〇年前に、「日本人の追憶談の中で大きく取り扱われるのは、この競争のことではなくて、むしろ、中等学校の上級生が下級生をいじめる習慣である。中等学校の上級生は下級生を顎でこき使い、あれこれといじめる。彼らは下級生に、ばかばかしく、屈辱的な芸をさせる。こういう目に遭った下級生は、十中八、九まで非常な恨みを抱くようになる。日本の少年たちはそのような事柄を、決して面白半分の気持ちで受け取らないからである。上級生の前で四つん這いをさせられたり、卑しい使い走りをさせられたりした下級生は、自分をいじめた相手に対して憎しみを抱き、復讐を計画する」と書いている。[28] ところで五〇年前の「いじめ」現象も「家庭崩壊」とか「学力低下」のせいだというのだろうか。わたしは「いじめ」は日本の集団のタテの関係と関連していると考えている。彼らの「仲間」うちには、もう上下関係のひな形ができている。いじめを受けて自殺をした子供たちは皆上下関係の一番下のところにおり、たまたま彼が属する仲間のリーダーができが悪かったりすると、どうしてもいじめを受けることになってしまう。小中学生たちの集団は日本人集団のひな形をなしているに過ぎないし、小中学生がしょっちゅう起こす「いじめ」事件は、日本人の人間関係のある一面を幼稚かつ露骨なやり方で示しているに過ぎない。日本式集団が育て上げるエリートは多く武士タイプである。すなわち「彼らはまるでロボットのようである。驚くばかりの量の知識はいつでも必要なだけ持っているが、感情というものがない。失敗を知らず、失敗者に対してはいささかの憐憫も持たない。われわれが育てているのは一種の単線的思考をする人物である」[29]

オウム真理教事件が起きてから、多くの研究者は類似事件の再発を防止するために、オウム真理教を取り締まること、「宗教法人法」を改正すること、学校教育制度を改革することなど、さまざまな施策について提案してきた。併せてこうした事件を起さないために、いじめを受けた生徒が授業を欠席することを許容したり、生徒と親との間の対話を増やすなど、さまざまな対策を提言した。しかし実際はオウム真理教と「仲間」うちでの「いじめ」現象はいずれも社会の深層構造に深く根ざしていたのだ。こうした現象が発生する根底にあるものをなくそうとするならば、五〇年前にベネディクトが唱えたことに基づいてもおそらく時代遅れではなかろう。つまり、「もしも学校においても軍隊においても、年上の少年が年下の少年に、犬のようにしっぽを振らせたり、蝉のまねをさせたり、ほかのものが食事している間中逆立ちをさせたりすれば、必ず罰するということにすれば、それは天皇の神性の否定や、教科書から国家主義的な内容を除去することよりも、日本の再教育という点で、さらにいっそう効果のある変化となるであろう」と。[30] 弱い者をいじめたり馬鹿にしたりしない平等教育を学校で実行する方が、ずっと効果があがると言ってもよかろう。

第四は、疑似家族制。この点は、家元組織の「疑似親族制」の特徴と一致している。明治維新以来、

28　R・ベネディクト『菊と刀』（浙江人民出版社　一九八七年）二二三四頁

29　前掲「残酷な訓練」参照

30　R・ベネディクト前掲書二二三四頁に基づく。（訳注：日本語版では三二三頁参照）第二次大戦中の日本軍の新兵と捕虜に対する虐待に関する情況については、入谷敏男『日本人の集団心理』（天津編訳館訳　中国文史出版社　一九八九年）一五二～一六五頁参照

日本の企業家は企業を日本的な大家族と見なしてきた。「家族主義」は、かつて日本企業の経営者たちにとって最高の経営哲学であり、国家の意識形態にすらなっていた。「企業一家」を高らかに唱い、従業員に「会社をわが家と思う」精神を教え込んできた。実際、日本のあらゆる集団は、すべて大なり小なり家族的特徴を持っている。集団はまるで子供をいたわりでもするように、従業員の生活のあらゆる点に気を配り、さらにある会社はクラブを作って従業員のために結婚相手の面倒まで見るほどである。日本の社会の構造は、完全にひとつの家族のようになっている。家族はその本来の性質から言えば上下の関係をなしている。両親がおり、兄姉がおり、弟妹がいる。上位の者は権力があるが、同時に下位の者に対して理解を示しまた慈愛を施すことが求められている。子供は父親の権威を受け入れなくてはならないが、同時に甘えてもよいのだ。

既に述べたことだが、中国人の非親族集団である「単位」もある種の「疑似家族」的性質を持っており、中国人も日本人もともに伝統的に親近者からなる相対的に閉鎖的な圏内で生活していると言うべきであろう。しかし両者の違いは、中国の宗族組織は個人をあらゆる面で保護しており、しかも個人と宗族との間には高度な職能を持った小集団としてのはたらきがないので、多くのことはその単位のトップが自分自身ですべてやってのけなければならないということである。その結果「家長」は身も心も疲れ果て、個人は至って呑気にしていられる。こうした状況下で発達するのは、公民意識でなく、また小集団意識あるいは「他者」意識でもなく、「自我」意識である。一切のことはすべて単位が面倒を見てくれるので、個人は何か困ったことがあれば単位に頼ればいい。単位の成員の社会的活動は組織が統括しているので、組織の成員の社会参加のルートは一つしかない。そのため組織の成員の公民意識は次第に組織観念に取って代わられてしまい、組織の成員の一般社会に対する関心の程度も低下してゆき、組織が自分にとって唯一の「社会」であると思うようにすらなる。[31] そこで培われるのは「甘え」と依存であり、単位に対する忠誠心ではない。単位という組織が成員たちを管理する使命を全面的に負っているので、個人と単位の間には明確な権利と義務の関係が成り立たず、ある種の「養い」「養われる」関係になってしまう。それゆえ単位の成員たちがいつも考えていることは、「どのような義務を果たすべきか、どのような権利を享受すべきか」という類の公民意識からの問題であるよりは、むしろ「私の願いは満たされているかどうか、どれくらいの満足が得られたかどうか」といった類の「自我」意識からの問題なのである。もしも願望が満たされなければ、すぐに「家長」に甘えかかる。組織の管理に反抗して、単位が決める任務を完遂しないでおくことは、しばしば最高の「甘え」行為となる。なぜなら、こうしておけばいとも容易に「家長」の注意を引きつけられるからだ。

ところが日本では協調性が高く、また個人に献身を求める小集団があるために、「団体精神」と「他人」意識を培うことになる。こうした集団では「和」の精神を保つことが最も重要だ。なぜなら、異なる資格で構成される小集団においては、個人は資格の異なる人や自分が必ずしも好きではない人とうまくやっていくこつを学び取らねばならないからである。このために、彼はできるだけ自分の「カド」を取り、個性を犠牲にし、仲間と同じことをしなければならない。個人がいつも考えていることは、「私のやっていることは適切だろうか、他人に迷惑をかけていないだろうか」という類の「他人」意識に基づく問題という

31　剛建「伝統的家族制度と現代的単位組織―李漢林を訪れて」（『光明日報』一九八八年八月二五日付）

べきであろう。この結果、彼のいる小集団のまとまりはさらに緊密になり、内部の関係はさらに和む。

以上、われわれは現代日本社会の社会集団の一般的特徴を、伝統的親族集団及び家元組織と関連させて考察を進めてきた。ここで指摘しておかねばならないことは、現代日本の社団は多種多様であり、その機能や性質も極めて複雑だということである。日本社会には伝統的社団といかなる関連も見出せない完全に欧米化した社団も数多く存在することは否定できない。しかし、もし日本社会を「比較文化」という視野の中に入れて考察するならば、その特徴は極めてはっきりするということも知っておく必要がある。この種の特徴は「文化の背景」とか「民族性」とかと関係があるので、政治経済的要素とは何らの関係もない。近代以降とりわけ戦後において、日本の社会・政治・経済に驚天動地の変化が起きて、集団を形成する方式や集団内部での人間関係にも大きな変化があったことは否定できない。しかしこの二つの変化は同時に起きたものではなく、後者は文化の範疇に属するために政治や経済のようには早く現れなかったのである。これは日本の高度に近代化した社団組織が構造的にはなお伝統的社会組織とほとんど同じであることに主な理由がある。家元と現代のさまざまな社団とはすべて「日本文化」という土壌の中で生まれてきたものであることを前提に、現代日本の社団が持つ特徴を理解するためのある種の「背景」を提示しようとするものであって、決して問題を単純化して分析しようというのではない。ある意味では、われわれは日本文化の「内実」を提示しようと試みているのだ。わたしは、現代日本人の社団が主要な二次集団（家元）の影響を受けているところに特徴があると考えるのは妥当ではないと考えている。なぜなら、家元制度というのも、結局のところ家族制度のようにすべての個人に影響を与えている社会制度ではないからだ。家元制度と現代日本のさまざまな社団との関係は、「影響と被影響」

の関係というよりは、ある種の並行関係と見るべきもののようである。つまり、日本人の家元組織の形成と様々な社団の形成とには共通する組織原理があり、そのために集団内での人間関係のパターンにも大いに共通性が見られるのだと言っておきたいのである。

五　ケーススタディー〝CS会〟とオウム真理教

日本の社団について上述した特徴は、両刃の剣である。「擬制家族」と「準軍隊組織」という性質は、組織にとってはある種巨大かつ潜在的な資源であり、社会が急激に変化するときには凝集力となって作用する。実際、日本社会の近代化はこうした階層関係をもった集団主義の特徴がもたらす凝集力と組織力の恩恵を受けている。個人は集団に対する献身と権威に対する服従から高度の安心感を得、これによってさらに団結心が強まり内部の関係はさらに協調的になる。これこそが、日本企業における労使関係が総じて西洋の国々のように厳しく対立することのない主要な原因なのだ。集団内の権威は強大なパワー源になっており、権威者が皆を率いて心を一つにし力を合わせて一つの目標にひた走り、集団として暗黙の了解のもとに協力し、いがみ合いをせず効率よく事を為し遂げるように仕向けている。このような団体の中では個人はさらに献身的になり、厳格な階層序列は個人がその中で地位をめぐってしのぎを削り合うあまり消耗してしまうことのないようにするので、組織としていっそう効率が上がる。日本社会はこうした組織によってライバルたちを遥か遠くに引き離して、ごく短時日のうちに近代社会を作り上げてしまう奇蹟を起こした。

しかし見方を変えれば、日本人が集団に加わる際、たいてい権威と組織に対する服従と献身を条件とされるために、いったん集団に加わってしまうとなかなかそこから抜け出られず、ちょうど高速で回転する歯車のように、自分で止めたくとも止められなくなってしまう。個人が組織の中で突出することをよしとしないために、個人としての独創性が欠けてしまう。もっとひどい場合は、個人は権威と上位者に服従を強いられるために、組織として誤った決定をしたときにも往々にしてそれに反対できない。こうした状況下では、組織の権威者や上位者は決まって〝暴君〟となって、下位者を虐待することになる。そうしてこの権威者が「かっとなってとんでもないことをしでかす」ことがあると、下位者はそれでも彼に服従し全員一緒に回り続けないわけにはいかず、結局集団がこぞって極めて大きな災厄を引き起こすことになる。準軍隊組織的な階層構造や、個人が献身し服従するという精神がファシズムを生み出す基礎となった。第二次大戦時日本そのものが一つの大きな家元組織であり、天皇は最高権威を備えた〝師匠〟であり、一億国民が天皇に忠誠を尽くし天皇のために戦い、結局この世で最も悲惨な侵略行為に走ってしまったのだ。

このように、第二次大戦中の日本人の熱狂、オウム真理教事件、学校でのいじめ現象、日本的集団の活力と効率及びそれに基づいて成し遂げられた経済的奇蹟、これらは表面的には何のつながりもないようだが、実はそれらすべてについて日本社会と文化の「深層構造」として統一的解釈を得ることができるのだ。[32]

（一）ＣＳ会

以下に、〝ＣＳ会〟とオウム真理教という二つの集団を例として日本的集団の特徴を分析していこう。

ＣＳ会とは指圧とマッサージを主とする医療組織で、現在の会員は一四名である。本部は東京のＢ市にある。その組織の創始者であり、現会長のＹ氏は筆者が日本研修時代に知り合った友人で、日本滞在中筆者と行き来することが比較的多かった。筆者が帰国した後はＹ氏がたびたび中国を訪問しその都度筆者と会っていたので、その組織の成立と発展については比較的多くのことを知っている。

Ｙ氏はもとはある指圧師について指圧を学んでいたが、後に中国医学と気功に出会い幾度か中国に勉強に来ているうちに、中国の医師の指導を受けて理論面と技術面で大いに進歩した。そのためこれまでの先生の下で仕事をすることにもはや満足できなくなっていた。一九八八年に独立し、翌年の二月に「ＣＳ医会」を発足させ、中国医学を主体とした指圧術を全世界に広めることを目標とした。しかし発足当

32　日本の心理学者入谷敏夫先生は日本の第二次大戦中の熱狂に対する反省がなされていたとき、筆者と類似の見方を提出した。すなわち、「国民は敵を殺す武器を投げ捨てて、教育と技術の武器を手に執って、一億総動員の戦後復興に取り組んだ。大和魂の不撓不屈の精神を象徴すると共に、戦時において国家が危殆《きたい》に瀕したときに発揮された想像もできない力を発揮して、今日の驚くべき高度成長を成し遂げた。これは、日本古来の伝統的な体制の下で培われたものである。つまり、中央集権的制度と家族が一つにまとまる精神とはこのような社会的土壌の中から生まれてきた。社会の各部所ではいつも家族的雰囲気に充ち満ちており、集団の和を重んじ、一旦危急があれば、日本人は団結してひとつの全体になる。国家の事情についてはむろんのこと、地方でも、組織された団体から小集団に至るまで、さらには海外の小集団まで、集団の事業に対して、容易にその意志と士気とを喚起しうる」「この種の集団内の統一と和と共同作業は作業効率を高める上で突出した能力を発揮させる。しかし、同時に以下のような欠点もある。それは、集団でやることにはその目的の善し悪しを構わず、集団のエネルギーの消費がその目的に合致しているかどうかは、集団組織を動かす指導者によって決定される。目的と動機が正しくなく合理的でなかった場合、この種の集団の目的を押し止めたり、あるいは指導者がその不合理な方向に向かう行動を改めさせることは困難である」（入谷敏男『日本人の集団心理』（中国文史出版社　一九八九）一八四～一八六頁）

時は会員は会長ただ一人だった。以来会員を募集し続けた結果、一九九一年には六人に増え、同年「CS会」本部を発足させるとともに、正式に〝株式会社〟となった。現在は東京と名古屋の二カ所に治療施設を持っている。

Y氏はCS会の創始者であり、その大株主でもあるから、集団内での権威は絶対である。彼は才能があり聡明でありリーダータイプの人物である。このような人は日本社会ではそう長くは他人に身を委ねていることはできず、最終的には独立してグループを率いるリーダーになっていくものだ。彼は普通のリーダーならば備えているはずの特徴のほかにもさらに日本式グループのリーダーの特徴を備えていた。すなわち家長のように部下に気を遣うのだ。その会社は「出来高払い」制を取っており、本人の治療実績に応じて給料が決まる。ところが入会早々の者に対しては、技術を全然習得していなくとも月々の給料は与える。彼は新入会員に技術を教えてやり、彼が独立して治療を行えるようになるとその収入は基本的に本人のものとなり、CS会は単に象徴的に管理費を徴収するだけとなる。これは新入会員をとても感動させる。Y氏の弟子はもと彼の患者であったりまたその父母が患者だったりした。治療を受けた後彼の恩義に感じて、本人がCS会に加入するかまた自分の子供を加入させたりしたからである。その組織のナンバーツーのTは以前ひどい病気を患っていたが、Yの治療を受けて治ったので仕事をやめてYに弟子入りした。彼はいつも「Y先生には恩義がある」と言っていた。彼はY先生の最も忠実な弟子であると思われていた。Y氏は部下に恩義を与える一方で、組織に対する献身と彼本人への絶対服従を求めていた。全員、毎晩夜の一一時過ぎまで仕事をしていた。Y氏には子供がおらず全財産と全精力をCS会に注ぎ込んでいた。彼にとってはCS会こそ家庭であり、本来の家庭は休息のための「ホテル」

でしかなかった。だから若い会員が仕事が終わるや急いで帰宅し家族団欒していることが大いに不満だった。仕事が終わると彼はいつも弟子たちを連れて酒を飲みに連れて行っていたので、だれも会長を欺いて外部と連絡を取ることができなかった。一度、ある弟子が会長に背いて中国留学について外部と連絡を取ったところ、それを知った会長は彼をこっぴどく叱ったことがあった。会長が弟子たちを皆毎年順番で中国に医学と気功を学ばせていることに反対する者はいない。皆の意志を会長の権威のもとに統一することが重視されるのだ。めいめいに考えがあってもそれは自分の心の中にしまっておくしかない。会員は規格の決まった名刺を持ち、中国に来るたびにＣＳ会の旗を振りＣＳ会のマーク入り制服を着用する。

会員には上下関係がある。弟子の地位は基本的には入会年次に応じて決まる。中国に来るたびに撮影機材を担いだりカバンを担いだり使い走りするのはいつも皆新入会員の仕事だ。もしこれらのことを新人が代わってしていれば、ＣＳ会に新会員が加わったことになる。

服従と献身を重視し、同一歩調を重視することは、組織の団結と協調の精神にとって、極めてよいことである。だれも皆会社を自分の家と見なし、昼となく夜となく仕事をする。指令は一カ所から出されるから、皆の目標は極めてはっきりしている、そして部下には服従と献身の精神があり、そのうえ各自が自分の立場とそれに基づく権利と義務とを心得ているから、いがみ合ったり責任のなすりあいをしたりリーダーに従わないといったようなことは起こらない。それゆえ組織全体として活力があり効率よく事が成就する。僅か五、六年の間にその組織は無から有へ小から大へと発展した。この組織は今後も間違いなくさらに大きく発展していくであろう。

ＣＳ会内部にも矛盾はある。ところがその解決法は全く日本的である。その組織が大きくなっていく過程で何人かの退会者もあった。中でも二人の退会には重要な意味がある。一人は医療レベルが比較的高く独立開業の許可証がありリーダーシップを取る能力もある会員であった。厳密に言えば、彼はＹ氏の弟子ではなかったしＹ氏に恩義を感じるような関係でもなかった。彼は退会して独立した。ちょうどＹ氏がその先生の下から独立したのと同様に。こうした分裂の原因は「集団内部に第二の権威が生まれた」ことに求められる。二人目は最近のことであった。一九九五年一〇月初め、Ｙ氏が中国を訪問したとき、彼は私に「Ｔは会を抜けた」と言った。Ｙ氏と一緒にいる時間が最も長く、Ｙ氏に最も恩義があると言われていた弟子のＴ氏が突然退会したことに私は驚愕した。ただ思い返せば前回中国に来たとき、Ｔ氏はＹ氏のやり方に不満を漏らしていた。しかしＹ氏への恩返しが終わるまでこうした不満を外に出さず、集団としての団結を保つように努めていたのだ。彼の退会辞職は「恩返しが終わった」からであるといってよい。興味深いのは、彼が辞職届を出すまで会長といさかいを起こしたことは一度もなかったことだ。Ｙ氏は自分に対する一連のふるまいに冷静であった。彼は私にこう言った、「どうしようもない、これが日本の特徴だ。こうしなければ生きていけない」と。

Ｙ氏とその弟子たちは、おそらく日本の家元制度の構造や特徴について全く知らないだろうが、彼とその部下の関係から家元制度における師匠と弟子の間に見られるいくつかの特徴を見て取ることができる。こうした集団内での権威ある人物像は、慈父のように自分の部下を可愛がり、彼らが家庭のような暖かさを感じ取るようにさせるものだ。その見返りとして部下は会社に献身し「師匠」の権威に服従する。Ｙ氏は中根千枝の「タテ社会」の理論は全く知らなかっただろうが、彼と彼の部下や会員との関係のありようは、日本の社会集団内部の人間関係の特徴を如実に反映している。私はCS会は日本に数多くある社団の一個の代表モデルに過ぎないと信じている。まさしくこのような上下が一致協調しおのおのの社員が高度な献身の精神を持つ社会集団が無数に存在していることこそ、日本が奇跡的な経済発展を成し遂げ得た基礎となっていたのである。

(二) オウム真理教

集団のトップが冷静さを失い暴君に変身すると、下にいる者たちは逃げ出すことができず、集団全体に災難が降りかかってしまうこともある。オウム真理教こそは、そうした集団だった。

集団の構成のしかたという点から見ると、オウム真理教は日本社会の特徴、すなわち個人が小集団の権威と一種の「主従関係」で繋がっていて、個人が集団にすべてを差し出すことを求め、更に親族関係すらこうした小集団内の関係の前にはその地位を譲り渡すといった「タテ社会」の関係を反映している。オウム真理教の信者は教祖麻原彰晃に対する献身と高位者に対する服従を通してある種の高度な帰属感と安心感とを得ていたが、また同時にある種の目に見えない束縛の力が働き、もはやそこから抜け出せなくなってしまっていた。麻原彰晃はヨガ教室を通じて忠実な追随者（オウム真理教はこうした基礎のうえにできた）を得たことに日本の集団のこうした特徴が関係している。日本ではある個人が教室を開いて知識を教授する場合、教師と生徒との間にできあがる関係は想像以上に極めて持続的かつ親密的だ。教師と生徒の関係は、教えることが終わったからといって必ずしもそれでおしまいなのではなく、集団として結束し持続していく。ここから師弟関係が主従関係となる（ついでにいえば、これは中国の多くの気功師が気功学習クラスを開く場合と大いに異なる)。当然ながら、信者の中には、途中で「道を誤った」ことに気付き、「引き返そう」とする者もいたけれども、オウム真理教の暴力を恐れて退会しようにもできなかった。個人がある集団にいったん加入してしまうと途中でやめようと思ったときには想像以上の圧迫を受けることになるのが、あらゆる日本的集団の特徴なのだ。

オウム真理教の組織構造は厳格な上下関係からなっていた。この上下関係は一人の「神聖法皇」を頂点とし、多くの信者を底辺に持つピラミッド構造をなしていた。このピラミッドの頂点には〝神聖法皇〟麻原彰晃がおり、次いで五人の「正大師」がおり、その下に一〇人の「正悟師」、そして「師長」「師」「沙門」が続く。最下級は在家の信者である。階層序列の段階ごとにその下級者に対する指揮命令権を持つ一方、上級者に対しては絶対服従の義務を負う。こうした構造は、一人の師団長が数名の大隊長を管轄し、大隊長が数名の小隊長を管轄する軍隊組織に酷似している。それゆえオウム真理教の構造上の特徴は、日本の「タテ社会」から分化したある極端な縮図に過ぎない。

オウム真理教のもう一つの特徴は、「法名制」である。教祖麻原が自分の高弟と認めると新しい名前を与える。法名は、皆梵語の経典から取ったものだ。「緊急対策本部」部長のJHは「マイトラー」(弥勒菩薩)、「郵政省」大臣のMTは「ヤサダラー」(仏陀の妻)、「諜報省」大臣IYは「アーナンダ」(釋迦の弟子の名)であった。こうしたやり方は、過去の家元組織における「名取り」制度と同根である。つまり弟子の技能が一定のレベルに達すると師匠の姓を名乗ることができ、また同時に師匠から芸名をもらうことで両者はある疑似親子関係を結ぶことになる。

「親分」と「子分」の関係はタテ社会の典型的な形式で、ある種の権威主義を伴った疑似親子関係だ。[33]

これは日本の親族集団における「本家」と「分家」の関係ともつながる。「親分」に報いるために「子分」は絶対服従しなければならない。やくざ組織においては「親分」に報いるために人殺しをすることさえある。オウム真理教における信者と教祖、及び上位者と下位者との間の関係こそ、「親分」と「子分」の関係をよく表している。教祖麻原こそは皆の「親分」であり、信者はすべて彼の「子分」というわけだ。麻原の命令に誰も背くことはできない。人間関係から見れば、タテ社会集団における個人は「上を怖れ」「下を虐める」傾向がある。「上を怖れる」とはつまり上位者に絶対服従することであるし、「下を虐める」とはつまり下位者に優越することである。このことはオウム真理教の幹部のふるまいの中に明らかに見て取れる。つまり、彼らは教祖に対しては絶対服従し、下位の信者に対しては残酷な仕打ちをする。あれら毒気を放つ信者どもが、自分たちは完全に尊師（麻原）の命令を守っていると公言する。

権威に対する絶対服従、敏感な「序列」意識、集団に対する献身と見捨てられることへの不安、下位者への優越意識と煩瑣《はんさ》な礼儀作法へのこだわり、こうした諸特徴はどれも個人に裁量の余地を与えるものでないことは確かだ。それほどタテ関係を重視しない社会と比べれば、日本的集団における個人は自己を失い道を誤り易いわけである。この種の社会集団の中で育った精鋭は、「武士型」になり、「タテ」の関係を重視して「ヨコ」の関係を軽視し、挙げ句は前者のために後者を犠牲にする。伝統的に日本の社会で称賛を受ける行為とは、友人のためにどんな危険でも冒すことよりは、むしろ「二君にまみえな

33　「親分」とは父母の地位にある人を指す。例えば、干爺（義理の父）・干媽（義理の母）・頭目・老板（主人）などに相当する。「子分」とは息子の地位にある人を指す。例えば、干児子（義理の息子）・部下・党羽（一味）・嘍羅（ならず者の手先）などに相当する。

い」ことであり「一君に仕えて終わる」ことだ。つまり、強きを挫いて弱きを扶《たす》け、貧しきを助けて危うきを救うことにあるというよりは、むしろ主人もしくは自分の名誉のために恥を雪《すす》いで仇を討つことにあるというべきである。オウム真理教の「精鋭」たちは皆日本の武士の特徴を備えていた。少なくとも伝統的な日本文化の雰囲気がこうした傾向を助長した。日本社会の組織は今なおこうした行為を育てる内在的な構造を持っている。

当然、ある教義を極端に信仰するという状況下、とりわけ「洗脳」された状況下では、思想も行為もすべて常軌を外れることはあり得る。オウム真理教における人と人の関係は歪曲された形を取っていたから、一般的な集団と同列に論じることはできないというべきであろう。だがこうした関係が日本的な人間関係と無関係にできたとはいえない。オウム真理教と数多くの「株式会社」はすべて日本社会という樹木に実った果実なのであり、オウム真理教はこの果実の変質に過ぎない。日本社会の精鋭たちの行為のこうした特徴は、現在の日本官僚のふるまいの中にも現れている。日本の官僚は一般的に有能、廉潔、真面目、忠実などの優れた点を持っているが、しかし几帳面、上を怖れ下を虐める、誤りと知っていても身を挺してその誤りを正そうとはしない、などの欠点も同時に持ち合わせている。以前に起きたいわゆる「薬害エイズ事件」や「住専問題」などは、官僚たちが重大な結果を引き起こすことがわかっていながら、なお規則に拘って些かも変えようとしなかったことにその主な原因がある。[34] しかもこうした特徴は、日本社会の組織構造の特徴と一致する。この点から見れば、こうした官僚たちと戦争中の軍人、そしてオウム真理教の信者たちとは互いに似たところがある。それゆえある者は「自分で判断できずに教祖の取り巻きとなっているあれら秀才信者たちは、法律に縛られて臨機応変に対応できない役所の官僚たちと少しも違わない」と言っている。[35] こうした特徴はいくらか薄まった形で一般的な社団の中にも存在する。殆どすべての日本的集団には一人の権威を持った人物がいて、成員たちに権威者とその集団への献身を求める。事実、会社が行う研修は社員たちに会社こそ自分の家庭だと思い込ませたうえに、オウム真理教の「洗脳」や「修行」とよく似た残酷な訓練を強いる。会社にもタテの序列があって、新人や下位者、弱者に対するからかいやいじめがある。

34　加熱などでウイルスを不活性化させなかった血液凝固因子製剤（非加熱製剤）を治療に使用したことにより、多数のＨＩＶ感染者およびエイズ患者を生み出した事件。安全性の確保されていない非加熱製剤が使用されたことに対し厚生省と関連企業の責任が追及された。「住専」とは「住宅金融専門会社」のこと。「バブル経済」の時に、銀行は大量の資金を建設会社に融資した。バブル経済が崩壊してから、地価や住宅価格は暴落し、それら債権は不良債権となって、国民の不満を招いた。

35　『オウム真理教事件』（『季刊 仏教』別冊　法蔵館　一九九六年一期）八四頁

第四章　社会の近代化―人と集団の関係の考察

一　家元組織と日本社会の近代化

(一) 社会集団と近代化

社会の近代化には、経済・政治・科学技術などいくつかの側面がある。しかしそのどれも根拠なしに進行することも、人を離れて近代化することもあり得ない。しかも人は各々の社会集団に組織されているため、いかなる社会の近代化といえども、すべて個人と社会集団との関わりという側面を抜きにすることはできない。人と社会集団の関わりという側面と、その他の側面との顕著な違いは、前者が現象として見ることのできる「可視構造」の他に、現象の根底に隠れて見ることのできない「不可視構造」を持っているということなのである。経済や技術の側面と異なるのは、われわれが木製の鋤や牛車を捨て去ったようには、われわれのよって立つ伝統的な社会組織を簡単に捨て去ることはできないということである。よしんばわれわれが、人為的なやり方で古い社会組織を壊して、新しい組織を作ることができたとしても、人々はなお自らの伝統組織の中で培ってきた価値観に基づいて行動する。つまり社会の「可視構造」がかりに破壊されたとしても、「不可視構造」はなお人間関係モデルに影響し続けるということである。この意味では、私は「人の近代化」「人間関係の近代化」といったもっともらしい言い方に対して懐疑的だ。日本を例に取れば、日本は高度に近代化された社会であり、その経済や政治のシステムは欧米のそれとそっくりであるが、しかし社会集団内での人間関係はなお日本的伝統を残しており、この一点では必ずしも「近代化」していない。それゆえ私の見立てでは、社会が近代化するプロセスにおいて、人と集団の側面は、必ずしもその他の側面と同時に変化を始めることはなく、ことによると社会の「不可視構造」が甚だ近代化し難いこともあり、少なくともその他の側面のように近代化がスムーズに進むことはあり得ない。私は近代化のプロセスでの人と社会集団の問題については、むしろ以下のように見ておきたい。すなわち、いかなる社会も伝統的集団は必ず人々を凝集させる「力」を備えており、いかなる社会の近代化も、必ず無意識的にせよこの種の「力」を利用している、と。もしもこれがうまく利用できれば、それは社会の近代化にとって重要な組織資源となり、これによって近代化のプロセスは加速される。しかしそれぞれの社会の集団はそれぞれ異なる原則のもとに構成されているために、その集団内の人間関係や人々の行動方式は異なっており、かかる社会集団と近代的な社会集団との「親和力」も異なってくる。親和力が比較的強い場合は、それが社会の近代化に向けて提供する組織資源はいっそう大きなものになり、そのために集団の変化もさらに早まる。ところが親和力が比較的弱い場合は、その組織資源との凝集力は弱くなるために、変化は困難になる。近代において中国と日本はともに西洋の挑戦を受けたわけだが、日本社会は迅速に近代化を達成したのに、中国が落伍してしまったのは、いくつかの原因の他に、二つの社会が持つ構造上の特色及びそれと関連する「親和力」が関係している。既に述べたように、家元組織は日本の最も重要な社会集団であり、こうした集団が近代的社会集団の特質を潜在的に持っており、このために近代社会との間に比較的強い「親和力」を発揮したのである。日本社会は、近代化のプロセスで社会集団が提供する組織資源と凝集力を効果的に利用したために、近代化が促進された。これと対照的に、伝統中国の最も主要な社会集団は宗族であった。宗族集団は、近代社会の集団とは根本的に異なった性質を持っており、近代社会集団との「親和力」をほとんど持たなかったために、近代社会の組織に変身することが相当に困難で、個人は、近代社会に向けて変化していこうとするプロセスにおいて、やや大きな文化心理上の困難に直面することとなった。そのうえ長期にわたり、人為的に伝統社会集団がもたらす組織資源を拒み続けたために、近代化が日本よりも緩慢なものになってしまったのである。

(二) 家元制度の社会的機能

伝統的な日本社会の家元制度は、いくつかの重要な機能があり、こうした機能はある意味では日本社会の特色を決定付けており、また日本社会の近代化とも関連している。

第一に、職業学校と職能組合の機能として、伝統技芸を保護し継承することがある。家元はこうした機能を持つ制度のひとつである。つまりそれは、ある技芸に従事する人を厳格な階層制の組織の中に組み込んで、そのエッセンスを系統的にマスターさせ、その正統を維持する。それは厳格な運営のもとに効果を上げようとするいわば民間の学校であり、国家に代わって文化を伝承するという機能を発揮している。家元の師匠はこうした学校の教師であり、彼の権威と神聖さはほとんどその分野での神であり、弟子たちに強大な影響力を持つばかりでなく、一般の人々にもそう信じ込ませている。家元は、弟子たちがその技術や芸能の内容を変えたり営業証書を発行することを認めないという独占的な権力を持つことによって、技芸が忠実に伝承されていくことを保証している。家元の厳格な階層制度は、技芸の伝承において有効にはたらいてきた。

家元制度とそれが生み出した「道」は、日本が伝統文化を保存しつつ外来文化を吸収していくうえでの独特なメカニズムをもっている。伝統技芸の維持と保存について、家元はとても大きな権威を持ち、技芸の伝承を保持していく上で、審判員ないし審査員の役割を果たしている。西山松之助の概括によれば、伝統文化領域における家元は、伝統技芸の面で次のような権力を有している。すなわち、①技能面における権力。例えば秘伝、上演、演目あるいは「型」の管轄と変更についての権力。②技芸の伝授、伝承及び免許（許可書）に関する権利。③弟子に対する懲罰と破門についての権利。④衣装を決め、称号を授与する権利。⑤設備や道具の管理権。⑥上記の諸権力から生じる収入の独占権、等。[1]とりわけ重要なのは、家元が免許を発行する独占権を持っていることで、このことは、ひとつの業種には最高の審査組織がひとつだけあり、その流派では、いかなる者も当該流派の承認を必要とし、すべて家元の許可を受けなければならないことを意味する。こうしたメカニズムが、技芸の変形や失伝の危険をくい止めている。日本の家元組織は連続性を有し、ある「道」がひとたび打ち立てられると、それは末永く継承されていくことになる。このようなわけで、日本の各種の技芸の流派はたいていとても古い歴史を持っている。このことから、中国起源の技芸が中国では大部分が失われたのに、なぜ日本ではそのままの形で保存され、しかも立派に発展していったのかという疑問が解けるかも知れない。中国には頻繁に戦乱などの混乱があったという要因以外に、家元のような技芸をしっかり保護してくれる組織がなかっ

1　西山松之助『西山松之助著作集』第一巻（吉川弘文館　一九八七年）一六頁

たということも、とても重要な一因であった。つまり、伝統技芸の保護と継承という面において、日本は、中国に比べ、より安定的かつより効果的なメカニズムがはたらいていたと言えよう。周知のように、日本は「道」を創造することに巧みな民族である。外来の技芸が日本に伝わると、日本人はそれを磨き、深め、日本の特徴と結びつけて、すぐさま「道」を作り出してしまう。「道」は日本特有の文化形式である。この種の形式はある特定の技芸に従事する人を組織化するとともに、技芸と倫理的規範とを結びつけることによって、宗教に似たものを作り出す。日本で「何々道」と言えば、それは単にあるひとつの技芸だけを指すのではなく、もっと重要なことは技芸と関係する組織や倫理的規範、つまりは一種の精神を指している。例えば、茶道は、どんな茶を飲めば体にいいかといった類の組織ではなく（もちろん、こうした研究をする人もいるのだが）、茶を飲むという行為を芸術化し宗教化して、一種の儀式にまで仕立て上げ、茶を飲むという行為の中に芸術性の享受と道徳性の陶冶に至らしめる。各種の「道」には、それぞれ異なる流派があり、自前の組織がある。過去、このような組織を「家元」と言った。現在は、家元組織はなお茶道や花道の中に残っている。茶道の千家流・三斎流・織部流、花道の草月流・小原流・池坊流等は、いずれも百万会員を擁する組織であると公言しており、その影響力の大きさが窺える。実際「道」の文化と家元制度とには密接な関係がある。家元は「道」に強力な組織を提供し、「道」は家元制度に倫理的規範と宗教的紐帯《ちゅうたい》を提供する。こうして家元と「道」の相互依存、相互補完関係ができ上がる。

家元組織が、社会的地位を異にする者から成り、かつ厳格な階層と権威に対する服従を特色とする集団であることにより、外来文化を吸収する場合に有利に作用している。こうした組織は自律性と自治的性格を多く持つため、国家権力の干渉を受けにくいからである。いかなる外来の文化や技術も、日本人は直ちにそれに最適な組織を作り研究を始めてそれを吸収してしまうことができる。それに、彼らはそれを日本の特質である「道」として理解してしまう。これこそ外来文化を吸収するうえで柔軟かつ最適なメカニズムなのである。それは、官からではなく民から始まり、また強制によらず自発による。こうしてできたそれぞれの「道」は、あたかも異なった風格を持って立つ建造物のようであり、日本文化そのものが、こうしたあまたの建造物の組み合わせから成り立っている。外来文化の吸収とは、日本人にとっては、既存の建造物群に、ひとつあるいはいくつかの新しい建造物を付け加えることに他ならない。これと対照的なのが中国である。中国は、まるで一切を包み込んだ大建造物のようなものであり、外来文化を吸収しようとするときに突き当たる問題は、ひとつふたつの建造物を加えるかどうかということではなくて、改築もしくは新築するかどうかということになってしまうのである。

第二は、結社、クラブとしての機能。家元は一種の社会組織であると同時に、現代社会においては「結社」とか「クラブ」としての機能も持っていて、人々が社会的に求めるしかるべき地位や付き合い、そして安心感などがそれによって満たされている。日本は長期にわたって長男が家業を継いできたために、長男以外の男性成員は、理論的には、成人すると必ず家族の外に身の置き場所を求めねばならないこととなっていた。家元はまさにそうした日本人の必要を満してくれる機能を果たしてきた。その成員となる資格は生得的なものではなく、出身の異なる者が成員になる資格も認めた。それによって血縁関係を超えて、近代社会の自由結社が持つある性質も具備した。それは、家産の継承から排除された人々を厳格な形式で組織した。個人としては、あの天賦の才能を持った家元組織の最高指導者に対する崇拝と献身とによって自己のアイデンティティと安心感を得るとともに、自分が従事している事柄を通して自己実現を果たすことになる。西山松之助は、家元制度とは人々にとっては「自己解放の一手段」であったとして、「こういう手続きをとることによって、庶民は士農工商の身分の枠をはなれ、文化人として、教養人として、自由なあそびの世界に自己を解放することができたのである。経済外的強制力が絶大であった幕藩体制下において、実力で成長してきた町人たちが莫大な人口になったとき、彼らがどういう人生との対決を試みたか。これはまことに注目すべきことである。江戸時代の町人たちは、権力にまともの対決を迫ることは不可能であった。そこで、こういう現実遮断の論理によって、消極的な抵抗を試みる自己解放の哲学を発見したのである」と言っている。[2] 家元に「クラブ」としての機能があることは、成員構成の原則が変化していることから証明できる。伝統的家元組織の成員はそのほとんどが男性で、しかも町人（都市住民）の組織であった。ところが現在では家元組織の成員は女性が大半である。その理由は、近代工業社会となる前の日本では、男性は主に家元によって組織されており、当時、〝女性解放〟といった考え方は全くなかったことによる。ところが現代の日本社会では、男性はそれぞれ企業などの集団に属するようになったので、家元組織を女性に「譲り渡した」のだ。女性解放運動が盛んになるにつれ、女性の就業や自立などが要求されるようになったにもかかわらず激烈な競争が女性を就業には不利な立場に追いやったために、女性たちの就業率はずっと低いままであった。このために家元は女性たちが結社を作る際の重要な形式となり、家元組織に加入することが日本の女性解放の旗印となっていった。実際、家元制度は近代西欧の結社と似た点がある。この種の社団は、実際、後に現われてくる様々な近代的社会団体の前身となっている。こうした観点からすれば、日本社会が近代化に向けて変化していく前に、既に大量の「準近代」的な社会集団が存在していたことになる。

第三は、ギルドとしての機能。家元は日本的なギルド組織であり、ひとつの家元はまさにひとつの利益集団である。家元は、弟子の利益を守り、他業者からの侵害を受けないようにする責任を負っており、他のグループと競争状態に直面した場合、家元は一致協力して競争力を高め、身内の利益を守らねばならない。家元は、さらに身内の利害関係をも調整し、各々枝分かれ集団の仕事の範囲、製品やサービスの価格などを決め、過当競争を避ける。家元組織は、国家からも独立して機能し、民間の組織が政府の過度の干渉や収奪を受けないようにしており、このために手工業や各種の技芸を保護する役割も果たしている。家元が持っているこの種の独立性は、ある程度まで中央政府を牽制するはたらきがあり、過度の中央集権化を抑制してきた。強力な家元組織が存在することにより、徴税も安定的になされ、職人たちの利益と地位も守られ、そこからまた手工業が近代化に向けて転換を果たしてきた。西山松之助はかって尺八演奏界の「竹名《ちくめい》」問題を例に挙げた。すなわち、江戸初期、尺八は普化宗《ふけしゅう》（禅宗の一派）と結びついていて、一月寺《いちがつじ》と鈴法寺《れいほうじ》の二つの寺院の管轄の下にあって、それは当時の浪人たちによって構成された特殊な集団であった。ところがその後、宝暦年間（一七五一～一七六三）に尺八の製作や演奏を教える「町人」が現れ、多くの人たちがそれを学んだことがあった。有名な尺八奏者黒沢琴古《きんこ》はまさに当時を代表する演奏家だった。尺八が盛んになり始めてから、一月寺と鈴法寺は尺八を学んだ者に免許状とともに「竹名」という称号を与えるようになった。この名は、今日の「演奏家」といった類の職業名

2　西山著作集第二巻　四七八頁

に相当する。当時この称号を手に入れた人はかなり多く、その社会的影響力も相当に大きかったために、幕府は宝暦九年（一七六〇年）に一般人に免許状を与えることを禁止する旨の命令を出して、「竹名」という称号を使わせまいとした。ところが激しい反対に遭ってしまったために、免許状は二度と出してはならないが、「竹名」という称号は以後も使用してよいこととした。[3] 民間の組織が敢然と中央政府の命令を軽視したわけで、旧中国では想像もできないことであった。このことは家元が相当大きな独立性を持っていたことを明らかにしている。家元は、事実、非常に大きな自治と自律の性格を備えた組織であり、西欧中世のギルドが果たした作用に極めて似ている。

（三）家元組織と日本社会の近代化

家元制度は日本固有の社会制度である。おおよそ江戸時代の初中期に生まれ、日本社会の近代化とともに衰退していった。今日、僅かな領域（茶道や花道など）を除けば、家元制度はもはや存在しない。しかし、それを支えた原理は今もなお現実に機能している。今日の日本の近代化された企業や各種の社団は家元組織をルーツとしているからである。

家元と近代化の関係、及び家元制度は今や解消されるべきであるかどうかについての問題をめぐって、これまで論争が行われてきた。戦後、日本社会の民主化や国際交流の進展に伴い、家元制度に対する批判が相当に盛り上がったことがあった。批判者はこの制度の様々な弊害を列挙して、家元制度こそは「封建遺制」であり、「民間の天皇制」であり、人々を搾取し抑圧するもので、近代化の大きな障害になっていると言った。しかしながら、日本の学者のこのような指摘が如実に示すように、その頃の批判者は大体「家元＝封建制の残滓＝時代遅れ」といった単純な図式的理解しかなく、冷静な研究がなされているとは言えなかった。後にこの制度に対する研究が深められるにつれて、問題はそれほど単純でないことがわかってきた。家元制度は近代化に有利だという説を取る者と、いやその障害になっているという説を取る者との二つの意見が対立した。ある学者（川島武宜など）は、日本社会における家元制度と家族制度は日本の近代化にとって障害となっていると考えていた。ところが西山松之助の研究は、家元が近代的組織としての潜在力を備えており、それが日本の社会の様々な分野に広く存在していること、そしてその原理は今もなお機能していることを明らかにした。F・シューは新たな角度から家元制度を扱った。彼は、中国の宗族と対比させつつ、家元は日本の近代化にとって以下のような二つの有利なファクターがあると考えた。

第一は、家元は「自由意志による選択である」という特徴、つまり必要なときに必要なだけ新鮮な血液を導入できるということ。このように、組織体（establishment）は、一旦農業の束縛から解放されると、その規模が無限に拡大する傾向にある。しかもこの点こそが、近代社会組織にとって重要なのである。そのうえ、家元組織は血縁関係を持たぬ人までも包括しているために、その行動基準は行為本位（performance）の原則に従わねばならぬこととなり、これによって人々に「業績本位」の動機を養うことになる。また家元組織の「開放性」は、近代企業組織の基礎を提供した。いわゆる「開放性」とは、完全に血縁を基礎として結びついている家族もしくは宗族集団とは正反対の性質のものである。家元は

3　西山前掲書　四七七頁

一種の非血縁、非地域的組織であり、家元に加入する資格は血縁の有無とは関係なく、血縁がない者でもその一員として加わることができる。このような組織は、比較的容易に、近代的な企業や組織に生まれ変わることができる。家元の組織原理は、近代的企業のそれに類似している。家元は日本社会の近代化に有益な組織資源を提供した。

第二は、家元の独立性が政府の干渉や収奪を牽制できたこと。家元の内部構造は、同族集団と同様、多くの枝分かれ集団から成っている。上位の家元は、もちろん下位の枝分かれ集団に対して絶対服従を要求するものの、内部事情にまで立ち入って干渉することはできない。家元組織は極めて大きな自律性を持っており、一人の人間の機嫌の善し悪しが、全体の秩序に影響を与えるなどということはあり得ない。階層構造の下位にいる者は、簡単に上位に上がることはできないけれども、格下げになったり除名されたりすることもほぼない。こうした特色が国家の組織にまで拡大していくと、政府組織の腐敗を防止する作用を果たすことにもなる。身分が固定的で、俸給や税額も一定しているために、中国の官吏が伝統的にしてきたように、むやみに賄賂を贈ったりまたそれを要求したり、下の人々からむやみと収奪するといったこともなかった。[4]

実際、家元組織は日本社会の近代化に有利に作用したという点で、さらにもうひとつのファクターを付け加えることができる。すなわちその厳格な上下関係は、近代企業においては一種の凝集力として機能することになったとともに、個人の組織に対する忠誠心としても機能した。

家元制度が近代化にとって有利であるかどうかという問題については、さらに二つの面から考えなければならないと考えている。つまり家元制度を「形式」と「内容」の二つに分けて考えるのである。

F・シューを代表とする社会人類学者は、実際、広義の意味で「家元」という概念を用いている（彼らは「家元」とは書かずに、その発音に従ってカタカナで「イエモト」と表記して、二つを微妙に区別している）。彼らが強調するのはこの制度の内容であって形式ではない。この学派の学者である作田啓一は「原組織」という概念を提起して、「組織体」と区別しようとしている。彼の見方によれば、「原組織」とは、人々にとっての安全・地位・社交といった三大社会願望を満たしてくれる最小単位であり、それは家族よりはやや大きいもので、同族・派閥・家元などがその例となる。「原組織」は具体的な組織体ではなくて、様々な組織体が共有している一般形態である。私の理解によれば、「原組織」とは具体的な組織の諸特徴を抽象的に概括したもので、社会組織の内容を意味する概念であり、一種の「不可視構造」ということができる。家元という具体的組織（つまり「可視構造」）は存在してなくとも、「原組織」としてはなお存在しており、原組織が明らかにしている諸原理は現代日本の様々な「組織体」、例えば大学・企業・政党・組合及び宗教団体などのなかに広く見出すことができる。彼は日本の「原組織」のいくつかの特徴を以下のように概括している。すなわち、①開放性、②権威性、③集団競争、④全体性。[5] こうした特徴は、実際、現代日本の各種社団の中にあまねく存在している。このような分析の結果、われわれは次のように考えることができる。形式として見た場合、すなわち社会の「可視構造」としては、家元制度は確かに近代社会の発展にはふさわしくない特徴を持っている。以前はあったにせよ、

4　Francis L. K. Hsu『比較文明社会論』（〝Clan, Caste, and Club〟日本語版　培風館　一九七〇年）三一六～三二一頁
5　内藤莞爾、近江敬一、中江正夫編『日本社会の基礎構造』（アカデミア出版会　一九八〇年）六五～六六頁

現在の日本では、少数の伝統技芸の分野を除けば、家元という形式はもはや存在しない。前述したごとくそれが果たしてきたいくつかの主要な機能は、既に形を変えて様々な近代的な社団（学校や各種の職能団体など）に置き換えられた。しかし制度の内容として見た場合、すなわち「不可視構造」としては、むしろ近代化に適応できる能力を持っていたと言うべきである。中国社会の伝統的な宗族と比べた場合、家元組織は確かに近代社会に適応できる潜在能力を持っていた。家元制度は、実際、日本社会が伝統的に保存してきた一種の「組織資源」だったのだ。日本社会の近代化は、これを利用することで完成した。上述した「近代化促進論」は家元制度の内容に着目したものであり、「近代化阻害論」はその形式に注目したものなのだ。日本社会の近代化は、家元制度の形式を捨て去りつつ、その内容を守り続けることによって実行された。あるいは家元は一種の具体的な組織体としての機能はもはやないが（少数の例外を除いて）、その主要原理は今なお近代的諸企業集団の中に保存されている、とも言えよう。そして、それが果たしてきた機能は近代化に合わせて変化していった。こうした角度から考察してみると、F・シューの見方はまことに妥当だったと考えられる。われわれは、日本の近代化の道筋が、西洋式の個人主義でなく、集団の調和を重視する点にあることを知っている。しかも集団が調和するためにある種の求心力が必要であり、そしてその求心力が一人ひとりにそれぞれ決まった役割を与えることができ、個人は自分の与えられた役割を甘んじて受け入れ、自分の属する集団に相応しい行動方式に基づいて献身する。家元組織の権威性と等級制という特徴が、近代日本社会の諸団体にもたらしたのは、まさしくこの種の力であった。家元組織のピラミッド式の階層構造は、現代の管理組織のヒエラルキー構造に似ている。こうした「民間の天皇制」は、個人に対して絶対的な統制力を持ち、日本的集団の凝集と調和の力をいっそう強め、社会の転換期に現われる無秩序現象や社会的エネルギーの浪費などを避けるうえで有効に機能した。階層制度に基づく家元制度の効率性は、日本の近代化を進めるための梃子《てこ》の作用を果たしたといえよう。

二　日本社会の近代化モデルの特色とわが国への示唆

（一）日本社会の近代化モデルの特色

学者らは「近代化」という言葉の定義をめぐって様々な論争をしてきた。[6] 広義には、「近代化」とは近代以降に現れた世界規模の社会変動のプロセスであるといっても間違いではあるまい。これは西欧に源を発し、一九、二〇世紀にそれ以外のほとんどすべての国々に影響を及ぼし、またそこから人間関係の様々なあり方にまで変化をもたらした。近代化はその社会変動を引き起こした要因によって、二つの類型に分けられる。ひとつは「内発型」近代化、すなわち近代化が内から発生する。西欧諸国家（イギリスやフランス）はその典型。もうひとつは「外発型」近代化、すなわち近代化が外から促される。大多数の非西欧諸国家の近代化は後者に属し、日本はその典型と言える。これら二者は根本的に異なっている。つまり前者の近代化は、社会が自発的に変化していった結果であり、後者は既に近代化のモデルが存在する中で人為的に社会を改造してできた産物で、いわば文化移植のプロセスなのである。西洋の「内発型」近代化プロセスに対して、およそ明治維新から始まる日本の近代化プロセスには次のような

6　C・E・フラーク『近代化の動力』（四川人民出版社　一九八八年）八～一三頁

特徴がある。

第一に、国家権力の強制のもとに、上から下に向かって行政が主導して変革するというプロセス。近代化路線の構想と実行はかなりの程度まで国家の力に頼って成し遂げられていった。これは近代化プロセスが人為的に操作されたという特色を有している。ところが「内発型」近代化プロセスは、自発的であるとともに下から上に向かうものであった。

第二に、官僚・軍人・教師や公務員などの官庁と大企業のエリート階層が先行し、地域的には大都市からその周辺に及び、そこからさらに農村へ向かうというように、公的企業と都市が主導したこと。

第三に、欧米を手本とする「模倣優先型」の近代化であったこと。この型の特色は、経済と技術の近代化が社会の組織や制度の近代化より優先されることである。また、社会の組織や制度の近代化は、形式の変革が内容のそれに優先した。すなわち、社会の組織や制度は近代的なのだが、それらの運営やその下での人間関係などは基本的にはなお伝統を残している。そこで、速度と効率が社会の協調や平等よりも優先された。

「和魂洋才」は、日本の近代化モデルを設計した者たちが言い出したスローガンで、この言葉から、彼らが伝統社会と近代化を結びつけることを理想としていたのがわかる。ある意味で、日本の近代化は、彼らのこの理想のままに実現した。この言葉は、日本の近代化モデルの本質的特徴を表わしている。個人の立場では、「和魂洋才」とは西洋の科学技術や知識をマスターすると同時に、日本人としてのこころを持ち続けることを意味する。社会全体から言えば、経済・政治・社会制度及び科学技術の分野で西洋の成果を吸収しながらも、文化心理や統治者が導入すべきではないと考えた分野では、日本固有の伝統を守りつつ、近代化という目標に到達するために、日本文化固有の「資源」を最大限に利用してきたことを意味する。コンピューターを例に取れば、「和魂洋才」とは、西洋のハードを取り入れながらもその操作は日本自らが設計したソフトで行おうとするものであった。

近代化の設計者らは、「和魂」の語で一切の伝統的な日本独自の特色をもつことがらを表現した。人と集団との関係という視点から見た場合、日本社会の特色とは一体何であろう。われわれはこれを「階層的集団主義」に概括できよう。近代ヨーロッパは、家族や家庭、及び地縁集団が相当に弱体化し、個人がかなり独立しているという前提の下に起こった。この前提は、二つの点に表われた。ひとつは、宗教改革とルネッサンスにおいて具現した価値観の革命的変化という前提。周知のように、中世ヨーロッパは、個人が厳重な神権統治の束縛を受けており、個人の存在は単に神の存在を証明するだけのものであった。宗教改革がこうした神権統治を打ち破り、人が神の束縛から解放された結果、人の本当の価値が実現した。ルネッサンスは個人の思想を最大限まで解放し、新たな価値観として個人主義が肯定されることとなった。恋愛の自由、言論の自由、結社の自由、個人の頑張り、個人の独立等はこの頃に現れ始めたもので、これがやがてブルジョア革命や資本主義生産様式の確立や発展のための基本的な思想的前提となって、個人本位の「市民社会」出現のために、思想的障害を取り除いた。日本は、こうした個人主義の発展を経験しておらず、また個人を束縛する伝統組織を打破し個人主義を発展させる道を辿ることもなく、むしろ集団として一致協調することを重視し、全体の名誉を重視して、個人が集団を離れて活躍することをよしとしない方法をとったのである。ヨーロッパ近代のもうひとつの前提条件は、イギリス・フランスのブルジョア革命によって代表される徹底した社会変革である。

ヨーロッパも日本も、伝統的に、階層制度が発達した社会であった。しかしイギリス・フランスのブルジョア革命は階層制度を打破し、個人をその桎梏《しっこく》から解放して、契約というやり方で新たな集団を作っていった。契約原理に基づいて関係が結ばれる社会組織においては、個人はもはや上位者に頼ることも、組織そのものに頼ることもない。組織内部の人と人の関係は概ね平等である。日本はこうした社会革命を経ていない。近代化を計画した時点で、その階層式社会構造は基本的に変化が生じなかった。こうした状況下では、社会集団の成立にあたっても「契約原則」は不完全にしか守られず、むしろ厳格な階層制の特色を帯びて、人は伝統的な色彩の濃厚な集団に全面的に依存してしまう。こうした集団では、人と人の関係は完全には平等ではなく、ある種の依存と庇護の関係となる。すなわち契約関係が不完全で、いわば半契約・半親族的関係なのだ。集団内では上位者が下位者を保護し、後者が前者に服従することで、その「恩」に報いる。これこそが、普通、日本的集団の家族的性質といわれるものである。

われわれは、以下いくつかの局面からこの問題を考察していこう。

家族の局面から見ると、ヨーロッパ社会の近代化プロセスは、家庭・家族といった血縁集団が既に相当弱体化した状況下で発生したものである。ルネッサンス期に鼓吹された新たな価値観は個人主義の肯定であり、しかも個人主義の発展が、必然的に血縁集団の弱体化をもたらし、ひいてはかかる直接接触を特色とする原始集団（家族・家庭）の社会生活における役割を相対的に弱体化させた。その具体的な現れとしては、

A、家族の規模が縮小し、多世代大家族から夫婦と未婚の子供からなる「核家族」へ移り変わっていっ

たこと。

B、婚姻はもはや家族間のことではなく当事者間の個人的なこととなり、恋愛結婚率と離婚率が上昇したこと。

C、家族間の関係が平等になりつつあること。

D、家族の絆がゆるやかになり、個人に対する束縛が弱まり、家族を頼り父母を頼っていては独立も自由もなく、成熟していないことの現われだと見なされるようになったこと、

等々。個人の解放は、ヨーロッパ社会の近代化のための重要な前提条件となり、しかも社会の近代化が、さらに個人に独立する力を与えた。日本はこうした「親族集団の弱体化、個人主義の発展」という道筋を辿らなかった。たとえ今日の日本で核家族が全体の七〇％以上を占めているとしても、西洋の恋愛結婚の比率に比べればまだ低く、「家柄が釣り合う」婚姻、すなわち「家」と「家」の婚姻はなお少なくなく、離婚率も比較的低い。家族関係については、長男と非長男、家長（父親）とその他の家族、男性と女性との間にはなお上下の階層意識が存在し、女性の地位はなお低い傾向にある。家産の相続では、多くの家族（とりわけ農家）がなお上下の単独相続であり均分家産制ではない。親子関係では、老親と子供（わけても長男）が同居するという状況がなお広く存在する。そして家族は近くに暮らしていれば関係は密接となり、そうでなければ疎遠になるとも考えられている。日本の老人福祉は、なお主として、社会ではなく家族を拠り所としている。育児の点では、アメリカの人類学者R・ベネディクトが指摘した、母子が密着して、過度に甘ったるい言葉を用いて育児をするというやり方が、今もって何ら変わっていない。こうしたやり方は、依存心と服従心を育てるのに有利ではあるが、独立心や自信に満ちた個性を育

てることはないと思われる。[7]

地域集団の側面から見れば、西欧の比較的徹底した反封建革命は、個人を閉ざされた地域集団から解放した。人口の自由な移動はいよいよ増大し、地域集団は閉鎖状態からすべての者に対して開放されることとなった。しかも人々は積極的に地域社会の活動に参加したために、地域集団は二度と受動的な組織に戻ることはなく、積極的な自治的組織に向けて変わっていった。地域集団の力は強化され、中央政府の力は相対的に弱体化した。その結果、地域集団と中央政府との関係は、上と下・管轄と被管轄といった単純なものではなく、法律に基づき、権利と義務の明確な、相互に牽制しあう関係となった。これがいわゆる「市民社会」の重要な特徴である。日本近代化のプロセスにおいて、中央政府権力は、絶えず近代化を推進するのに有効な政令を効率よく発布することに努めていたが、地域集団はなお基本的には比較的受動的かつ閉鎖的な特色を持ち続けた。今日の日本の地域集団がいまだにやや閉鎖的であり、人々の移動が増加したにもかかわらず、地元の者とヨソ者との間には意識のうえではなお大きな懸隔《けんかく》があるのはそのためである。地域集団はとても強い排他意識をもつ。ヨソ者が地域社会に入り込むのは容易なことではない。このほか、個人（とりわけ青年や女子）が地域社会の政治や社会活動に参加することは西洋ほどには広範ではなく、積極的でもない。[8]

会社企業などの経営団体の側面から見ると、個人は必ずしも「原子化」していないから、日本の家族並びに家元における階層制度が、いくらか薄められた形で、近代化のプロセスの中で生まれた新しい集団の中にもはっきり現れている。こうした集団内の人と人との関係は、全く平等ということはなく、ある種の上下関係をなしている。日本式の会社企業の内部では、人々は一定の資格に基づいて上下の序列の中に置かれており、下位者は上位者に対して服従し、かつ個人の言動は序列の中での自分の位置にふさわしいものであることが重視される。これこそが日本の学者が言うところの「タテ社会」の特徴である。欧米の会社企業が個人主義と独創性を重視するのに対して、日本のそれは集団主義、画一主義、権威に対する服従、及び人と人との間の調和をいっそう重視する。もし欧米企業の力量が主として「最大限に個人の能力を発揮すること」にあるとしたら、日本企業の力量は主として人と人との間の協調和合（すなわち「和」の精神）及び個人の集団に対する献身の精神にあるといえよう。「終身雇用制」「年功序列制」及び家族的な特色を持った福利厚生制度が取られていることの主旨は、企業内の協調関係を維持することにある。この意味では、日本の近代化された企業は今なお家族と家元組織の特色を持っているわけである。これが普通言われている「日本式経営」あるいは「日本株式会社」の特徴である。

日本の近代化が西洋と全く異なった道筋を辿ってきたことがわかる。西洋の近代化は、個人の自由と完全な独立を前提としており、個人主義の道を歩むものであったと言える。これに対し日本は、集団の重要性を重視し、個人の集団への献身を重視するものであった。近代化のプロセスにおいて、西欧社会はまるで原子のようにバラバラになり、重視されるのは個人であった。ところが日本社会はまるで分子のように個人が互いに緊密に結合しあっている。その成功は、主として集団主義と、個人の集団への忠誠、及び権威への服従とによるものであり、個人主義の発展によるものではない。つまり日本は個人と集団の間に調和した関係を維持しながら近代化を実現していったのだ。

7　内藤莞爾、近江敬一、中村正夫編前掲書　三四〜三九頁
8　内藤莞爾、近江敬一、中江正夫編前掲書　三四〜三九頁

（二）日本社会の近代化モデルの評価

日本近代化の道筋の特色は、個人の発展と社会の進歩の関係如何といった理論的な問題にも及ぶ。多くの西洋の学者（例えば、ジョン・S・ミル）は、個人主義は創造力や情熱的な精神並びに道徳上の勇気などと関連しており、個人主義が発展しなければ社会の停滞は避けられないと考えた。彼らは、東洋の諸民族はかつて非常に強大であったにもかかわらず、幾千年にもわたって発展がなかったのは、伝統が個人の発展を抑圧してきたからだとした。この理論によれば、東洋の社会が、社会の進歩と生産力の発展を実現するには、先ず個人を解放しなければならない。[9] しかし、日本近代化の事実はこの理論に反している。理由は、遅れて近代化を行った国家は、いずれも孤立した状態の中で内的発展に全く依拠して成し遂げられたわけではないことにある。科学技術の進歩は国家間の往来を盛んにし、しかも国家間の往来が盛んになるとともに、こんどは科学技術が世界を一体化に向かわせることになった。こうして、権威主義・集団主義を保ち続ける社会は、個人主義社会のように、純粋に科学の発展がその力を発揮することはないものの、却って科学技術の交流や模倣などを通じて、既存の科学技術の成果を利用することによって、社会を速やかに近代化させることができた。日本はまさしくこうした国家であり、その歩みこそは「外発型」の近代化であった。

日本近代化の道筋についての人々の評価は一様ではないうえに、しかも時期が異なるとその見方も異なってくる。批判的な者は、日本の近代化は不徹底であり、「封建主義の残滓」を大量に残していると言う。こうした見方は五、六〇年代に盛んに流行した。こうした人から見ると、「封建主義の残滓」がひどい社会は近代化を実現しようとしてもほとんど不可能ということになってしまう。しかし、大戦後数十年の努力を経て、日本はスピーディに近代化を実現し、奇跡的な経済成長を達成した。このためにある者は、日本モデルをこの上なく賞賛した。日本の成功は、多くの学者に資本主義に対してロマンティックな見方をさせてしまった。すなわち資本主義は、家族や社会、国家が優先される社会において、温かな恩情溢れる人間関係を破壊することなく発展できる、と。事実、ある者は、アジアは全く資本主義のよいところを吸収する一方で、その弊害を避けることができると考えた。しかし日本では、「バブル経済」崩壊以後、多くの問題が噴き出した。多くの金融機関が巨額の不良債権を抱えて倒産したり、倒産しなかったところもその競争力は低下した。流通・運輸業界のコストがかさみすぎ、政府の財政赤字は年々増加した。義務教育は個性を奪い、校内暴力は横行し、高等教育は様々な規制を受けて新たな発想を取り込む術がない。企業経営者は官僚主導の話し合い制度に慣れきってしまって競争意識に乏しい。中小企業は次々倒産し、日本円は連続して安値を付け、政界と金融業界のスキャンダルが相次いで暴露される等々。失業率と犯罪は増加し、一九九五年にはオウム真理教事件が起きた。こうして日本モデルの「神話」に様々な批判が飛び出した。

今、日本式モデルが完全に失敗したというには、まだ時機尚早だ。日本は今なお一流の強国である。その発展の跡は今なお奇跡的である。しかし日本のバブル経済の崩壊とその後に現れた様々な問題は、確かに人々に考えねばならない問題を提起した。

個人と集団の関係という角度から見れば、日本の近代化モデルの特色は次のようである。すなわち第

9　Jay Taylor, “The Dragon and Goose: China India”（New York　一九八七年）

一に、日本人は集団の中に溶け込むということ。集団意識を重視して個人意識を弱め、個人としては独立せず、通用する原則は「集団＞個人」である。このモデルは、驚くほどの同一性と画一性を特色としており、相当な均質性を有している。彼らのほとんど百パーセントが初等教育を受けていて、標準的な日本語を読み、書き、話すことができる。資産と収入にはほとんど差がない。企業が幹部社員を育てる際には、個性のまだ未熟な新卒者から選び出して、研修を通じて彼らを同一類型の人間に仕立てあげる。しかもそれは仕事の能力だけでなく、私生活や趣味、交友関係にまで及ぶ。入社後五〜一〇年で、皆型にはまったような人間になる。同一行動を取ろうとしない者に対しては、疑惑と警戒のまなざしで対応し、さらには排斥にかかる。集団内で成功しようと思うならば、仕事は伸び伸びやっても、必ず周囲に同化しなければならない。第二に、「恩恵の授受」を重視すること。つまり人と人との関係は契約関係ではなく、ある種の施恩と報恩の関係なのだ。こうした関係は次のような特色を持つ。直に触れあい情感を共有することを重視する。内部の評価は外部の評価よりも重要である。だがそれは不透明で測り難い。個人の集団に対する忠誠と権威に対する服従を重視する、などである。

第三に、権威への服従を重視し、独創を喜ばないこと。日本において、独創的な発想や行動は馬鹿にされ嫌われる。人々は誰もが自分を周囲と同化協調しようと努め、発明創造の欲求は押さえ込まれる。独創的な人は至る所で大きな迫害を受ける。日本人は皆と同じであろうとする心理を持ち、皆と同じでないことに不安を感じる。皆と同じであることの中に幸福を感じる。制度の中に自分と違っているものを見ると障害と感じてこれを排除しようとする体質があるので、よそ者には既成の各種団体に加入させようとする。単調で画一化された環境が、個性の発揮を抑圧し、創造性を失わせる。こうした状況は生活が豊かになるにつれいっそうひどくなった。

確かに、日本式の近代化モデルは、独自の優越性も持っている。その最大の特色は、人と人、個人と集団の間の調和を維持し、社会の激しい混乱を避けてきたことにある。個人が完全に「原子化」しなかったために、家庭や職場でより大きな安心感を持つことができた。欧米社会の近代化プロセスでは、確かに個人主義の発展が社会に極めて大きな活力と進歩をもたらしたが、しかしこれに伴って労使関係は緊張し、犯罪率は増加し、離婚率は上昇し、麻薬、未婚の母など、社会問題がますますひどくなった。日本は個人主義の発達した道筋を歩まなかったから、この意味では、西洋社会の後塵を拝しているわけではないと言える。高い経済発展のペースを保ちつつ、同時に犯罪率は比較的低く、社会は比較的安定している。これは争えない事実である。アメリカ社会の主な問題は、個人主義の極端な発展にある。犯罪・麻薬などは、個人主義の行き過ぎから来る副作用に他ならない。

こうした状況下にあって、労使間は比較的穏やかな関係が続いており、個人と企業の間には強い求心力がはたらいていた。日本の「終身雇用制」は一貫して日本の失業率を低く抑えてきた。企業内の家族的な人間関係は日本社会からストライキやデモなどの労使紛争を欧米社会よりずっと少なくさせていた。ストライキやデモ、そして労使の衝突はもちろん労働者にとって自己の利益を守るための手段に違いないが、一方でそれは社会の不安定と人的物的浪費を代償としなければならない。日本の経験は、個人の利益を守るうえで必ずしも社会の安定や人間関係の調和を犠牲にしなくてもすむというモデルを提供した。個人が必ずしも「原子化」されることなく、序列・服従・協調を特色とする上下の階層制度こそが、日本人をまとめるために力を発揮し、それも効率よく進めることを確実にした。純粋に経営的な角度から見るならば、「終身雇用制」や「年功序列制」及び家族的福利制度などは、「非合理主義」的であり、「非効率」的であり、おしなべて前近代的特色を持つわけだが、しかしこうしたやり方が企業の社員らに「調和を乱さず」、彼らにより大きな安心感を抱かせることになった。社員が二倍の仕事をして集団に献身し、企業に報恩しようとするとき、それはただ「非合理」な制度であるという欠点を帳消しにしてしまうだけでなく、加えて「日本式」経営が持つ独自の優秀さを示すことになる。西洋の挑戦に直面したときも、日本の統治者は「徹底革命」のスローガンを掲げることはしなかった。当時深刻ぶっていた人たちは、西洋の科学技術を学ぶだけでキリスト教を受け入れないのならば、ただ「根本を捨てて末節を求める」に過ぎないと考えたが、今日から見ればこうした考え方は何とも幼稚なものである。われわれはいつも日本の「ブルジョア革命」（明治維新）の不徹底性を批判するが、しかしまさしくこうした不徹底さこそが、日本の近代化プロセスにおいて最大限伝統遺産としての「組織資源」を利用し、個人の企業集団に対する忠誠心を維持し、社会の転換期に出現しやすい無秩序化を回避して、比較的平穏に代償も少ない近代化の道筋を歩ませることを可能にした。[10]

一八八〇年代、大日本帝国憲法の制定者伊藤博文らが英国を訪問した際、日本社会が直面する近代化の取り組み方について大哲学者であるH・スペンサーに意見を求めた。彼は、日本の伝統的組織こそ国民の福祉の比類のない基礎であるからして、是非これを存続させ大切に守り育てなければならない、と述べ、また、長上に対する伝統的義務、なかんずく天皇に対する伝統的な義務は、日本の一大長所であり、日本はその「長上」の指導の下に、堅実に前進してゆくことができる。また個人主義的な国々において避けがたい様々な困難を防止することができる、と述べた。[11] 明治時代の大政治家らは彼のこのような回答にとても満足したし、実際の発展ぶりがH・スペンサーの判断の正しさを証明した。「効率とスピード」が優先される原則の下では、上下関係はむしろ有効にはたらく梃子《てこ》というべきであり、それによって社会的エネルギーの消耗を少なくして効率を確保することができる。統治階級は意識的にそれを「大和魂」のひとつの内実とみなして残しておくとともに、うまく機能させた。

　発展の速度が比較的速いのも、日本近代化モデルのもうひとつの長所である。「先んじて近代化を始めた社会は、主にその内側から近代化に向けて動き出すために、変化は緩慢で、数世紀に及ぶことになる。しかし遅れて近代化を進める社会にあっては、こうした動きが外側から起こってくるので、変化は

10　最近の調査に拠れば、日本の若い世代は企業に対する求心力が弱まっている。「二〇年代に形成された終身雇用、年功序列賃金や、企業内労働組合といった日本の雇用制度は、ここ数年間で崩壊し始めた。その第一の原因は、サラリーマン社会が高齢化の段階に入り、労働力構成において、高齢者が増えてきたことによる。管理職の数には限りがあるために、社員の昇進が保証できなくなったこと。第二の原因は、ここ数年来日本経済が不振で、給料の高い高齢社員が比較的多い企業ではこの負担に耐えきれなくなっていること」。これと同時に、サラリーマンの転職に対する考え方にも変化が現れている。約九〇%のサラリーマンは、ひとつの会社でいろいろな業務を経験しながら昇進していくよりは、会社を替えてでも、自分の専門とする仕事に就いて、技術や知識を磨いた方が良いと考えている。高齢社員の多くは、リストラなどによる仕事環境の変化に適応できず、若い社員は会社に対する「こだわり」が大きく低下しており、「もし仕事が気に入らなければ他の仕事を探す」という者は、二〇~三〇歳の人では三〇・九%を占め、三一~四〇歳の人では二五・一%を占める。ところが五一~六〇歳では一九・一%である。（『日本の生活環境は変化している』より『日本展望』一九九六年二期　二〇~二一頁参照）

11　R・ベネディクト『菊と刀』（中国語版）六八頁

迅速でしかも突然にやってくる」[12]と日本は百年余の間に西欧近代化数百年分のプロセスを歩んでしまった。個人と集団の角度から見れば、両者の関係を調和のとれたものにしておくことによって、社会の変動がもたらすエネルギーの浪費を最小限に抑えられたことこそ、その重要なファクターであったということができる。

しかし日本モデルは、それ自体に重大な欠陥も有している。「追いつき追い越せ」を特徴とする高度経済成長期には、こうしたモデルの長所が十分に発揮され、大きな成功を収め、その欠陥は覆い隠されていた。日本が経済大国として世界に仲間入りしたとき、その欠陥がようやく顕わになってきた。現在の日本モデルが顕わにした問題とは、主として経済問題であったと言うべきであろうが、しかしさらに深いところでの問題も起こってきた。すなわち、日本モデルに現れた危機は、その巨大な成功の原因と全く同じ原因、つまり日本モデルそのものの特徴に由来する。それは、事実、日本型資本主義と欧米型資本主義との矛盾の現れであった。こうした矛盾は主に以下のいくつかの面に現れている。

第一に、現在全世界に支配的な資本主義は欧米型のそれである。それは個人主義を基礎として成り立っている。ところが日本式の資本主義は、集団主義の基礎の上に成り立っている。根本的には、個人主義の社会文化を背景としてこそ資本主義は有利な発展を遂げるはずだ。

欧米型資本主義の重要な前提は個人の〝原子化〟だ。個人主義は古代ギリシャのポリスに発祥し、ヨーロッパのルネッサンスで復活し、さらに発展した。それは現在のアメリカ社会において最もよく発揮されている。こうした価値観が拠って立つ基本認識は、一個の人間がもしも独立していなければ全《まった》き意味での人間と言うことはできず、ひとつの民族が独立できなければ自由な民族とは言えないというものである。「個人の発展は社会発展の前提である」と。社会の活力は、個人の活力が十分に発揮されることのなかにある。このような価値観のもとでは、個性の発展を重んじ、自己の価値の実現を追求する。これは「個人＞集団」のモデルであり、家族・社会・政府などは個人にとっての対立物と見なされて退けられる。資本主義の本質は「六親を認めず」[13]というものであり、血縁や地縁の繋がりを打破し、個人を様々な種類の束縛から引き離し、独立した個体とする。それは家族を認めず、国家を認めない。もしも国家や政府が一切を取り仕切って構わないとするなら、政府は個人や企業に対して「過保護」になり、しかも独立して競争社会に打って出ることをさせず、「群」を強調するばかりで個人を重視せず、「群」の利益を強調するばかりで、個人の利益を犠牲してしまう。こうしたモデルは恐らく短期間内には有効であろうが、最終的にはひどい目に遭うことになろう。このような「個」は発育良好な「個」ではなく、またこうした独立していない個人が集まってできている集団も発育良好な集団とはいえない。

第二に、欧米型資本主義は、人と人との間の契約関係を基礎としているが、日本社会の人と人との間には、伝統社会における個人の集団に対する家族的な忠誠、権威や上位者に対する服従といった関係をそのまま残している。契約関係は現代資本主義の発展にずっと有利なはずだ。

欧米社会では個人が比較的独立しているから、彼らの間で平等な契約関係が結ばれる。社会集団は、主として契約の原則を基礎とし成り立っている。こうした関係は、本質的には商品の交換に似ている。売る者と買う者の双方が平等であることを必要とし、権利と責任、支払いと受け取りの関係は明確であ

12　C・E・フラーク前掲書　一三頁
13　【訳注】「六親」とは、父母・兄弟・夫婦を指す。

る。それは基本的には特権を認めず、恩情を認めず、経済外の人身の支配を認めず、忠誠心とか恩義などを認めないから、内部の評価と外部の評価は一致し、そのために集団内部の人間関係も比較的透明になり外部からも分かり易い。一言で言えば、それは温かい人情で包まれた人間関係をドライなものにする。ところが日本社会の人間関係は、契約関係ではなく、むしろ「人情味」溢れた関係である。こうした関係のモデルの良い所は、先にも述べた通りであり、その短所は個人が過度に集団に依存し、そのために平等と自由を欠き、企業も透明度を欠くから、個人とその属する集団、集団と集団、企業と政府などの間の境界線がそれほど明確ではなくなり、「皆とともに栄え、皆とともに損する」といった特色となって現れる。ところがこれは資本主義の要求に合致していない。もしも私人の財産と国家の財産とがはっきりけじめがつけられなかったら、もしも政府と会社が気脈を通じていたら、もしも「家族」に損はさせられないからといって不都合なニュースを隠蔽してしまったら、たとえ企業が赤字になっても社員全体の和を傷つけないようにとリストラもせずにいたら、そんな資本主義は手痛い打撃を受けるであろう。

第三に、上述した二点に関連して、欧米型資本主義は個人の創造と革新を奨励する。アメリカのような社会では、「創造性」は個人にとって最大級の賛辞である。「創造性に欠ける」とは最低の貶辞である。欧米型の教育と研究制度においても、比較的個人の独創を重視する。これが、欧米型資本主義の根本的な活力の源となっている。ところが日本モデルでは個人の服従を重視し、独創と革新は奨励されない。総じて言えば、日本人は協力して事を行うことに長《た》けており、独立して事を行うことに下手である。また模倣に優れており、独創に劣る。日本の教育や科学研究の方面でも、個人が独創性を発揮することは重視されない。このことが日本モデルの根本的な活力に影響している。

未来を予測することはとても難しい。日本が今後アメリカのようにやっていくことは不可能だろうが、しかし日本モデルにも変化が起きる可能性はある。人と社会集団という角度から見ると、こうした変化の可能性は大きい。つまり集団本位から基本的には個人の独立の重視へと変化すること、日本的人間関係（日本式集団）が基本的にはある種の契約関係へと方向転換することであり、服従型から個人の独創性を重視する社会へと変化することなどである。二一世紀は、欧米型の資本主義のルールで行われていくことになるであろうから、このために日本の伝統的モデルは試練に遭うことになる。こうしたプロセスは恐らく苦痛に満ちたものになるであろうが、しかしやむを得ないものであり、誰もこれを拒めない。将来の日本が西洋と全く同じ道筋を辿ることはあり得ないが、個人が十分に発展し、独創が重視され、個性が育つ方向に向かうだろう。すなわちもはや均質な社会ではなく、むしろいっそう多様化し、多元化した社会であり、こうした発育良好な個人を基盤とし、契約の原則を拠り所としてできている活力ある社団であり、さらに成熟した市民社会である。私はある日本の評論家の見方に同意する。すなわち日本が将来発展するための課題は、明治以来の官僚主導の思想を脱却し、民間主導の社会を作り上げることである、と。「ただ個人の確立が有ってこそ、官僚中心文化が作り上げてきた均質な管理社会を克服することができる。とりわけ血縁、地縁社会、職人社会などが次第に空洞化していく日本で、『個人の独立』が作り出す互いに興味が一致した者同士の『すばらしい縁で結ばれた』（興味が縁となって結ばれる）社会こそは、同時に集団への関心も失わない限りにおいて、二一世紀日本の幸せの鍵である」（一九九七年一一月二二日付『参考消息』）

(三) 日本社会の近代化がわが国に示唆するもの

過去のヨーロッパの学者（例えば、M・ウェーバー）は、中国やインドのような「伝統主義傾向」を持つとされる社会にとって近代化が実現可能かどうかについて、少なくとも懐疑的であった。事実、伝統的な東アジア文明を基盤として近代資本主義が生み出されることはなかったという事実は、単に西欧のような「内発型」の近代化のプロセスが出現しなかったことを言い得るのみであって、こうした国々が近代社会の成果を吸収して、自己の近代化を完成させることができないことまで証明するものではない。日本社会が速やかに近代化を成し遂げ得たという事実は、日本や中国のような古い東アジアの社会が近代化を進めるうえで、必ずしも文化的な障害はないことを意味している。現在の中国にとっては、近代化は、可能かどうかの問題ではなく、いかなる道筋を通っていかに実現するかの問題なのだ。わが国が現在進めている近代化プロセスは、日本社会の近代化のそれと多くの点で似ている。すなわち、ともに上から下への「外発型」近代化であり、ともに発達した国家を目標とした追いつけ追い越せ型のモデルであり、「経済建設を中心とする」というスローガンにわれわれが選択したモデルも「経済―技術」優先の傾向のあることが示されており、「中国の特色を持った社会主義を建設する」ことは、われわれもいくらかの伝統「資源」を活用しようとしていることであり、またわれわれも集団主義を重視するのであって個人主義ではないことであり、また発言権の大きい中央政府を重視すること、等々である。こうしてみると、日本社会の近代化はわれわれに貴重な示唆を与えてくれるであろう。

自国の実情に基づいて、できる限り民族文化の伝統的「資源」を掘り起こして活用し、近代化を推進することは、日本の近代化がわれわれに与えてくれたひとつの重要な示唆である。その過程で最大限、伝統的「組織資源」を利用すれば、それには近代化のための組織の力となり、時間の節約になる。わが国の近代化は、日本のように、「伝統資源を利用する」という道筋を辿ることがおそらく最も近道である。当然、いかなる近代化の道筋とて代償を払わないわけにはいかない。鍵となるのは、政策決定者がまず何を優先目標とするか、またその目標に向かってどのようなモデルを選択するか、そしてそのモデルの長所と短所は何かをはっきりさせ、多くの選択肢の中から代償の比較的少なくてすむモデルを選び出し、その種のモデルの長所を発揮させ、その短所は最小限に押さえ込むようにすることである。

「人」と「集団」の角度から考察した場合、われわれの文化や伝統の中からどのような有用な「資源」を掘り起こすことができるであろうか。中国は独自の歴史遺産を持っており、われわれの近代化はまさにこうした歴史遺産の基礎の上になされている。中国は、欧米社会のように個人が高度に分化したうえで個人が結び合ってできる契約を基盤としていないので、「個人主義」の道筋を辿ることはできない。なぜなら個人主義を基礎としていない社会が過度に個人主義を重視すると、社会の無秩序化をもたらし、社会エネルギーの浪費を誘発する可能性がある。また、われわれは日本のような上下の階層的集団を欠いている。このことは「階層的集団主義」の力を利用して国民をまとめることはできないことを意味する。伝統的な中国社会は「両端が固く中間が柔らかい」社会である。すなわち上には強力な中央権力があり、下には発達し、凝集力の極めて強い宗族集団があり、その中間に自立した「非親族・非地域の自発的集団」を欠いていることである。つまり、伝統中国人をひとつにまとめるには二種の組織パワーがあり、そのひとつが国家政府であり、もうひとつが家族（宗族）なのだ。まさしく「国家」という言葉それ自体が示しているように、われわれの文化伝統においては「国」と「家」とは同じ構造を持つ。これこそがわれわれの基本的な「国情」なのである。もしこの種の組織力で、中国人をひとつにまとめあげ、近代化を推し進めていくうえで、役に立つことが確かめられたならば、この二つの頭を持った「組織資源」を利用することは賢明かもしれない。日本の経験は、この選択肢を実行すべきであるばかりか、代償が比較的少なくてすむ道筋となりうることを明らかにしている。

強大な中央集権と上下一致の集団主義の伝統は、中国社会の一大特徴である。もしこれをうまく利用できれば、近代化の実現に役に立つはずだ。中国人は、日本人のように、権威を尊重したり、服従したりはしないが、しかし秩序を重視し、規律を守り、強烈な愛国心を持つことは中国人の特色である。「社会の利益と安定は個人の自由に優先する」というのも、われわれの文化伝統におけるひとつの重要な原則であり、これが強力な政治統治と集団主義伝統の社会文化的基礎を構成してきたわけで、これも一種の貴重な「資源」である。発言権の比較的大きい中央権力の力量を保持しつつ、この力に頼って民族の凝集力を保ち、併せて大規模な社会動員を押し進めていくことは、中国の近代化建設のための強力な梃子《てこ》となるであろう。現在、世界は「大競争」時代のさ中にある。すなわち国家間の競争がますます重要になってきている。しかも、科学技術の高度に発達した今日、経済の各領域では既に成熟した技術がある。組織的、計画的かつ大規模にこうした技術を採用し導入すれば、近代化のプロセスを短縮できることは疑いない。ところがそうしようとしても、もしも強力な政府がなければ、それはほとんど不可能だ。もし今から自由資本主義時代の「個人競争」からそれを始めようとすれば、チャンスを逃してしまうだろう。わが国の「大躍進」や「文化大革命」は、もとより中国に巨大な災難をもたらしたが、しかしわれわれはそこから中国の集団主義の驚くべき動員力や社会の巨大な潜在的活力を見て取ることもできる。こうしたエネルギーをひとたび近代化に向ければ、計り知れない推進力となることであろう。最近十数年来の改革開放の驚くべき成果がこのことを証明している。指摘しておかなければならないのは、「社会の利益」を「個人の自由」に優先させて重視したり、権力の相対的な集中やある程度の「集団主義」を重視したりすることが、民主主義の建設や個人の発展を軽視するものであってはならないということである。現在のわが国の全体主義的体制がまだ完全に拭い切れていない「前近代」的統治方式であること、そしてそれを必ずやある意味での市民社会へと方向転換させていかなければならないことを、われわれははっきりと認識しておかねばならない。しかし、近代化を実現させる最善の道筋は、日本がしてきたように近代科学技術を吸収しつつ、経済発展を優先させ、「市民社会」（個人の自由や大衆による政治などを特徴とする）の建設を後回しにすることが、おそらく賢明な選択だろう。当然、こうした選択にも弊害がないわけではない。いかにして個人に端を発する大規模な社会的混乱を避け、いかにして法律に基づいて社会を機能させるかということこそ、われわれが解決しなければならない問題なのだ。

社会集団という側面から見た場合、日本と似ているのは、家族と家族主義が中国社会の伝統的特色だということである。中国は伝統的に家族を中心とする特色を持ち、家族を超えた「非親族、非地域的な自発的団体」は数が少ないばかりでなく、凝集力も欠いているという事実は、われわれが直視しなければならない「国情」である。中国人の宗族組織に対しては、学者らは多く批判的な態度を取って、それを「近代的でない最たるもの」であり、中国近代化の障害であると見なしてきた。[14] しかし日本の近代化

14　謝維揚「農村の宗族活動は中国の近代化に不利である」（『探索と争鳴』一九九五年八期）

モデルを研究してきた筆者は、こうした保守的な見方を捨てた。すなわち、宗族こそは一種の「組織資源」であり、もしこれをうまく利用できれば近代化のための凝集力となり、それによって社会的エネルギーのロスを軽減することができるはずである。もちろん、「血縁を理由に族人たちを支配する」宗族が、近代的な組織であるなどとは、誰も考えるはずはない。しかし、われわれがはっきりさせておかなければならないことは、中国人は何千年もの間こうした組織に組み込まれてきたという事実である。宗族とは、藁葺きの家のようなもので、おんぼろのあばら屋だが我が家なのだ。「電気・ガス・水道完備、暖房・電話付き」といった近代的住宅に引越す前に、われわれは雨風を避ける場所が必要だ。中国近代化の阻害要因は家族にあり、同時に近代化の最もしっかりした力も家族に由来する。近代化された経営方式を打ち立てる前に、家族の特色を備えた経営方式がもしかしたら比較的無駄のないやり方なのかも知れない。国外の華人や香港・台湾の家族的特色を多分に持った企業が成功したのは、個人の家族に対して持っている忠誠心と高度の責任感が、近代的な経営とうまく結びついていることを示しており、そしてこれこそが、未来の中国近代化のモデルなのかも知れない。われわれは既にああした過激な考え方のために代償を支払ってきた。すなわち新中国が成立してから宗族組織を一掃し、人々から家族に対する忠誠心を取り去って、新しい組織（生産隊、生産大隊）を作り、古い組織に取って代えようとした。考え方が悪かったわけでも、努力が足りなかったわけでもない、ただ実践が不成功を証明してしまった。近年、わが国の農村経済の改革が成功した秘訣は、何も近代的な方法を採用したからではなく、それどころか、新たな形式をまとっただけの伝統的な家族経営方式が復活しただけに過ぎない。現在の中国の農村における家族は、農業経営の重要かつ基本的な単位であるばかりか、多くの小企業経営の特色も持っている。中国社会の特色を考えれば、伝統的家族制度は、農業にばかりでなく、工業にも組織資源を提供しており、中国工業化のプロセスにおいて、不可避の現象なのかも知れない。このために、近代化建設とは、家族主義を一掃することではなく（実際それは不可能だ）、それを改造し利用して、近代化に向けた組織へと変えさせることである。もちろん、先にも述べたように、こうした選択は弊害がないわけではない。こうしたモデルは「追いつけ追い越せ」の時期に比較的ふさわしく、中国が世界の体制の中に組み込まれていくにつれ、人と集団の角度から調整していかねばならない。個人の独立を重視せず、家族式の親密さを過度に強調し、個人が創造性を発揮することを重視しない近代化モデルに所詮限界があることは、日本が辿った道筋がわれわれに証明してくれている。

訳者あとがき

本書の著者、尚会鵬氏との出会いはまことに偶然のことであった。

それは一九九九年の夏のある日、北京大学の夏期研修に参加する学生を引率して、北京に短期滞在していたときであった。学生たちは、週日の午前中は中国語の授業を受けるのだが、その間引率者の私ははなはだ手持ちぶさの状態に置かれる。そこで、その時間を利用して書店に行くことが多かった。

北京大学の南門を出て左に少し行った所のビルの地下に書店（今は閉店してまった）に行き、そこで偶然手にしたのが氏の『中国人与日本人　社会集団・行為法式与文化心理的比較研究』であった。これは面白そうな本だと直感的に判断して早速購入して宿舎に持ち帰り読み始めた。すると余りのおもしろさにすっかり引き込まれてしまい、読みふけってしまったのだ。帰国後も読み続けて、ある日突然、この本を日本語に翻訳して是非とも日本の読者に紹介したいという已《や》みがたい誘惑に駆られてしまった。そこで、手を尽くして氏が北京大学の教授であることをようやく知り、彼のオフィスに次のような手紙を書き送ったのである。

…（略）…それは、とても面白く、すっかり引き込まれて、夢中になって読み、読後には大きな感銘と久々の満足感を得ることができました。日中比較文化論、比較社会論として、高度な専門性と、私のような素人にもわかる明晰さとを兼ね備えている点で、まことに貴重で希有な文献であると感じ、私は先生のこのような大著に出会えたことをとても幸運なことと思いました。

私は、かねて貴国とわが国の相互理解がなお不十分であることを痛感しておりましたし、それにもかかわらず専門家による質の高い文献が決して多くないことを残念に感じておりました。これまでも、日中比較文化社会論があるにはありましたが、体験を踏まえた随筆風のものが少なくなく、しかもそれには著者の主観や好悪の感情が混じっている場合があり、私の希望を完全に満たしてくれるものはありませんでした。

この度、先生のご著書を拝読して、これこそ私が長年待ち望んできたものであることを確信しました。そこで、この先生の大作を日本語に翻訳してわが国の読者に広く紹介したいと考えるに至りました。…（略）…

尚氏からは程なくして快諾の返事が届いたのだが、それからが苦難の連続であった。現在のわが国の出版事情では、このような「専門書」は、私財を投じて出版するか、もしくは公的な援助を得なければむりなのである。しかも、日本語の文献を外国語に翻訳して出版するのならまだ見込みはあるが、外国語の文献を日本語に翻訳して出版するのは、絶望的に困難なのである。このため訳稿は既に完成していたにもかかわらず、出版までこぎつけられずにいた。

それから今日まではや一六年余の歳月が流れ、訳稿はお蔵入りしたまま、わたし自身としてはとうに諦めていた。

今年の二月、尚氏から突然の電話があった。一カ月の日程で日本に滞在中とのこと。本書を通じて彼と私は海を越えて友情を育んでいたのが幸いしたと言うべきであろう。久々の再会を日本で果たすことができた。二月のある日、東京都内を観光しながら、話題がたまたま本書のことに及んだ。聞けば、今年三版が北京で出版されることになっているという。第一版が一九九九年に北京大学出版社から、第二版が二〇一〇年に台湾の南天書局からで、今度出る第三版は北京の社会科学文献出版社からだそうだ。彼の地では第一版刊行から今に至るまで読み継がれてきているようだ。だとすれば、中国人と日本人の文化心理の比較を扱っている本書が日本で出版されていないのはどう考えてもおかしい。われわれは早速、出版を引き受けてくれそうな心当たりを訪ねてみることにした。それがこの度本書の刊行を引き受けてくれた日本僑報社である。彼の帰国前日に二人で池袋の日本僑報社の段・張夫妻を訪ね、概略を話すと「わが社で出版しましょう」と即座に言い切ってくれたのである。思いも掛けない急転直下の展開であった。これまでの苦労が一気に報われた思いである。諦めないでよかった。そのことを尚氏に言うと、彼は「好事魔多し」と言うではないか、物事はなかなか思い通りに進まないものだといってくれた。まさにその通りである。

刊行に当たり、訳稿を改めて読み直してみたのであるが、やはりその古さは否めない。日中の文化心理の比較のために用いているデータが皆古いのである。最新のものでも優に二〇年以上は経過している。そうして尚氏が論証のために用いている参考文献はそれ以上に古い。彼がたびたび参照するR・ベネディクトの『菊と刀』、中根千枝の『タテ社会の人間関係』、土居健郎の『「甘え」の構造』などは、皆一時期ベストセラーにまでなったが、恐らく今の若い人はその書名すら知るまいと思う。今では日本論の古典である。これに川島武宜、西山松之助、源了圓、作田啓一などの日本の一流の研究者の著作がしばしば引用される。さらにはアメリカの文化人類学者で心理人類学（psychological anthropology）という分野を開拓したF・シューの学説がふんだんに参照されるのである。

しかし、著者も言うように、文化の「可視構造」の部分は、時代と共に大きく変容し続けていくが、一方で彼が「不可視構造」と名付ける部分は、可視構造の根底にあって容易に変化しうるものではなく、氏が最も関心を持って研究に取り組んだのはこの日中両文化の「不可視構造」なのである。それは親から子、子から孫へと受け継がれていくＤＮＡのようなものであるという。二〇年前の著作であろうと、そこに引かれるデータが古いものであろうと、日中の「文化心理」―これこそが文化の「不可視構造」のなかにがっしりと組み込まれて、いわば日本人と中国人それぞれの民族性を形作っているのである―を正確に論じたものであれば、些かもその価値が減じるものではない。今後はこうした優れた研究成果を踏まえつつ、新たな研究が若い研究者らに蓄積されていかなければならないだろう。

訳者としては、本書がこれからこうした方面の研究を志そうとする若い人々に読んで頂きたいと先ず願っている。次いで日中間を往来してビジネスの最前線に立っている人々にも、孫子の「彼を知り、己《おのれ》を知れば、百戦殆《あや》うからず」の言葉通り、熟読玩味して役立てて頂きたいと思う。また、ジャーナリストの方々には、表層の出来事を追いかけるだけではなく、その深層にあるものまで掘り下げて的確な報道をするためにも、是非本書を読んで頂ければと願っている。また、隣人とその長年にわたって形成されてきた文化にいささかでも関心のある方々に手に取って頂けるのであれば、訳者としての宿願が果たされたことになる。なお本書刊行に当り日本僑報社編集部の皆様にはひとかたならぬお世話を頂いた。この場を借りて感謝申し上げる。（二〇一六年六月一八日）

■著者紹介

尚 会鵬（しょう かいほう）

北京大学国際関係学院教授、1953年12月河南省開封県生まれ。

1978年上海外国語学院卒業。1981年北京大学研究生院卒業、歴史修士学位取得。主に、日本とインドの社会文化、心理文化学、比較文化、及び文化と国際関係の研究に従事する。主要著作に『インド文化史』(1998)、『カーストとヒンドゥー教社会』(2001)、『中日文化衝突と理解の事例研究』（共著2004）、『心理文化学要義：大規模文明社会比較研究の理論と方法』(2013) 等。

■訳者紹介

谷中 信一（やなか しんいち）

日本女子大学教授、1948年東京生まれ。

1972年早稲田大学法学部卒業後、同文学部東洋哲学専攻、同大学院修士課程、同博士課程後期修了。博士（文学）学位取得。主に、古代中国思想史の研究に従事する。

主要編著書に、『日本中国『管子』関係論文文献総目索引』（早稲田大学出版部 一九八九)、『晏子春秋』上・下巻（明治書院　2000、2001)、『楚地出土資料と古代中国文化』（汲古書院　2002)、『出土資料と漢字文化圏』（汲古書院　2001)、『齊地の思想文化の展開と古代中国の形成』（汲古書院　2007)、『『老子』経典化過程の研究』（汲古書院　2015)、『先秦秦漢中国思想史研究』（上海古籍出版社　2015)。

日中文化DNA解読　―心理文化の深層構造の視点から―

2016年9月16日　初版第一刷発行
著　者　　尚 会鵬（しょう かいほう）
訳　者　　谷中 信一（やなか しんいち）
発行者　　段景子
発売所　　株式会社 日本僑報社
〒171-0021 東京都豊島区西池袋3-17-15
TEL03-5956-2808　FAX03-5956-2809
info@duan.jp
http://jp.duan.jp
中国研究書店 http://duan.jp

2016 Printed in Japan.　ISBN 978-4-86185-225-1　C0036

学生懸賞論文集
若者が考える「日中の未来」シリーズ

若者が考える「日中の未来」Vol.1

日中間の多面的な相互理解を求めて

2014年に行った第3回宮本賞（学生懸賞論文）で、優秀賞を受賞した12本を掲載。若者が考える「日中の未来」第一弾。

監修　宮本雄二
編集　日本日中関係学会
定価　2500円＋税
ISBN　978-4-86185-186-5

若者が考える「日中の未来」Vol.2

日中経済交流の次世代構想

2015年に日本日中関係学会が募集した第4回宮本賞（日中学生懸賞論文）で、最優秀賞などを受賞した13本の論文を全文掲載。

監修　宮本雄二
編集　日本日中関係学会
定価　2800円＋税
ISBN　978-4-86185-223-7

日本僑報社好評既刊書籍

永遠の隣人
人民日報に見る日本人

孫東民／于青 編
段躍中 監訳　横堀幸絵ほか 訳

日中国交正常化30周年を記念して、両国の交流を中国側から見つめてきた人民日報の駐日記者たちが書いた記事がこのほど、一冊の本「永遠的隣居（永遠の隣人）」にまとめられた。

A5判 606頁 並製　定価4600円＋税
2002年刊　ISBN 4-931490-46-8

同じ漢字で意味が違う
日本語と中国語の落し穴
用例で身につく「日中同字異義語100」

久佐賀義光 著
王達 中国語監修

"同字異義語"を楽しく解説した人気コラムが書籍化！中国語学習者だけでなく一般の方にも。漢字への理解が深まり話題も豊富に。

四六判 252頁 並製　定価1900円＋税
2015年刊　ISBN 978-4-86185-177-3

必読！今、中国が面白い Vol.10
中国が解る60編

而立会 訳
三潴正道 監訳

『人民日報』掲載記事から多角的かつ客観的に「中国の今」を紹介する人気シリーズ第10弾！　多数のメディアに取り上げられ、毎年注目を集めている人気シリーズ。

A5判 291頁 並製　定価2600円＋税
2016年刊　ISBN 978-4-86185-227-5

新中国に貢献した日本人たち

中日関係史学会 編
武吉次朗 訳

続編も好評です

元副総理・故後藤田正晴氏推薦!!
埋もれていた史実が初めて発掘された。登場人物たちの高い志と壮絶な生き様は、今の時代に生きる私たちへの叱咤激励でもある。
－後藤田正晴氏推薦文より

A5判 454頁並製　定価2800円＋税
2003年刊　ISBN 978-4-93149-057-4

中国式
コミュニケーションの処方箋

趙啓正／呉建民 著
村崎直美 訳

なぜ中国人ネットワークは強いのか？中国人エリートのための交流学特別講義を書籍化。
職場や家庭がうまくいく対人交流の秘訣。

四六判 243頁 並製 定価1900円＋税
2015年刊　ISBN 978-4-86185-185-8

日本人には決して書けない
中国発展のメカニズム

程天権 著
中西真（日中翻訳学院）訳

名実共に世界の大国となった中国。
中国人民大学教授・程天権が中国発展のメカニズムを紹介。
中国の国づくり90年を振返る。

四六判 153頁 並製　定価2500円＋税
2015年刊　ISBN 978-4-86185-143-8

新疆物語
日本図書館協会選定図書
～絵本でめぐるシルクロード～

王麒誠 著
本田朋子（日中翻訳学院）訳

異国情緒あふれるシルクロードの世界
日本ではあまり知られていない新疆の魅力がぎっしり詰まった中国のベストセラーを全ページカラー印刷で初翻訳。

A5判 182頁並製　定価980円＋税
2015年刊　ISBN 978-4-86185-179-7

新疆世界文化遺産図鑑

小島康誉／王衛東 編
本田朋子（日中翻訳学院）訳

「シルクロード：長安－天山回廊の交易路網」が世界文化遺産に登録された。本書はそれらを迫力ある大型写真で収録、あわせて現地専門家が遺跡の概要などを詳細に解説している貴重な永久保存版である。

変形A4判 114頁 並製　定価1800円＋税
2016年刊　ISBN 978-4-86185-209-1

日本僑報社好評既刊書籍

日中中日翻訳必携　実戦編Ⅱ

武吉次朗 著

日中翻訳学院「武吉塾」の授業内容を凝縮した「実戦編」第二弾！
脱・翻訳調を目指す訳文のコツ、ワンランク上の訳文に仕上げるコツを全36回の課題と訳例・講評で学ぶ。

四六判 192 頁 並製　定価 1800 円＋税
2016 年刊　ISBN 978-4-86185-211-4

現代中国カルチャーマップ

百花繚乱の新時代

日本図書館協会選定図書

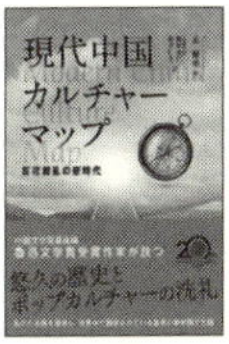

孟繁華 著
脇屋克仁／松井仁子（日中翻訳学院）訳

悠久の歴史とポップカルチャーの洗礼、新旧入り混じる混沌の現代中国を文学・ドラマ・映画・ブームなどから立体的に読み解く1冊。

A5 判 256 頁 並製　定価 2800 円＋税
2015 年刊　ISBN 978-4-86185-201-5

中国の“穴場”めぐり

日本日中関係学会 編

宮本雄二氏、関口知宏氏推薦!!
「ディープなネタ」がぎっしり！
定番の中国旅行に飽きた人には旅行ガイドとして、また、中国に興味のある人には中国をより深く知る読み物として楽しめる一冊。

A5 判 160 頁 並製　定価 1500 円＋税
2014 年刊　ISBN 978-4-86185-167-4

中国人の価値観

―古代から現代までの中国人を把握する―

宇文利 著
重松なほ（日中翻訳学院）訳

かつて「礼節の国」と呼ばれた中国に何が起こったのか？
伝統的価値観と現代中国の関係とは？
国際化する日本のための必須知識。

四六判 152 頁 並製　定価 1800 円＋税
2015 年刊　ISBN 978-4-86185-210-7

中国の百年目標を実現する

第 13 次五カ年計画

胡鞍鋼 著
小森谷玲子（日中翻訳学院）訳

中国政策科学における最も権威ある著名学者が、国内刊行に先立ち「第13次五カ年計画」の綱要に関してわかりやすく紹介した。

四六判 120 頁 並製　定価 1800 円＋税
2016 年刊　ISBN 978-4-86185-222-0

強制連行中国人
殉難労働者慰霊碑資料集

強制連行中国人殉難労働者慰霊碑資料集編集委員会 編

戦時下の日本で過酷な強制労働の犠牲となった多くの中国人がいた。強制労働の実態と市民による慰霊活動を記録した初めての一冊。

A5 判 318 頁 並製　定価 2800 円＋税
2016 年刊　ISBN 978-4-86185-207-7

和一水

―生き抜いた戦争孤児の直筆の記録―

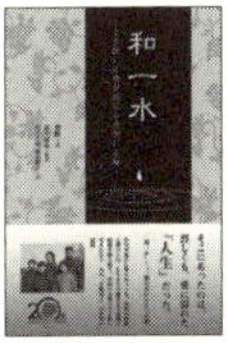

和睦 著
康上賢淑 監訳
山下千尋／濵川郁子 訳

旧満州に取り残され孤児となった著者。
1986 年の日本帰国までの激動の半生を記した真実の書。
過酷で優しい中国の大地を描く。

四六判 303 頁 並製　定価 2400 円＋税
2015 年刊　ISBN 978-4-86185-199-5

中国出版産業
データブック　vol. 1

国家新聞出版ラジオ映画テレビ総局図書出版管理局 著
段　景子 監修
井田綾／舩山明音 訳

デジタル化・海外進出など変わりゆく中国出版業界の最新動向を網羅。
出版･メディア関係者ら必携の第一弾、日本初公開！

A5 判 248 頁並製　定価 2800 円＋税
2015 年刊　ISBN 978-4-86185-180-3

中国の「国情研究」の第一人者であり政策ブレーンとして知られる有力経済学者が読む「中国の将来計画」

中国の百年目標を実現する

第13次五カ年計画

胡鞍鋼・著、小森谷玲子・訳

判型　四六判一二〇頁

本体一八〇〇円＋税

ISBN 978-4-86185-222-0

華人学術賞受賞作品

●中国の人口変動―人口経済学の視点から
第1回華人学術賞受賞　千葉大学経済学博士学位論文　北京・首都経済貿易大学助教授 李仲生著　本体 6800 円＋税

●現代日本語における否定文の研究―中国語との対照比較を視野に入れて
第2回華人学術賞受賞　大東文化大学文学博士学位論文　王学群著　本体 8000 円＋税

●日本華僑華人社会の変遷（第二版）
第2回華人学術賞受賞　廈門大学博士学位論文　朱慧玲著　本体 8800 円＋税

●近代中国における物理学者集団の形成
第3回華人学術賞受賞　東京工業大学博士学位論文　清華大学助教授楊艦著　本体 14800 円＋税

●日本流通企業の戦略的革新―創造的企業進化のメカニズム
第3回華人学術賞受賞　中央大学総合政策博士学位論文　陳海権著　本体 9500 円＋税

●近代の閻を拓いた日中文学―有島武郎と魯迅を視座として
第4回華人学術賞受賞　大東文化大学文学博士学位論文　康鴻音著　本体 8800 円＋税

●大川周明と近代中国―日中関係のあり方をめぐる認識と行動
第5回華人学術賞受賞　名古屋大学法学博士学位論文　呉懐中著　本体 6800 円＋税

●早期毛沢東の教育思想と実践―その形成過程を中心に
第6回華人学術賞受賞　お茶の水大学博士学位論文　鄭萍著　本体 7800 円＋税

●現代中国の人口移動とジェンダー―農村出稼ぎ女性に関する実証研究
第7回華人学術賞受賞　城西国際大学博士学位論文　陸小媛著　本体 5800 円＋税

●中国の財政調整制度の新展開―「調和の取れた社会」に向けて
第8回華人学術賞受賞　慶應義塾大学博士学位論文　徐一睿著　本体 7800 円＋税

●現代中国農村の高齢者と福祉―山東省日照市の農村調査を中心として
第9回華人学術賞受賞　神戸大学博士学位論文　劉燦著　本体 8800 円＋税

●近代立憲主義の原理から見た現行中国憲法
第10回華人学術賞受賞　早稲田大学博士学位論文　晏英著　本体 8800 円＋税

●中国における医療保障制度の改革と再構築
第11回華人学術賞受賞　中央大学総合政策学博士学位論文　羅小娟著　本体 6800 円＋税

●中国農村における包括的医療保障体系の構築
第12回華人学術賞受賞　大阪経済大学博士学位論文　王崢著　本体 6800 円＋税

●日本における新聞連載 子ども漫画の戦前史
第14回華人学術賞受賞　同志社大学博士学位論文　徐園著　本体 7000 円＋税

●中国都市部における中年期男女の夫婦関係に関する質的研究
第15回華人学術賞受賞　お茶の水大学大学博士学位論文　于建明著　本体 6800 円＋税

●中国東南地域の民俗誌的研究
第16回華人学術賞受賞　神奈川大学博士学位論文　何彬著　本体 9800 円＋税

●現代中国における農民出稼ぎと社会構造変動に関する研究
第17回華人学術賞受賞　神戸大学博士学位論文　江秋鳳著　本体 6800 円＋税

華人学術賞応募作品随時受付！！

20th
おかげさまで20周年
日本僑報社

〒171-0021 東京都豊島区西池袋 3-17-15
TEL03-5956-2808　FAX03-5956-2809　info@duan.jp　http://duan.jp